“广州律智”法律服务系列丛书

U1058821

金融不良资产管理的法律典型问题实务解析

广州市律师协会 编

中国法制出版社
CHINA LEGAL PUBLISHING HOUSE

“广州律智”法律服务系列丛书
总编辑委员会

主　任

黄　山

副主任

林泰松　邓传远　陈健斌

余　苏　聂卫国　刘晓军

委　员

（排名不分先后）

王卫永　王立新　方　昀　李　纲　陈广鹏

陈茵明　林翠珠　郜　超　刘响亮

本书编委会

主　编

屠朝锋　杜称华

副主编

郑飞虎　赖冬敏　解　刚　涂琳芳

李丽莉　李华式　吴　楠

成　员

（排名不分先后）

王五昌　王立挺　尹　星　邓炜欣　龙华伟　卢迪欣

卢锋英　田　源　朱建芬　朱琼华　刘爱娟　齐章生

许一峰　杜剑青　李　刚　李华元　杨文峥　杨恒勤

肖昌稳　但秋寒　余春明　迟明翠　张哲锋　陆　丹

陈远彬　陈坚丰　陈振南　林晓兰　林景锋　周镐荣

孟秋男　荀彦玲　胡佳彬　胡俊光　钟智芬　黄伟毅

黄江华　黄惜暖　崔永成　覃兆江　程晶磊　曾阳天

雍全根　廖明浥　谭友明　黎尚荣　黎　明　颜道成

潘　洁　李　珺　吴清毅　徐晓兰

编　辑

梁淑娴　张志钰　劳倩仪

序　　言

金融不良资产问题伴随着商业银行产业发展而显现，是现代金融业发展中的一个全球性难题。宏观层面上，金融不良信贷风险加大；微观层面上，机构自身的经营与管理风险导致其履约能力下降，形成债务危机。无论是宏观上的经济环境压力，还是微观上的内部风险控制不足，均体现出对处置与管理金融不良资产的刚性需求。如何创新不良资产的处置模式与管理方式，实现快速有效处置金融不良资产，是我国金融体制深化改革和发展面临的一个迫切需要解决的问题。

当前，我国金融不良资产的处置与管理方式包括债权转股权、资产证券化以及组建金融资产管理公司等。而有效管理不良资产需要一个良好的法律环境，无论采取何种不良资产处置与管理方式，都必须在现有的法律框架内运作。由于不良资产种类繁多，涉及的法律关系复杂，因此在处置与管理过程中亦会面临巨大的法律风险，如在不良资产证券化的过程中，不良资产的转让范围以及组建运作特殊载体（SPV）的设立受到限制，不良资产证券化信托的合法性也将存疑。因此，有效辨别不良资产处置与管理中相应的法律问题与风险，在法律规制的框架内处置与管理金融不良资产就显得尤为重要，同时也是实务操作者在实践中必须予以关注的内容。

在《民事诉讼法》《企业破产法》《担保法》等立法规范外，司法保护层面上，对不良资产处置与管理的法律支持有待进一步强化。最高人民法院虽然在2009年发布了《关于审理涉及金融不良债权转让案件工作座谈会纪要》（法发〔2009〕19号）（以下简称《纪要》），旨在依法公正妥善地审理涉及金融不良债权转让案件，保障金融不良债权处置工作的顺利进行，然而其在不良资产处置与管理的具体适用中也展现出一些需要进一步完善的地方，如非国有银行、非特定时期的不良资产转让以及《纪要》发布前就已经进入执行程序的案件是否适用《纪要》等问题。同时，对于非国有企业债务人在迟延利息给付方面的保护问题，尽管最高人民法院于2013年针对湖北省高级人民法院《关于非金融机构受让金融不良债权后能否向非国有企业债务人主张全额债权的请示》，作出了《关于非金融机构受让金融不良债权后能否向非国有企业债务人主张全额债权的请示的答复》，但在实践中也有一些争议。这些问题的提出与解决均亟待结合相关理论与实务中的操作经验予以进一步分析，寻求最佳的司法解决路径，减少金融不良资产处置中的困难，有效地服务于金融不良资产的转化与管理。

对于金融不良资产处置与管理的诉讼而言，通常来说，法院审理案件期限较长，进入执行阶段后还会面临执行难的困境或是执行转破产的选择。其中，要解决执行难的问题，需在诉讼管辖地、诉讼时效、诉讼保全以及变更和追加当事人等方面进一步对现有规定进行完善，而对于执行转破产制度来说，则应进一步明确启动该程序的法律条件、申请主体以及审查等方面的内容，更好地通过能动司法实现金融不良资产的清收，保障债权人合法权益的实现。

呈现在读者面前的这本《金融不良资产管理的法律典型问题实务解析》，汇集了法律、金融、资产管理实务人士的观点与建议，对上述涉及的问题均作了回应，既是一次政策法规的历史回眸，也是一场关于金融不良资产处置与管理方式的交流盛会。

面对当前的各种机遇与挑战，法律界正站在推动不良资产管理行业迈向新高度的历史起点上，任重而道远。我们旨在搭建一个不良资产处置的多方业务交流平台，开拓不良资产处置的新模式，形成共识，推动不良资产处置立法的进一步完善，促进金融审判系统在法律适用方面的统一性，加强执行力度，从而助力不良资产管理行业的健康、持续发展。

广州市律师协会

执行与资产处置业务专业委员会

2022年4月19日

目　　录

第一编　不良资产处置的相关法律问题

第二编 执行程序的理论及实务问题

第三编　《关于审理涉及金融不良债权转让案件工作座谈会纪要》的适用问题

第一编

不良资产处置的相关法律问题

不良资产处置能力创新

——构建资产投行模式，助力效益提升

屠朝锋*

在当前经济转型期，不良资产处于高发周期，投资不良资产项目也渐成投资界的一个热潮。众所周知，投资要解决“募、投、管、退”四个环节，投资不良资产，就要解决处置不良资产这个投资退出的核心问题。在当前形势下，常规的资产处置方法，面临诸多困难，司法拍卖处置也面临着大量流拍而无法完成处置变现。为此需要调配与汇聚资源，用更多的维度与工具，协同处置不良资产，建立“大处置”的思维。笔者从“专业+资本+资源+资产”的角度出发，谈一下投行模式下的资产处置观点。

一、投资不良资产的获利逻辑

投资不良资产的底层获利逻辑，可以总结成四个方面：

第一，赚折扣收益的钱。在特殊时期通过折扣方式买到资产，后期通过司法方式扩大承债主体，或通过信用修复加强偿债能力，借此获取一定收益，可把此称之为资产项目信用修复带来的收益。

第二，赚经济周期的钱。经济低迷时期，用低价购买大量不良资产，当经济转好时，在资产价格上涨时期，出售所购不良资产，通过经济周期波动，获得资产价格利差。此种情况下，关键是对经济趋势与资产价格趋势的把控能力。如果节拍没踏对，再强的处置能力在大形势面前都会显得乏力，一定要顺势而为、敬畏周期。

第三，赚自身资源禀赋的钱。以不良资产投资配资市场为例，这个市场是分层

* 屠朝锋，广东南国德赛律师事务所律师。

的，比如有的资产公司可以拿到3%~4%的低成本资金，这就是特殊资源禀赋的价值。如果资源禀赋是拥有某个特殊领域的专业技能，那就充分利用好本身资源禀赋这个特质创造价值。

第四，通过主动的资产管理，以及资源整合等多种方式，提升资产价值，这也是最难赚的钱，需要成体系的资产投资与处置方法，真正地通过整合资源，创造价值，提升资产价值。

二、不良资产业务经营当前局面

（一）市场规模大

当前伴随国际经济环境变化，以及中国经济与产业结构转型，社会经济去杠杆，房地产行业调整等因素，当前国内不良资产市场规模较大。显然，任何国家的经济结构转型都需要持续一定时期，可以预见，未来境内不良资产管理行业会继续维持一定的市场规模。

（二）收益弹性大

不良资产的另类非标属性，使得不同风格的投资与处置机构都可能找到匹配自己的利益点。通常民营机构年化收益率在15%~30%；规模央企国企回报率在10%~15%；专业处置机构回报率20%左右，整体收益弹性比较大。

（三）投资项目难

当前不良资产投资与处置市场发生了根本性变化，市场中的投资资金充裕，钱投不出去，出现优质资产荒、投资焦虑症。

（四）处置资产难

当前，不良资产的底层资产并没有发生大幅度升值，反映在资产处置方面，表现为资产流动性差，资产处置处于艰难状态。

三、不良资产周期变化成因

当前不良资产市场的现状，概括来讲有以下几个方面原因。

（一）此不良资产，非彼不良资产

从1999年不良资产市场开始到现在，业界一直把这个行业称之为不良资产市场，但现在市场上的不良资产，并非当年的不良资产。当年的不良资产基本是银行核销的损失类不良资产，投资此类资产耗费的投资本金极低；而当前的不良资产更多是以拥有较高金融属性的底层资产（如地产等）为主导。

（二）金融类资产——金融与非金资产

之前不良资产更多表现的是银行等金融机构经营过程中产生的不良资产，而当前企业经营过程中产生的非金类不良资产也逐渐增多，例如，当前房地产开发企业所产生的不良房地产项目数量较多等。

（三）损失类资产——可疑类资产

不良资产市场刚开始时，市场上流转的基本属于损失类不良资产，通常没有抵/质押物作债权保障，投资价格较低。近年来市场上的不良资产基本都是附带有较充足抵押物的可疑类不良资产，价格较高，甚至居高不下。并且本轮周期下不良资产，单笔不良的户数越来越大，处置过程中的对手盘越来越强。

（四）法律技能主导——专业与资本协同

从不良资产处置的角度来讲，既往的不良资产由于是损失类不良资产，投资价格低，但对资产处置，特别是法律技能要求高，通过司法处置等主要方式获利。当前的不良资产处置不仅仅需要高超的法律技能，由于其底层资产常表现为高价值的金融属性（如地产等），其处置过程就需要高额的资本给予协同。

四、投行化处置不良资产

投行化处置不良资产，需要先理解投行化的实质，提高思维宽度，充分理解其特点，汇聚协调各方面资源，并给予合理机制，以平衡各方面的权益实施，下面分几方面分析：

（一）何谓投行化

谈到投行化处置不良资产，不同人能从不同角度讲出投行的模样。笔者对投行的理解是：投行就是资源的配置者，是问题的解决者和价值的创造者，符合这个思维的是投行思维。许多人把投行和投资混淆，本质上投行并不是金主，不是投资者，而是通过专业能力，将资金投资者汇聚起来，组织实施投资，在“募、投、管、退”的流程中实施资源的配置。

（二）专业+资本+资源+资产

深入分析资产投行的运作本质，包括其中各种要素的运营，都是围绕“专业+

资本+资源+资产”这四个方面展开的。投行化处置资产，其实日常很多人都可能在不良资产某个环节上做了一些尝试，近几年不良资产规模机构，则更加强化了投行运作这个特点。

（三）理念创新

一是从法律思维到法商思维转变。作为法律人，不能把思维仅仅停留在单一的打官司司法处置推进上。从投资学来讲，处置需要投入方方面面的成本，站在处置的角度来讲，你的处置收益会决定要投入多大额度。

二是要从单一处置到资源配置转变。单一的处置方法，在当前市场上较难有好的效果。当前的市场环境下，如提高处置效率，需要通过各方面的资源配置来进行处置。

三是从个人英雄思维到渠道合作思维转变。一定要建立渠道合作或协同的资产处置思维，以司法处置不良资产为例，资产处置可能需要经历案件一审、二审、强制执行、司法拍卖等多个司法程序。作为专业人士，单凭一己之力，不太可能在全过程都保持最优的解决方案，处置中的某个环节或程序大概率需要专业机构或人士的协同合作，才能保障解决问题的资源始终处在最优化的状态。

四是从服务思维到投资思维转变。服务思维重过程、重体验，而投资思维是以结果为导向。在能力建设方面，搞好投行化处置，笔者认为应当构建四大基本能力：专业引领能力、产融结合能力、资金资本组织能力、社会资源配置能力，缺乏这四种能力，投行化运作将无法开展，这是个系统性的工程。

（四）应用场景

投行化处置不良资产的应用场景主要在这几个方面：危困房地产项目盘活、中大型企业纾困重组、企业主辅资产剥离、企业破产重整项目。这些大型或者复杂项目才具备应用投行化处置手段的基础。

（五）专业引领

投行化处置强调专业引领，为此有必要强调专业圈的建设，专业圈包括：法律、税务、融资、产业等。投行作为资源的配置者必须凝聚这些专业圈层的力量。

（六）资本圈融资

在资金资本组织支持方面，需要识别市场资金类型、资本性质、资本组合、资金周期和收益要求。市场上有若干个资金机构，应把每个资金机构的属性掌握，以便于在操作具体项目时做好匹配工作。

（七）产融结合

以投行化处置资产，最终资产处置时的资产一定是回归到了产业界。为此实施产业和资本的结合，才能给大型资本投资者提供退出的系统机制，否则资本投资者，不知道投资怎么实现退出，也就不太可能实现最初的投资目的。

最后，总结什么是投行化处置不良资产，笔者认为，其实就是对资产主动管理、工具创新、发现价值、提升价值。在当前市场环境下，资产处置创新永远在路上。

“执转破”规则下不良资产处置的新思路

郑飞虎　何肖洁*

内容提要：不良金融资产的处置对于化解金融风险、维护金融稳定具有重要意义，在深化供给侧结构性改革的背景下，不良金融资产的处置模式也在不断革新。传统的不良金融资产处置途径往往立基于债务人具备一定的资产条件，因此对实践中存在的拥有账外资产的债务人调整乏力，而破产程序则对目前的执行困境具有高度的弥补性。“执转破”程序在执行中会影响不良金融资产处置的周期、回现金额、模式及管辖法院。在实务操作中，“执转破”的启动需要根据不同情形选择不同的策略，相应地也增加了对不良金融资产进行处置的法律服务的需求，为参与破产案件的律师提供了更多的业务机会。

关键词：不良金融资产　“执转破”规则　资产清收　破产管理

根据中国银行业监督管理委员会、财政部制定的《不良金融资产处置尽职指引》（银监发〔2005〕72号）中的定义，“不良金融资产”是指银行业金融机构和金融资产管理公司经营中形成、通过购买或其他方式取得的不良信贷资产和非信贷资产，如不良债权、股权和实物类资产等；“不良金融资产处置”是指银行业金融机构和金融资产管理公司对不良金融资产开展的资产处置前期调查、资产处置方式选择、资产定价、资产处置方案制定、审核审批和执行等各项活动。即是说，不良资产处置是指通过综合运用法律法规允许范围内的一切手段和方法，对资产进行的价值变现和价值提升的活动。

资产处置方式按资产变现可分为终极处置和阶段性处置。终极处置主要包括破

---

* 郑飞虎、何肖洁，广东金轮律师事务所律师。

产清算、拍卖、招标、协议转让、折扣变现等方式；阶段性处置主要包括债转股、债务重组、诉讼及诉讼保全、以资抵债、资产置换、企业重组、实物资产再投资完善、实物资产出租、资产重组、实物资产投资等方式。对不良资产的有效处置，特别是如何在不良资产市场存在的新问题中破局，是不良资产管理行业的重中之重。

在实践中，不良资产经过出售、诉讼、执行等往往仍无法得到有效处置而陷入困境。此时，债权人往往面临着没有抵押权或抵押权行使遇到障碍，债务人及保证人（以下统称债务人）均无有效财产可供查封，而债务人此时主要有两种状态：(1) 确立并且经营正常，可能存在大量账外隐匿资产；(2) 长期吊销未注销，没有进行非讼清算或破产清算，即常说的"植物人公司"。①

因此，除传统的不良资产处置方式外，如何深度挖掘债务人的账外资产，应对"植物人公司"债务，提高不良资产清收率，成为一种急需。

一、"执转破"的制度优势

执行案件移送破产审查简称"执转破"，是2015年2月4日起实施的《最高人民法院关于适用〈中华人民共和国民事诉讼法〉的解释》（法释〔2015〕5号）(已修改）确立的规则，意在打通执行不能案件进入破产程序的通道。但该程序较为烦琐，司法解释的原则性规定难以指导司法实践。

2017年1月20日，最高人民法院颁布了《关于执行案件移送破产审查若干问题的指导意见》（法发〔2017〕2号，以下简称《指导意见》），标志着执行案件移送破产审查（以下简称"执转破"）程序在实践层面有了进一步的指引。

（一）不良资产传统处置途径及困境

常见的不良资产传统处置途径有以下几种：

1. 打包出售，使用该资产转让方式时难以通过谈判实现合理价格，多存在资产损失较大的情形。

2. 诉讼、执行，但在没有抵押权或抵押权行使遇到障碍时，容易陷入"执行僵局"。

---

① "植物人公司"的别称很多，有"休眠公司""短命公司""公司下落不明""公司恶意消失""企业法人弥留之际"等。参见邱润根：《论破产清算对植物人公司的终结》，载《河南师范大学学报（哲学社会科学版）》2011年第1期。

3. 债转股或阶段性持股，周期长，信息不对称导致风险。

4. 证券化。“证券化得以完成的关键以及证券化结构的最高目标在于将产生现金流的资产与资产证券化发起人的任何其他财务风险相隔离，确保资产产生的现金流得以按证券化的结构设计向投资者偿付证券利益，实现资产信用融资。正因为如此，风险隔离是资产证券化的核心。”① 证券化不仅要求未来具有稳定的现金流，而且在现有法律制度建设上、资产风险隔离架构上还不成熟。

传统处置途径均需满足一定的条件，而债务人没有不动产、无形资产及动产进行查封、冻结、扣押，但却保持了数年不还债而进行正常经营，可推断该等债务人可能存在大量的账外资产。然而该等资产无法通过公开、合法的途径查得。

另外，数量众多的债务人长期处于吊销未注销状态，其经营管理人员、股东等下落不明，财产状况不清等这种“植物人”状态使债权人的合法债权受到极大损害，无法通过清算实现债务清收。

（二）破产程序对执行程序具有高度的弥补性

1. 破产制度保障各债权人在结果意义上平等受偿。执行程序在功能上带有非常显著的局限性，即它是个别清偿。一旦清偿不能、被执行人主体资格还在，就要进入终结本次执行程序。对于自然人而言，我国法律没有规定个人破产制度，理论上只要人还活着，就有可能在未来取得清偿能力。

而企业法人不一样，它的注册资本是确定的，经强制执行后无财产可供执行，往往已经说明这个企业法人已经没有财产，无后续经营能力，这个法律拟制的主体想要像自然人那样去获得持续的清偿能力的可能性几乎为零。

破产是多数债权的一种实现方式，可看作是为处置“公共鱼塘（Common Pool）问题可能面临的个人随意钓鱼矛盾作出的反应”。据此，破产程序旨在解决多数债权实现过程中的集体行动问题。当“公共鱼塘”中的“鱼”足以保证债权人需求的情况下，先占和俘获是解决债务人一般责任财产与数个债权清偿关系的规则，贯彻市场竞争和效率优先的立法政策；当债务人的偿债能力出现危机，如仍然奉行债权人公平竞争和效率优先的立法政策，则会引发债权人之间哄抢债务人财产

---

① 陆学忠：《中国金融资产管理公司实施不良资产证券化的法律问题检讨——以“凤凰”“东员”为案例的分析》，载《广东金融学院学报》2007 年第 2 期。

的效应。[①] 即是说，当债务人为企业法人且较难获得持续的清偿能力、"资不抵债"时，破产程序是使所有债权人在平等的条件下有秩序地接受清偿以及分担不能受偿的损失的保证，可以称之为一种"概括执行"。

2. 破产过程中对债务人财产的全面梳理和高度透明的程序。我国《企业破产法》第34条规定："因本法第三十一条、第三十二条或者第三十三条规定的行为而取得的债务人的财产，管理人有权追回。"即是说，赋予了管理人对债务人财产的追索权。破产过程中，对债务人财产的追索、管理、评估、变价、分配等环节是对债务人资产和债务的开示和全面清理，这是执行程序所无法达到的。

3. 破产重整制度使破产法不仅仅是一个死亡法、清算法，而且还是一个市场主体的复兴法、拯救法与再生法。作为健全的企业退出机制，破产重整通过法定程序解决资不抵债企业的债务清偿，保障市场经济中的信用商品交换关系，对及时修复市场经济秩序具有重要的调整作用。破产重整程序还能够帮助暂时失去履行能力、但仍有市场价值的债务人，获得再融资或者结构调整的空间，使其免于被债权人短时间内执行债权而失去生存机会。因此与执行程序一起，二者可以建立成熟、高效的债权债务实现体系，充分平衡企业生存发展、投资者权益和社会公共利益，营造良好的法治营商环境。[②]

4. 破产程序是终局的，破产清算最终是将债务人的主体资格消灭掉，而且破产程序不可回转，它具有不可逆性。"当前，中国执行不能案件数占未执行到位案件数的40%~50%，其中相当一部分是以企业为被执行人的案件。由于没有破产制度的保障，这部分案件大量沉淀，成为执行工作隐患。如果破产制度成为执行环节之后的独立司法环节，一个破产案件就可以消解若干执行案件。同时，这些执行案件进入破产程序，对所有债权人进行公平清偿，还可以解决债权人实践中不能受到公平对待的问题。破产程序结束后，这些债权债务关系归于消灭，执行案件也可以结案。"[③]

---

① 参见郭洁、郭云峰：《论执行与破产的对接程序》，载《人民司法》2015年第11期。

② 参见白田甜、景晓晶：《"执转破"衔接机制的优化原则与实践完善》，载《法律适用》2019年第3期。

③ 参见靳昊：《消除"法律白条"有多少"硬骨头"要啃》，载《光明日报》2017年4月6日，第15版。

二、“执转破”程序的要件及对不良资产处置工作的影响

（一）“执转破”的三个法定要件

根据《指导意见》（法发〔2017〕2号），“执转破”的三个法定要件为：

1. 对象要件。“执转破”的被执行人应为企业法人，自然人和企业法人以外的组织作为被执行人的案件不适用“执转破”规则。在司法实践中，各级法院将率先启动“符合破产原因且属于无经营资金、无营业场所和企业管理机构、人员下落不明的案件以及有关当事人申请尽快移送破产审查的案件”执行转破产工作，筛选这类案件时将先从无财产可供执行的案件中将企业法人作为被执行人的案件筛选出来，再利用最高人民法院及地方各级人民法院的网络查控体系进行查询。

2. 破产原因要件。《指导意见》要求可以适用“执转破”规则的企业法人“不能清偿到期债务，并且资产不足以清偿全部债务或者明显缺乏清偿能力”，这与《企业破产法》第2条的法律规定一致。

3. 意思要件。《指导意见》第2条第2项规定：“被执行人或者有关被执行人的任何一个执行案件的申请执行人书面同意将执行案件移送破产审查”，即“执转破”应经过被执行人或者至少一个申请执行人同意。

同时，《指导意见》还规定了执行法院对执行案件移送破产审查有关事宜的告知、征询、决定程序，要求执行法院采取财产调查措施后，发现作为被执行人的企业法人符合《企业破产法》第2条规定的，应当及时询问申请执行人、被执行人是否同意将案件移送破产审查。

（二）“执转破”程序对不良资产处置的具体影响

1. 影响管辖法院。《指导意见》详细规定了执转破的工作流程——决定、移送、审查处理。根据《指导意见》第3条的规定：“执行案件移送破产审查，由被执行人住所地人民法院管辖。在级别管辖上，为适应破产审判专业化建设的要求，合理分配审判任务，实行以中级人民法院管辖为原则、基层人民法院管辖为例外的管辖制度。中级人民法院经高级人民法院批准，也可以将案件交由具备审理条件的基层人民法院审理。”因此，对申请执行人来说，执行法院与受理破产案件的法院不一定一致。

2. 影响处置周期。通常来说，不良资产处置周期主要是指诉讼、执行程序所

需的大致时间，以此为基础预估和判断的。而"执转破"是将执行案件移送破产审查并转为破产案件，即在普通的诉讼、执行程序的时间周期上增加破产程序，从而将会大大拉长处置工作所需的处置周期，从而间接影响不良资产的投资回报率。

3. 影响回现金额。"执转破"程序对回现金额的影响是把双刃剑：一方面，破产程序有法定的优先支付费用。这与"先到先得"的数个一般债权清偿顺序不同，同时适用"执转破"程序还可能会产生包括破产费用在内的一系列需要优先支付的费用。《指导意见》第15条规定："受移送法院裁定受理破产案件的，在此前的执行程序中产生的评估费、公告费、保管费等执行费用，可以参照破产费用的规定，从债务人财产中随时清偿。"因此，这将在一定程度上影响包括享有抵押权等优先权在内的债权的实际受偿率。另一方面，"执转破"有利于企业的账外资产得以浮现，而破产重整制度使破产法不仅仅是一个死亡法、清算法，而且还是一个市场主体的复兴法、拯救法与再生法，有可能通过"执转破"盘活负债企业从而使债权人获得比原先更高的债权的实际受偿率。

4. 影响处置模式。《指导意见》的颁布及"执转破"规则将为传统的以诉讼、和解、转让为主的不良资产处置模式带来新的处置思路和博弈策略，通过破产、重整的方式使一部分以传统不良资产处置方式难以推进、执行的执行积案有望实现回收。

三、"执转破"在不良资产处置中的适用

执行程序中，债权人是执行程序的唯一启动者，"先到先得"是对债权人启动程序的最直接激励。《企业破产法》虽然赋予了债权人与债务人同等的破产申请权，但债权人事实上并无启动破产程序的动力：债务人破产意味着债权人几乎完全无法得到充分清偿，并且在破产程序中，任何特定债权人都要和其他债权人分享债务人的财产。对债务人特定财产已采取保护措施或者掌握债务人财产线索的债权人来讲，他们更希望采取单独的民事执行程序，而不希望债务人破产并与其他债权人平等分享利益。[①]

由于破产是多数债权的一种实现形式，在"僧多粥少"的情况下，不良资产的

---

① 参见郭洁、郭云峰：《论执行与破产的对接程序》，载《人民司法》2015年第11期。

处置不仅仅是被执行人与申请执行人之间的博弈，也是多个被执行人之间的竞争和较量。根据《指导意见》规定，“执转破”应经过被执行人或者至少一个申请执行人同意，对意思要件的要求较低，因此区分不同情形，选择合适的应对策略，打开不良资产处置新思路，有效利用“执转破”程序就显得尤为重要。

1. 对债务人特定财产已采取保护措施或者掌握债务人财产线索的债权人来讲，应当加速推动诉讼及执行进程，“落袋为安”。《指导意见》第17条规定：“执行法院收到受移送法院受理裁定时，已通过拍卖程序处置且成交裁定已送达买受人的拍卖财产，通过以物抵债偿还债务且抵债裁定已送达债权人的抵债财产，已完成转账、汇款、现金交付的执行款，因财产所有权已经发生变动，不属于被执行人的财产，不再移交。”对于拥有抵押物及首封的债权人而言，因为适用“执转破”程序将可能对其不利，因此，应加快推进诉讼和执行进程，及时领款回现，避免和其他债权人分享债务人的财产或者拉长处置周期，影响不良资产的回收。同时也要注意防范债务人的其他债权人利用“执转破”程序与享有抵押权等优先权在内的债权人进行谈判和博弈，降低不良资产项目债权的实际受偿率。

2. 对于符合破产条件且个案执行程序难以推进的企业法人，如“植物人公司”、企业债权债务关系错综复杂的，如果通过正常的执行程序无法实现回款或回款金额无法令人满意的，可以主动出击，用好“执转破”程序。除了使企业的账外资产得以浮现，甚至可以利用“执转破”与享有优先权的其他债权人进行博弈，要求对方在案款分配上作出一定的让步，力争获得比较满意的回款效果。

以在厦门中院审结的福建省首例“执转破”案件为例予以说明：

据介绍，被执行人厦门某科电器有限公司（以下简称厦门某科）系青岛某公司与中国香港一家公司合资设立，注册资金3000万元。数年前，厦门某科因债务危机被众多债权人诉至法院。2016年，厦门两级法院因其被执行人的案件多达42件，企业明显资不抵债，资产主要为综合办公楼及厂房且均被设定抵押，办公楼及厂房又存在多份长期租约，企业与租户矛盾重重，个案执行程序难以推进。后经厦门某科申请，法院审查符合条件，厦门中院执行局将该公司移送进行破产立案审查。2016年8月5日，厦门中院裁定受理厦门某科的破产清算申请，成为福建省法院“执转破”首案。此后，厦门某科财产在法院网络拍卖平台拍卖成交。买受人依照拍卖要求交纳了拍卖价款，该案主要审判流程已经完成，保护了全体债权人的合法权益。至此，历时9个月，成功解决了厦门两级法院多年来难以执结的42起、总标的1亿余元的执行积案。

在上述案例中，申请执行人众多，企业的财产被设定抵押，又有长期租约纠纷，在个案执行难以推进、处置周期大大拉长、资产回收难以获得效率的情况下，通过“执转破”规则，打破执行僵局，全面梳理企业法人的财产和债权债务，通过破产程序的开示和清算分配方案的制订，以企业的全部财产使全体债权人平等受偿。这在公平和效率的层面上，无疑是取得了良好的回收成效。

总之，《指导意见》在实践意义上对“执转破”程序的指引有利于“执转破”程序的适用、推广，将对不良资产管理行业处置、退出产生重大影响，为处于困境的不良资产处置提供了一种新的思路。对于不良资产管理行业工作者而言，应当有策略地妥善使用，以便不良资产取得卓有成效的回收。

四、破产程序中的不良资产法律服务需求

（一）“执转破”是不良资产清收的一个重要手段

《企业破产法》和《指导意见》为处于困境的不良资产处置提供了一种新的思路，债务人不能清偿到期债务，债权人可以向人民法院提出对债务人进行破产清算的申请，具体到不良资产处置方面，申请债务人破产清算可具有如下作用：

1. 使存在障碍的抵押权得以行使，优先受偿。抵押权行使存在障碍情况下，进入破产清算程序可优先受偿。

2. 使企业的账外资产得以浮现，与其他债权人平等受偿。

3. 申请债务人破产清算可对想继续经营的债务人及保证人形成压力。申请破产目的在于给存在大量账外资产的债务人以压力，对债务达成和解，可在申请破产之前与债务人进行各种形式的谈判。

4. 主要债权人可以掌握清算分配方案。

5. 对“植物人公司”及其股东等清算责任主体形成压力。

在不良资产处置工作中，从事不良资产法律服务的律师需要帮助客户认识到：即使对债务人特定财产已采取保护措施或者掌握债务人财产线索的债权人来讲，在那些通过正常的执行程序无法实现回款或对回款金额不满意的情形下，应当用好“执转破”程序，而不是一味地排斥债务人破产清算程序，认为“执转破”不过是

迫于无奈之下的权宜之策。

恰恰相反，在债务人企业缺乏清偿能力无法全部清偿债务或经历执行程序穷尽调查措施仍资不抵债时，及时启动执转破程序，可通过破产程序积极追收债务人财产，实现对债权人的公平清偿，或利用该程序与享有优先权的申请执行人进行博弈，这反而有利于不良资产的处置。因此，申请债务人破产清算应作为不良资产清收的一个重要手段，特别是在执行程序与破产程序的衔接上已有了《指导意见》的具体指引的情况下，更应当有策略地妥善使用。

（二）“执转破”案件中法律服务业务的拓展

1. 代理债务人。《企业破产法》第 7 条明确规定了债务人享有重整、和解或者破产清算的申请权。律师代理债务人参与破产案件时，可以充分利用企业破产法所赋予的债务人的和解权利，提出切实可行的和解协议草案，来获得债权人的认可，使债务人在最短的时间内摆脱困境，避免被清算的厄运。和解协议草案的制定，以及同全体债权人就债权债务处理问题的谈判是一项非常有技巧性的工作，依赖于律师的专业素养及职业积累。同理，律师代理债务人参加重整程序或清算程序时，无论是制作切实可行的具有可操作性的重整计划草案，还是提醒或指导债务人及其相关人员履行《企业破产法》所规定的诸如财产保管义务、如实回答询问义务、如实提交相关资料义务、不得对个别债权人进行债务清偿的义务等，律师作为代理人有相当多的法律服务机会。

2. 代理债权人。在破产程序中保护债权人的利益是《企业破产法》的立法目的之一，律师作为债权人的代理可充分利用法律所规定的债权人权利，切实维护债权人的合法权益。同时，从事不良资产法律服务的律师在管理人履行职务的过程中还具有以下服务优势：（1）可以通过管理人完成对债务人财务状况的审计及财产的调查、核查，全面掌握债务人的实际财产状况，同时掌握其他债权人的债权信息；（2）可以利用企业破产法赋予管理人的权利，追回被债务人转移的资产，节省自行追讨的费用；（3）在了解破产企业的资产情况和债权债务情况下，律师作为代理人在债权人会议上能够对管理人处置资产方案的优劣作出判断，有助于促成债权人会议讨论通过，如认为债权人会议的决议违反了法律规定，还可代表符合条件的债权人提起决议撤销请求权；（4）通过平时从事不良资产法律服务时接触的客户或渠道，收购或介绍收购其他债权人的债权，也可以为破产案件的重整引入投资者。而上述的这些服务优势完全可以转变为从事不良资产法律服务的律师的法律服务机会。

3. 担任破产管理人。破产管理人需独立完成破产财产的保管、清理、估价、处理、分配事务，还必须对法院负责并报告工作，并受债权人会议的监督。因此，律师担任破产管理人，必然要处理大量的法律事务和与法律有关的非法律事务，但这对律师而言也是极大的业务拓展机会。

《企业破产法》是一部实体法和程序法相结合的法律，破产程序启动后，既有权利的申请、申报和核查程序，还有可能出现债权确认之诉、撤销权之诉、抵销权之诉等诉讼类律师业务，同时在破产重整程序中还有可能会涉及股权重组和资产处置。由于企业破产程序具有专业性和综合性的特点，利益主体也呈多样性，因此，破产程序中的律师业务相应地也不限于担任管理人这一项，这为律师业同仁参与此类法律业务提供了大量机会。律师在从事不良资产法律服务的工作时，应当妥善利用“执转破”规则，打开不良资产处置的新思路。

关于不良资产执行处置困境与突破路径的几点思考

——以某实务案例为视角

赖冬敏　覃莉莉*

内容提要：“不良资产”一词出现在大众视野至今已有二十余年，处置方式从一开始单纯的诉讼（仲裁）催收、执行处置发展到多样化出售、债务重组、不良资产证券化、债转股、破产重组、资产置换等多元化手段。但不可否认的是，时至今日，执行司法处置仍是最为广泛、常用的处置方式。笔者试图从所经办的一则案例出发，就处置环节所遇到的变更申请执行人、案外人提起的执行异议及执行异议之诉、被执行人主体消灭、存在闲置风险的土地使用权处置等问题，谈谈目前关于不良资产司法执行处置困境与突破路径的一些思考。

关键词：不良资产　司法处置　执行异议　土地闲置

一、案情简介

A公司向中国银行借款人民币2000万元，并以自身名下房产提供抵押担保，B经贸局提供连带责任保证担保。因A公司未能按约偿还借款本息，中国银行遂提起诉讼，并在执行阶段处置了A公司的抵押房产。因抵押房产司法变现价值不足1000万元，且当时未能发现A公司、B经贸局存在其他可供执行财产线索，故法院裁定案件终结本次执行。该笔借款在银行系统内被划入不良后，由中国银行剥离至

* 赖冬敏，广东正大方略律师事务所主任；覃莉莉，广东正大方略律师事务所律师。

中国东方资产管理公司。受让该笔不良债权后，中国东方资产管理公司向法院申请变更为申请执行人，但仍未发现A公司、B经贸局有其他可供执行财产线索，最终又将该笔不良债权转让至C公司。

C公司委托律师工作后，发现某土地使用权登记在A公司名下，故启动变更申请执行人、推动对A公司名下土地的评估拍卖等工作。在C公司向法院申请处置该土地使用权过程中，D公司向法院提出执行异议，并且在异议被驳回后接连提起案外人执行异议之诉。在处置A名下土地使用权时，法院以该土地存在闲置风险为由，一度中止对该土地使用权的评估拍卖工作。

二、处置困境与突破路径

（一）困境一：债权确认之诉能否成为申请变更申请执行人的前置程序

C公司受让该笔不良债权后，向法院提出变更申请执行人的书面申请，请求将案件执行人由中国东方资产管理公司变更为C公司，并提供了债权转让资料。但法院以C公司并非四大资产管理公司为由，拒绝直接作出变更申请执行人的裁定。C公司无奈之下只能提起确认之诉，通过诉讼形式确认其为该笔不良债权的债权人后，再次凭借生效法律文书向法院申请变更申请执行人。

前述法院做法并非孤例，笔者认为，法院将债权确认之诉作为非四大资产管理公司的债权人申请变更申请执行人的前置程序不仅缺乏法律依据，而且与最高人民法院的指导精神相悖，不利于金融不良债权的自由转让，且额外占用司法资源。

最高人民法院数次强调金融不良债权即使经过多次转让，人民法院执行部门仍应依法裁定变更执行主体，而不能除了四大资产管理公司外一概拒之。《最高人民法院关于金融资产管理公司收购、处置银行不良资产有关问题的补充通知》（法〔2005〕62号）第3条规定："金融资产管理公司转让、处置已经涉及诉讼、执行或者破产等程序的不良债权时，人民法院应当根据债权转让协议和转让人或者受让人的申请，裁定变更诉讼或者执行主体。"《最高人民法院关于审理涉及金融不良债权转让案件工作座谈会纪要》（法发〔2009〕19号）第10条再次重申"金融资产管理公司转让已经涉及诉讼、执行或者破产等程序的不良债权的，人民法院应当根据债权转让合同以及受让人或者转让人的申请，裁定变更诉讼主体或者执行主体"。另外，2009年6月16日，最高人民法院执行局在《关于判断确定的金融不良债权多次转让人民法院能否裁定变更执行主体请示的答复》（〔2009〕执他字第1号）回复称，执行最高人民法院《关于人民法院执行若干问题的规定（试行）》第18条第1款的规定，包含通过债权转让的方式承受债权的人。依法从金融资产管理公司受让债权的受让人将债权再行转让给其他普通受让人的，执行法院可以依据上述规定，将债权转让协议以及受让人或者转让人的申请，裁定变更申请执行主体。

虽然最高人民法院对非四大资产管理公司的债权人申请变更申请执行人已经有上述提及的明确处理意见，但司法实践中部分法院执行局对该问题的处理方式并不统一，仍存在不允许从资产管理公司受让后的普通债权人直接裁定变更申请执行人。显然，这种做法系法院执行局将债权转让真实性、合法性、有效性等审核的责任转嫁给法院业务庭，增加了普通债权受让人执行处置的负担，不符合最高人民法院的纪要、通知及个案的批复精神。值得欣慰的是，目前越来越多的法院执行局通过组织听证的方式，充分听取申请人、原申请执行人、被执行人关于债权转让的意见，直接确认债权转让的真实性、合法性、有效性，大大提高了变更申请执行人的效率。

（二）困境二：案外人执行异议、案外人执行异议之诉

在不良资产处置的过程中，往往会突然出现案外人提出执行异议，以及后续的案外人执行异议之诉，这增加了不良债权的处置难度，拖延了处置时间。C公司变更为该笔不良债权的申请执行人后，第一时间请求法院查封了土地，本以为下一步自然可以推动对土地使用权的评估与拍卖。未曾想到的是，案外人D公司却在此时提出执行异议，要求法院解除对土地的查封并停止对土地使用权的评估与拍卖的执行，主要理由是土地查封前其与A公司已通过仲裁调解书的形式达成A公司需将土地过户至D公司的约定。执行法官经审查，以D公司不符合《最高人民法院关于人民法院办理执行异议和复议案件若干问题的规定》第26条、第28条关于排除执行的条件为由，驳回D公司的异议请求。D公司不服，随后提起执行异议之诉。此后，C公司在三年的时间里经历一审败诉、二审裁定发回重审、重审的一审胜诉、最终二审维持原判的艰难过程，获得了最后的胜诉结果。

1. 案外人能否以与被执行人存在债权为由排除强制执行

学理通说认为，所有权、担保物权、用益物权、债权、占有等民事权益足以排除强制执行。[1] 此处的债权主要指交付请求权。物权具有排他性，可有效排除强制执行，而债权则无，原则上债权不能排除强制执行，而且债权能否作为案外人执行异议的事由是非常棘手的重大司法策略问题。[2]但作为例外，如果法律有特殊保护规定并且当事人满足其要求的要件，则应当排除。

本案中，D 公司拟通过仲裁委员会出具的仲裁调解书证明其对涉案土地享有排除强制执行的民事权益。虽然仲裁委员会针对 A 公司和 D 公司的涉案土地买卖合同出具了仲裁调解书，但是仲裁调解书本身并未对合同的真实性、有效性及合同履行情况进行具体查明，仅载明了最终双方达成的调解协议。正是因为如此，法院在本案的审理过程中，并非直接依据仲裁调解书承认 A 公司和 D 公司交易行为的真实性，而是另行针对前述交易细节进行着重审查。在执行异议诉讼过程中，D 公司无法向法院提供针对涉案土地使用权转让的交易合同、交易价款支付凭证的原件及实际占有的证明，依据《最高人民法院关于人民法院办理执行异议和复议案件若干问题的规定》第 28 条规定："金钱债权执行中，买受人对登记在被执行人名下的不动产提出异议，符合下列情形且其权利能够排除执行的，人民法院应予支持：(一) 在人民法院查封之前已签订合法有效的书面买卖合同；(二) 在人民法院查封之前已合法占有该不动产；(三) 已支付全部价款，或者已按照合同约定支付部分价款且将剩余价款按照人民法院的要求交付执行；(四) 非因买受人自身原因未办理过户登记。" 法院据此判定 D 公司不享有足以排除强制执行的物权期待权。

2. 执行异议与执行异议之诉的差异

执行异议程序与执行异议之诉程序均衍生于执行程序，且同为执行中对于第三人的权利救济制度，但因各自不同的性质而具有不同审查标准。执行异议为执行程序，着重效率，故审查时以形式审查为原则，以实质审查为例外，执行局需在受理后十五天内按照《最高人民法院关于人民法院办理执行异议和复议案件若干问题的规定》作出裁定。执行异议之诉属于审判程序，有完整的一审、二审和再审程序，更注重公平性的实质审查，即依照《民法典》等法律规定并参照《最高人民法院关于人民法院办理执行异议和复议案件若干问题的规定》审查异议人是否享有足以

---

① 肖建国、庄诗岳：《论案外人异议之诉中足以排除强制执行的民事权益——以虚假登记财产的执行为中心》，载《法律适用》2018 年第 15 期。

② 唐力：《案外人执行异议之诉的完善》，载《法学》2014 年第 7 期。

排除强制执行的民事权益。

实践中，一些别有用心的当事人往往利用仲裁的非公开性及利害关系人无权撤销裁决的特征，通过仲裁程序快速达成仲裁调解协议，以达到规避执行的不正当目的。根据《仲裁法》第 58 条规定，当事人提出证据证明仲裁裁决有法定撤销情形的可以申请撤销裁决。该条规定申请撤销裁决的主体是当事人，并未规定利害关系人可以申请撤销仲裁裁决。为了避免此种情况的发生，执行异议之诉应当坚持实质性审查的审查标准。

（三）困境三：被执行人主体消灭

B 经贸局作为保证人，在 C 公司接受本笔不良债权之前已经被当地政府予以撤销。C 公司代理律师接受委托后，并未因 B 经贸局主体消灭而轻易放弃对其继续执行，经过调查发现 B 经贸局被撤销后主要职能已并入当地科工商信局。依据《最高人民法院关于民事执行中变更、追加当事人若干问题的规定》第 11 条“作为被执行人的法人或其他组织因合并而终止，申请执行人申请变更合并后存续或新设的法人、其他组织为被执行人的，人民法院应予支持”之规定，代理律师随即将此情况反馈至法院，申请将科工商信局列为案件被执行人。法院接收到申请后，向科工商信局发出公函，告知其本笔不良债权的情况，并要求其承担 B 经贸局在本笔不良债权项下的义务。科工商信局收到法院公函后，主动与 C 公司联系并提出执行和解方案。最终，科工商信局在法院主持之下与 C 公司达成执行和解协议并在短时间内偿还了 A 公司的部分债务。

本案中，B 经贸局已不复存在，C 公司亦未曾期待能够从 B 经贸局处实现保证债权，可以说科工商信局的还款对于 C 公司而言是一笔意外之财。笔者建议，在不良资产处置过程中遇到被执行人主体消灭的情形时，应当认真探究消灭的具体原因及消灭程序是否符合法律规定，有无存在为逃避执行而故意将主体消灭的情形。对于陈年旧案，实践中债权人极有可能忽视被执行人主体消灭原因，导致错失回款机会。

（四）困境四：执行处置存在闲置风险的土地

即使土地已达到了闲置土地的认定标准，但在国土资源部门行使认定闲置土地的行政职权之前，该土地使用权仍具有可执行性，法院应当有所作为。因 A 公司名下土地使用权的规划条件不清晰，评估阶段中法院遂询函至当地国土资源部门，国土资源部门在回函中提示因 A 公司多年未动工开发，故该土地存在闲置风险。法院收到回函后，一度因前述原因暂停该土地使用权的评估、拍卖工作。知悉此信息后，C 公司代理律师向法院出具了书面意见，提出了“国土资源部门并未针对闲置土地一事立案认定，更未实际作出征缴土地闲置费或收回国有建设用地使用权的决定，该土地的权属人仍是 A 公司，法院可在拍卖时对土地作出闲置风险提示，由市场上的买家衡量利益与风险后自行抉择是否购买该土地，但司法执行行为不应因此停止”的观点。最终，法院接受律师意见，并对该土地进行了司法拍卖，在经过多轮竞拍后，土地使用权以高于评估价几倍的价格成交。

近年来，全国各地的国土主管部门都在层层强化对闲置土地的管理，包括督促土地使用权人开工、作出征缴土地闲置费决定或作出收回国有建设用地使用权决定等。同时，实践中也常遇到闲置土地执行难的问题，这主要是各地的国土资源部门对司法执行认识不统一，以及法院与国土资源部门缺乏有效联动机制导致。

笔者认为，在未作出收回土地使用权的决定前，国土资源部门对于闲置土地的司法查封与执行不配合或直接拒绝，违反现行法律规定，既有损土地的有效开发利用，亦不利于债权人的权益保护。《最高人民法院、国土资源部、建设部关于依法规范人民法院执行和国土资源房地产管理部门协助执行若干问题的通知》第 3 条第 2 款规定：“国土资源、房地产管理部门在协助人民法院执行土地使用权、房屋时，不对生效法律文书和协助执行通知书进行实体审查。国土资源、房地产管理部门认为人民法院查封、预查封或者处理的土地、房屋权属错误的，可以向人民法院提出审查建议，但不应当停止办理协助执行事项。”按照该条规定，只要未作出收回土地使用权的决定改变原有土地权属前，国土资源部门无权阻止司法执行。

进一步讲，依据《最高人民法院第一巡回法庭关于行政审判法律适用若干问题的会议纪要》第 27 条规定，“法院查封之前，土地闲置已经超过两年的，市、县人民政府有权无偿收回土地使用权。但是，作出决定的市、县人民政府应当函请有关人民法院依法及时解除查封。人民法院及时解除查封的条件应当是，政府向债权人支付相应的债务及利息款项，结清查封土地上的债务”。国土资源部门正式作出闲置土地认定，并决定无偿收回土地的，函请法院解除对土地的查封、预查封的，解除的条件为清偿土地上的债务，以均衡债权人权益的保护。

三、结语

从受让不良债权起，至最终成功变现，不良资产的司法处置过程中往往存在各种各样的障碍。笔者从自身经办的一则案件出发，在展示处置过程中所遇到的申请变更申请执行人、案外人提起的执行异议及执行异议之诉、被执行人主体消灭、执行处置存在闲置风险土地等问题的同时，亦希望可以为同类案件走出困境提供一定的经验和思路。

债权收益权转让的合法性及合规性审查

吴 楠 熊 玮*

内容提要：债权收益权是指通过双方约定其权利内容并能独立于债权而交易的一种财产性权利，其本质是债权的一项权能，具有可分性。债权收益权转让是交易双方通过合同关系创设的一种新的债权债务关系。实践中因债权收益权转让产生争议时，由于缺乏明确的法律或监管规定，司法机关亦无法给出清晰的权威性答案，债权收益权转让游走于法律和监管的边缘。为防范转让中的法律风险，需要在财务出表的条件、业务流程、业务通道以及受让方等方面确保合规性。

关键词：债权收益权 债权收益权转让 合规性

"债权收益权"这一概念自创设以来，在金融市场得到了广泛使用，但目前我国法律法规并未对其内涵、外延以及法律性质作出明确界定。① 本文拟从债权收益权的法理基础、法律性质、法律效力、法律后果等角度，并结合司法判例以及《中国银监会办公厅关于规范银行业金融机构信贷资产收益权转让业务的通知》（银监办发〔2016〕82号，以下简称《信贷资产收益权转让业务的通知》）和《银行业信贷资产登记流转中心信贷资产收益权转让业务规则（试行）》（银登字〔2016〕16号，以下简称《信贷资产收益权转让业务规则（试行）》）等对债权收益权转让的合规性问题进行阐述。一己浅见，抛砖引玉，还请方家指正。

一、债权收益权的概念

虽然"债权收益权"概念在相关政府文件、最高人民法院司法解释以及各级法

---

* 吴楠、熊玮，广东国智律师事务所律师。感谢实习生易珂对本文的贡献。

① 参见田孝明：《债权收益权相关法律问题辨析》，载李昌道主编：《外滩金融创新实验区法律研究》，中国金融出版社2016年版，第98页。

院的判决书中时有出现，但均无关于“债权收益权”内涵与外延的明确界定。在理论上，有研究认为，债权收益权指的是以债权作为基础资产的资产收益权，包括一般应收账款及部分金融或类金融的债权类资产，如融资租赁、贷款、保理等。[①] 在实务中，债权收益权的内容是由交易双方根据其依附的基础权利的不同以及交易的特殊需要，以合约方式对其内涵与外延加以约定的。故可以认为，债权收益权是指通过双方约定其权利内容并能独立于债权而交易的一种财产性权利。

2016 年 6 月 20 日，银行业信贷资产登记流转中心发布的《信贷资产收益权转让业务规则（试行）》第 2 条对“信贷资产收益权”第一次进行了定义式的规定：“信贷资产收益权是指获取信贷资产所对应的本金、利息和其他约定款项的权利。”尽管信贷资产收益权不能等同于债权收益权，且该文件法律层级较低，但这已是目前对债权收益权上位概念最规范的定义，为债权收益权问题的研究、使用，提供了基础。

二、债权收益权转让的法理基础

有学者认为，债之关系发生后，为实现其内容，法律上所赋予的效果或权能即是债的效力，可分为对内效力和对外效力两部分：所谓对内效力即债权人与债务人之间的效力；所谓对外效力，即债权人对于第三人的效力。债的对内效力主要包括“给付请求力”“给付保持力”“声请强制执行权”与“损害赔偿请求权”；债的对外效力主要包括“债的保全效力”“债权的不可侵性”两项。[②] 债权收益权即债权“给付保持力”的“权利化”，其本质是债权的一项权能。债权具有多种权能，其中以债权请求权为其核心权能，即债权人请求债务人给付以实现债权人的收益，除此之外，还包括执行权、代位权、撤销权、处分权等内容。[③]

债权收益权具有可分性。权能与权利相分离，在物权中最为明显。例如，所有权人可以将所有权中的部分权能与所有权本身相分离而单独转让给其他人，在其物上设立用益物权或担保物权，以达到物尽其用的目的。债权虽为相对权，但其内部

① 参见周鹏：《债权收益权融资法律问题研究》，北京邮电大学 2017 年硕士学位论文。

② 参见郑玉波：《民法债编总论》（修订 2 版），陈荣隆修订，中国政法大学出版社 2004 年版，第 244—246 页。

③ 参见田孝明：《债权收益权相关法律问题辨析》，载李昌道主编：《外滩金融创新实验区法律研究》，中国金融出版社 2016 年版，第 99 页。

亦存在的多项权能可以明确分辨，这就为权能与权利的分离提供了基础。该项权利的分离在实务中，特别是金融领域已存在已久，我国目前除了物权法定原则之外，对其他财产性权利并未禁止，债权收益权转让本身未违反现有法律、法规的强制性规定，应受到法律保护。

三、债权收益权转让的法律性质

债权收益权转让是交易双方通过合同关系创设的一种新的债权债务关系，其本质仍为一方得依合意请求另一方给付，其特点在于：

1. 将原债权权能之一给付保持力单独剥离出来，通过合同方式予以明确，在转让方与受让方之间设立一个新的债权债务关系。

2. 该债权债务关系的基本内容为转让方将债权收益权转让给受让方，从受让方处获得对价。

3. 债权收益权转让不等于债权的转让。虽然该债权收益权是基于原债权而形成，但原债权项下相应的权利和义务仍由转让方享有和履行，即该债权收益权的转让具有相对独立性，不属于原债权转让，也仅在转让方与受让方之间发生法律效力。

4. 债权收益权受让方只能要求转让方给付。由于不是债权转让，原债权债务法律关系中主体并未发生变化，债务人不必对债权收益权受让人承担义务，债权收益权的受让方只能要求转让方按照约定的条件给付。

四、债权收益权转让的法律效力

债权收益权实质为债权基本内容中关于收益请求部分的权利单独剥离而形成的权利。① 债权人将收益权从债权中分离出来单独转让后，债权人即丧失了债权的“给付保持力”，在债权获得债务人清偿时，应将债务人的给付交付给收益权人。债权人保留着债权的“请求力”“申请强制执行力”等其他权能，债权人仍可以基于这些权能向债务人请求给付、向法院提起诉讼以及在获得生效裁判后向法院申请强制执行。

---

① 参见田孝明：《债权收益权相关法律问题辨析》，载李昌道主编：《外滩金融创新实验区法律研究》，中国金融出版社 2016 年版，第 99—100 页。

因债权收益权的转让并非债权本身的转让，所以无须适用《民法典》中关于债权转让的规定，即无须通知债务人，无须公示。基于合同的相对性，该转让合同仅约束债权人与债权收益权人，对债务人不产生效力，债务人仍应当向债权人进行清偿。从第三人的角度来看，转让人仍然保有债权人的权利外观。因此，如果债权人将收益权转让后，又将债权本身进行转让，或在债权上设定其他权利负担，则收益权人可能无法以其与转让人之间的收益权转让行为对抗善意第三人。

五、债权收益权转让的法律风险

债权收益权是金融市场需求的产物，其规避了债权转让的某些限制，实践中因债权收益权转让产生争议时，由于没有明确的法律或监管规定，司法机关对于这一概念的本身定性也无法给出清晰的权威性答案，债权收益权转让游走于法律和监管的边缘，但并非说其在使用过程中就毫无风险。基于以上原因，债权收益权转让可能存在以下法律风险①：

1. 由于债权收益权的转让并不需要进行转让公示，所以存在着转让方将债权收益权对应的原债权再次转让给其他第三方或在原债权上设定担保等权利负担的风险。

2. 若原债务人无法清偿，受让方无法直接向债务人主张权利，仅能依据合同约定向转让方主张权利。

3. 因原债权并未实际转让，无法实现债权资产与转让方的破产隔离。

4. 由于债权收益权系当事人自行创设的权利，具有一定的“虚拟性”，若债权收益权的转让及回购最终被认定实为虚拟回购形式的借贷关系，则可能因“以合法形式掩盖非法目的”而被认定为无效。

基于以上分析，可以看出债权收益权转让协议中风险的承担人主要为受让方。在实务上，受让方一般只能通过合同条款对可能出现的风险加以规避。常见条款如：特定情形下提前回购条款、回购金额及期限不可撤销条款、债权担保出现不能执行时转让方补足条款等。

---

① 参见田孝明：《债权收益权相关法律问题辨析》，载李昌道主编：《外滩金融创新实验区法律研究》，中国金融出版社2016年版，第101页。

六、债权收益权转让的司法认定

截至2017年6月29日，以“债权收益权转让”为关键字在“中国裁判文书网”检索，共有10篇，案由皆为“合同纠纷”。笔者发现各地各级法院对《特定资产（债权）收益权转让协议》本身的合法性是肯定的，均未对其进行无效认定。

值得商讨的是，四川省达州市中级人民法院在“原告达州市达川区某学校与被告四川某有限公司、被告达州市某有限公司金融不良债权追偿纠纷一案”① 一审民事判决书中，突破了债权收益权转让的标的，直接由债务人向收益权受让人还款。而江西省高级人民法院在“南昌农村商业银行股份有限公司与内蒙古银行股份有限公司合同纠纷案”② 判决书中认为：“债券本身含有包括收益权在内的多项权能，权利人可以将其中的一项或多项权能转让给他人行使，而收益权作为一种债权属性，转让行为与资产转让之性质存在根本差异；故特定资产收益权应定性为债权性质，其处置应当参考债权转让的相关原理。”这一判决认定债权收益权的可分性、法律属性及处置规则。在该案中，法院同时认为“规避金融强制监管并不等同于以合法形式掩盖非法目的，规避金融强制监管不损害国家或集体或第三人利益或社会公共利益的，不宜认定为以合法形式掩盖非法目的”。

我们认为，金融业务创新将通过司法案例直接推动我国的立法及司法层面与金融产品对接的逐步完善。我国虽非判例法国家，但以上案件的判决结果对于资产收益权转让业务创新已极具指导意义。

七、债权收益权转让的合规性问题

为了适应“债权收益权转让”模式的创新，同时为了加强对其可能存在的风险进行监管，中国银监会办公厅下发的《信贷资产收益权转让业务的通知》正式明确了“不良信贷资产收益权转让”的合规性；中国银监会下属银行业信贷资产登记流转中心印发的《信贷资产收益权转让业务规则（试行）》明确规定了信贷资产收益权的集中登记制度和集中登记机关。概言之，《信贷资产收益权转让业务的通知》

---

① 参见四川省达州市中级人民法院（2016）川17民初字34号民事判决书。

② 参见江西省高级人民法院（2015）赣民二初字第31号民事判决书。

从监管指标、业务流程、业务通道、受让方资质等方面提出信贷资产收益权转让业务的合规性要求；而《信贷资产收益权转让业务规则（试行）》则是从公示角度提出的合规性要求。

（一）财务出表的条件："洁净转让原则"

从法律的角度出发，实现财务出表，应满足"洁净转让原则"① 的三个条件：是否实现权利的转移；是否实现风险和报酬的转移；是否实现控制的转移。

1. 是否实现权利的移转。根据《企业会计准则第 23 号——金融资产转移》，仍可能通过以下两种途径之一来实现会计意义上的"转移"，一是"转移收取现金流量的权利"，二是"现金流量过手安排"。其中，现金流量过手安排要求同时满足"不垫款""不挪用"和"不延误"三大条件。笔者认为，通过约定转让方在收到债权回收款项后限期需支付给受让方，即可以认为已经实现了"权利的移转"。

2. 是否实现风险和报酬的转移。根据《企业会计准则第 23 号——金融资产转移》第 7 条规定，企业转移了金融资产所有权上几乎所有风险和报酬的，应当终止确认该金融资产，并将转移中产生或保留的权利和义务单独确认为资产或负债。企业保留了金融资产所有权上几乎所有风险和报酬的，应当继续确认该金融资产。

该条规定的"几乎所有"不是法律用语，就"资产收益权转让"具体业务而言，其"财务出表"并非单纯法律判断，而是要和财务审计的"实质性"原则结合。

国际四大会计师事务所曾讨论过这一技术性问题，最后将"几乎所有"约定为 90%左右。也就是说，如果企业转移的风险和报酬高于 90%，就能实现完全出表，从而形成了某种可以认定为"行业标准或行业习惯"的渊源。

笔者认为，通过在"债权收益权转让"协议中约定，"自转让日起，……债权收益权完全由受让方享有和处置；同时，……风险也由受让方享有与承担"。可以视为符合"实现几乎所有的风险和报酬的转移"的标准。

3. 是否实现控制的转移。根据《企业会计准则第 23 号——金融资产转移》第 9 条第 1 款第 1 项规定：放弃了对该金融资产控制的，应当终止确认该金融资产。

---

① 《中国银行业监督管理委员会关于进一步规范银行业金融机构信贷资产转让业务的通知》（银监发〔2010〕102 号）。

该条从财务要求对“控制”进行了定义。当然，这是在不满足以上第7条的前提下对情形的描述。要证明转让方放弃了控制，应通过受让方的权利来佐证，具体而言，受让方获得交付后是否实现控制应同时满足两个条件：一是可独立整体再售，即受让方能够单独将转入的金融资产整体出售给与其不存在关联方关系的第三方；二是不附额外的条件，即转让方没有额外的条件对此项出售加以限制。

笔者认为，在“债权收益权转让”协议中，一般应当允许受让方再次转让，且不得回购，在此情况下也应当视为该债权收益权已经实现控制的移转。

（二）业务流程合规性确认：集中登记化解“公示危机”

根据《信贷资产收益权转让业务的通知》（银监办发〔2016〕82号）第1条第3项规定，出让方银行必须在银登中心办理信贷资产收益权转让集中登记，明确登记强制性。第2条第8项规定，符合上述规定的合格投资者认购的银行理财产品投资信贷资产收益权，按本通知要求在银登中心完成转让和集中登记的，相关资产不计入非标准化债权资产统计，在全国银行业理财信息登记系统中单独列示。

可以看出，监管机关试图通过建立类似不动产物权登记的制度以避免收益权的“一物二卖”，从一定程度上弥补信贷资产收益权转让的不确定性，且通过银登中心进行的信贷资产收益权转让，可以实现“非标转标”的逆袭。

（三）业务通道合规性确认：信托计划成唯一通道

《信贷资产收益权转让业务的通知》对于信贷资产收益权转让采取何种信托并没有明确，只是在第3条第1项提出了对交易结构监督的要求，但《信贷资产收益权转让业务规则（试行）》第7条对此予以明确：“银行业金融机构按照由信托公司设立信托计划，受让商业银行信贷资产收益权的模式进行信贷资产收益权转让。”

（四）受让方合规性限制：本行理财与个人资金禁止入场

《信贷资产收益权转让业务的通知》第2条第4项规定：“出让方银行不得通过本行理财资金直接或间接投资本行信贷资产收益权，不得以任何方式承担显性或者隐性回购义务。”第5项规定，不良资产收益权的投资者限于合格机构投资者，个人投资者参与认购的银行理财产品、信托计划和资产管理计划不得投资；对机构投资者资金来源应当实行穿透原则，不得通过嵌套等方式直接或变相引入个人投资者资金。

八、结语

“债权收益权”概念在实务层面使用频繁，但在司法层面其定性争议已久且尚无定论，笔者认为债权收益权本质为可分的债权权能之一，其转让本身未违反现有法律、法规的强制性规定，应受到法律保护。只是基于法的滞后性，目前实证法尚未对其作出规定而已。相信随着社会经济发展，金融领域的现实需要，该项权利会如同虚拟财产权一样得到保护。监管层面出台的《信贷资产收益权转让业务的通知》和《信贷资产收益权转让业务规则（试行）》也是随着市场对“债权收益权转让”应用的回应及态度。“债权收益权”这一财产性权利的市场活跃也势必会将这一产品大量推向司法领域，我们期待市场、监管与司法实践能形成良好互动，让债权收益权这一金融产品能尽快在各领域正名，并健康发展。

我国不良资产证券化的运行机制及法律思考

程晶磊 冯伟楠*

内容提要：截至2022年三季度末，商业银行不良贷款余额3万亿元，较上季度末增加了373亿元；商业银行不良贷款率1.66%，不良资产已经成为中国商业银行当前面临的一个迫切需要解决的问题，亟须通过不良资产证券化来化解。本文分析了我国不良资产证券化的必要性以及运行机制，并对我国推行不良资产证券化遇到的相关法律问题进行研究，最后阐述了不良资产证券化中的法律服务内容及程序。

关键词：商业银行 不良资产 证券化

一、我国不良资产证券化的必要性

银行不良资产持续攀升，证券化处置不良资产是被国际经验实践所证明的市场化处置不良资产的重要手段。根据中国银监会公布的主要监管指标显示，自2012年三季度以来，商业银行整体不良贷款余额以及不良贷款率进入双升通道，截至2022年三季度末，商业银行不良贷款余额3万亿元，较上季度末增加了373亿元；商业银行不良贷款率1.66%，较上季度末下降了0.01个百分点。2022年三季度末，商业银行正常贷款余额177.5万亿元，其中正常类贷款余额173.5万亿元，关注类贷款余额4万亿元。①

在商业银行不良资产压力日趋加大的情况下，中国人民银行等八部委于2016

---

* 程晶磊、冯伟楠，广州金鹏律师事务所律师。

① 参见《2022年三季度银行业保险业主要监管指标数据情况》，载中国政府网：http：//www.gov.cn/shuju/2022-11/15/content_ 5727149.htm。

年2月14日印发实施了《关于金融支持工业稳增长调结构增效益的若干意见》（银发〔2016〕42号），其中第1条第7款提出了“在审慎稳妥的前提下，选择少数符合条件的金融机构探索开展不良资产证券化试点”的意见，这将加快不良资产证券化的进程。证券化处置不良资产，能够有效改善商业银行不良资产处置效率、提高不良资产流动性以及优化不良资产结构，有效缓释银行业存量信用风险。与此同时，证券化处置不良资产处置手段丰富，成本低而潜在收益高，能够满足众多投资需求。①

二、不良资产证券化的相关法律主体及交易结构

（一）不良资产证券化的相关法律主体

1. 发起人。发起人是指拥有应收账款等金融债权的实体机构，即原始权益人。

2. SPV（Special Purpose Vehicle，特殊目的的载体）。在证券行业，SPV也称为特殊目的机构/公司，是进行资产证券化业务的载体，它通过对发起人的资产进行结构性重组，形成具备融资结构的资产池，并通过信用增级提高该资产池的信用级别并向投资者发行股票、债券、受益凭证等证券的机构。一方面，特设机构通过真实销售，从发起人处取得基础资产，并达到破产隔离的效果；另一方面，特设机构是连接发起人和投资者的纽带，使发起人获得融资渠道，同时为投资者提供投资渠道。

3. 证券承销商。证券承销商是指与发行人签订证券承销协议，协助公开发行证券，借此获取相应的承销费用的证券经营机构。在资产证券化业务中，证券承销商一般是指投资银行，它主要负责证券的发售，此外还参与证券化交易的全过程，帮助发行人策划、设计、组织资产证券化的交易，充当财务顾问。

4. 服务商。服务商负责按时从证券化资产原始权益人处收取到期本息，并负责追收过期的应收账款。同时，它还负有信息披露的义务，按协议向证券持有人或其托管机构报告证券化资产的营运状况和财务状况以及相关信息。服务商一般由资产支持证券的发起人或者专业的资产管理机构担任。

---

① 高蓓、张明：《不良资产处置与不良资产证券化：国际经验及中国前景》，载《国际经济评论》2018年第1期。

5. 中介机构。信用增级机构和信用评级机构作为资产证券化的中介机构，分别担负着为资产进行增级、评级的责任，促进该资产能够顺利转化为证券并成功发行。另外，中介机构还包括信用担保机构、律师事务所、会计师事务所和财务顾问等。

6. 投资者。投资者是指购买资产证券的机构和个人，如银行、保险公司、投资基金、公司和散户投资者等。在国外已经成功的案例中，主要是机构投资者，影响投资者购买证券的主要因素有信用质量、期限、预期收益等。

（二）不良资产证券化的交易结构（如下图所示）

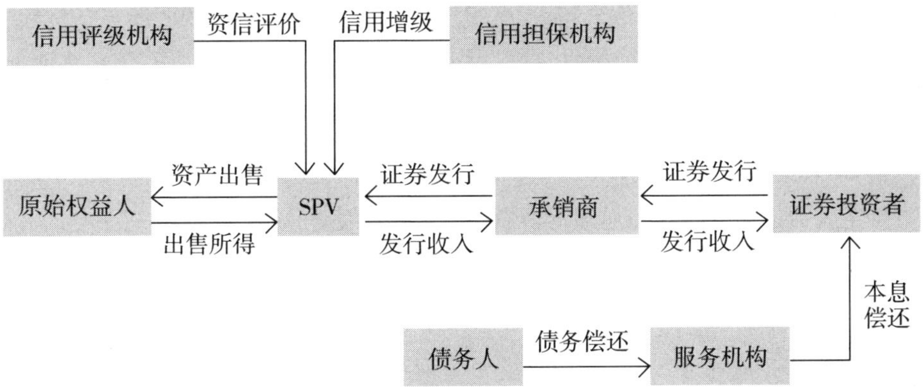

不良资产证券化交易结构

三、我国推行不良资产证券化的重要法律问题

（一）不良资产的转让范围限制

《金融企业不良资产批量转让管理办法》（财金〔2012〕6号）第3条第3款规定："批量转让是指金融企业对一定规模的不良资产（10户/项以上）进行组包，定向转让给资产管理公司的行为。"第7条规定："金融企业批量转让不良资产的范围包括金融企业在经营中形成的以下不良信贷资产和非信贷资产：（一）按规定程序和标准认定为次级、可疑、损失类的贷款；（二）已核销的账销案存资产；（三）抵债资产；（四）其他不良资产。"第8条规定："下列不良资产不得进行批量转让：（一）债务人或担保人为国家机关的资产；（二）经国务院批准列入全国企业政策

性关闭破产计划的资产；（三）国防军工等涉及国家安全和敏感信息的资产；（四）个人贷款（包括向个人发放的购房贷款、购车贷款、教育助学贷款、信用卡透支、其他消费贷款等以个人为借款主体的各类贷款）；（五）在借款合同或担保合同中有限制转让条款的资产；（六）国家法律法规限制转让的其他资产。”

鉴于不良资产证券化采用的是信托结构，而且也不是定向转让给资产管理公司，而是采用市场化的方式发行和定价，因此不良资产的证券化并不受上述法律规定的限制。但由于部门规范性文件的解释权在于发文单位，所以最终应以财政部、中国银保监会的解释意见为准。

（二）债权转让通知问题

《金融资产管理公司条例》第13条规定：“金融资产管理公司收购不良贷款后，即取得原债权人对债务人的各项权利。原借款合同的债务人、担保人及有关当事人应当继续履行合同规定的义务。”

《民法典》第546条规定：“债权人转让债权，未通知债务人的，该转让对债务人不发生效力。债权转让的通知不得撤销，但是经受让人同意的除外。”

虽然《金融资产管理公司条例》没有对债权、担保权利转让对债务人、担保人生效的形式要件作出规定，但根据上位法优于下位法的原则，《民法典》作为上述条例的上位法，应按照其规定的债权人应通知债务人、担保人或发布债权转让公告。

（三）SPV的设立受限

《公司法》第23条规定：“设立有限责任公司，应当具备下列条件：（一）股东符合法定人数；（二）有符合公司章程规定的全体股东认缴的出资额；（三）股东共同制定公司章程；（四）有公司名称，建立符合有限责任公司要求的组织机构；（五）有公司住所。”第76条规定：“设立股份有限公司，应当具备下列条件：（一）发起人符合法定人数；（二）有符合公司章程规定的全体发起人认购的股本总额或者募集的实收股本总额；（三）股份发行、筹办事项符合法律规定；（四）发起人制订公司章程，采用募集方式设立的经创立大会通过；（五）有公司名称，建立符合股份有限公司要求的组织机构；（六）有公司住所。”

一般意义上的SPV是一个空壳公司，没有固定的场所和人员，经营领域限于证券化业务，其基础资产由发起人提供，资产的现金流通管理委托给信托机构经营，资产证券的发行由投资银行包办。这与上述法律规定的公司设立条件不符。

（四）不良资产证券化信托的合法有效性存疑

《信托法》第11条规定："有下列情形之一的，信托无效：（一）信托目的违反法律、行政法规或者损害社会公共利益；（二）信托财产不能确定；（三）委托人以非法财产或者本法规定不得设立信托的财产设立信托；（四）专以诉讼或者讨债为目的设立信托；（五）受益人或者受益人范围不能确定；（六）法律、行政法规规定的其他情形。"

从司法实践来看，一部分法院直接援引上述"专以诉讼或者讨债为目的设立信托"的规定而认定信托无效，另一部分法院以"不良资产证券化符合国家有关监管政策且获得监管部门许可，其信托目的不违法。而且从实际情况来看，发起机构将资产池设立信托业并非依赖于受托机构的催收和处置能力来实现资产回收"为由而认定信托有效。由于我国法律并没有明确不良资产证券化信托的合法有效性，司法实践中的判决结果亦不尽相同，这也会影响到我国不良资产证券化的进程。

四、不良资产证券化中的法律服务内容及程序

1. 资产证券化的发起阶段，律师对包括但不限于入池资产、历史回收数据、催收机构等开展尽职调查并出具《尽职调查报告》，参与资产证券化的发起并起草《资产证券化发起计划书》。

2. SPV的设立阶段，律师参与SPV的设立，起草和审定公司章程、股东合同等法律文件，参与办理公司名称的预先核准登记、注册、验资手续和登记注册等。

3. 证券的发行阶段，对证券发行有关事项出具《法律意见书》《律师工作报告》；参与对《证券发行说明书》的验证工作，出具验证笔录；参与起草、签订《证券承销协议》等。

4. 相关法律文书的起草与制定，如发起人与受托人之间的《贷款组合买卖合同》《被证券化贷款资产管理服务合同》，特设机构与受托人的《现金流资产投资管理信托合同》等。

5. 协调与各方的关系，与上级部门、证券主管部门、证券公司、担保公司、资信评级公司、投资者的协商、谈判工作。律师除了就有关金融实务问题作出说明外，还须就各方面的法律问题进行说明。在贷款组合的价格、价款支付、收益的处

理与分成以及证券发行、资金托管和服务等方面律师的参与力度也在不断加大。

五、结语

随着不良资产证券化的重启[①]，越来越多的不良资产将通过这一手段得到处置。虽然我国推行不良资产证券化的法律环境尚未成熟，但通过不断有益的尝试，并借鉴国外成功的经验，相关的法律体系将从无到有逐渐建立起来，不良资产证券化的法律服务内容及程序亦将不断细化与完善，我国的不良资产将得到有效减少。

---

① 参见崔博：《不良资产证券化重启》，载《经济》2016年第18期。

浅议受让金融不良资产的法律风险及防范

——以非资产管理公司投资者受让债权为视角

钟智芬*

内容提要：在金融不良资产流转过程中，投资者在受让债权时应主要注意以下三个方面的问题：在债权转让合同法律效力问题上，应注意诉讼主体资格与主张合同无效的事由；在抵押权变更问题上，需严格审查原始抵押合同，与原债权人充分协商，明确约定抵押权注销事项；在执行主体变更问题上，应注意在受让前查看债权档案并做必要尽职调查，要提交确认为新债权持有人的生效判决，提前了解日后涉诉的费用收取以做好成本预算。

关键词：金融不良资产　转让合同效力　抵押权变更　执行主体变更

不良资产处置仍旧是一片引人跃跃欲试的蓝海，机遇与挑战自始并存。为追逐商业利益最大化，我们看到越来越多的民间机构投资者开始涉足不良资产投资领域，参与到不良资产的收购、转让、定价、处置、回收过程中，试图在机遇和风险中分一杯羹。然而，正因为该领域所涉资产的特殊性、周期的漫长性、处置因素的多样性，对实务经验和操作技法要求很高，且随着相关法律越来越完善，以及商业运作越来越规范，刚进入这个领域的投资者需要具备很强的风险识别能力、审慎考虑能力以及运用法律技术防范的能力，以敬畏的态度待之，方有可能在风险控制和利润获取中平衡取胜。本文主要借助笔者多年在不良资产领域的实操经验，探讨金融不良资产流转过程中投资者在受让债权时应当注意的几个问题。

* 钟智芬，广东广信君达律师事务所律师。

一、债权转让合同法律效力问题

在金融不良债权的追偿纠纷中，经常会出现受让人主张不良债权转让合同无效的情形，由此涉及不良债权转让合同是否有效的认定。在具体的司法实践中，法院在审判中会依据合同无效的主张人是否为提起诉讼的适格主体、主张事由是否符合最高人民法院于2009年印发的《关于审理涉及金融不良债权转让案件工作座谈会议纪要》（法发〔2009〕19号，以下简称《纪要》）等方面规定作出相关判决，具体是：

（一）诉讼主体方面

根据《纪要》第5条、第7条的规定，国有企业债务人和不良债权的受让人是有权主张不良债权转让合同无效的权利人。其中，对于国有企业债务人有权提起主张不良债权转让合同无效之诉的权利，实践中颇多争议，有观点认为债务人对债权转让合同效力不应享有诉权，有观点则认为不良债权转让关系到国有企业债务人的根本利益，因此有必要赋予其诉权。笔者赞同第二种观点。而为防止国有企业债务人滥用诉权，《纪要》亦规定了两项限制性条件：

1. 国有企业债务人必须另案提起不良债权转让合同无效之诉。如果仅以抗辩的方式在受让人向国有企业债务人主张债权的诉讼中，提出债权转让合同无效，不另行提起诉讼，人民法院不予受理。

2. 起诉必须提供诉讼担保作为前提，即国有企业债务人在提起不良债权转让合同无效之诉中，必须提供诉讼担保，否则人民法院不予受理。

（二）无效事由情形

《纪要》第6条罗列了11种合同无效情形，纵观这11种情形，经查阅相关的公开判决案例，笔者发现：原告（债权受让人或国有企业债务人）多数以处置程序存在瑕疵作为主张无效的理由，比如转让债权公告违反相关规定，未经评估或评估值欠公允，公开招标、拍卖程序不符合规定，未履行报批或备案手续，案涉担保债权构成我国企业对外担保未经审批的，等等。

然而，如果债权资产从金融资产管理公司受让而来的话，上述理由几乎很难成立，原因是：中国四大资产管理公司自1999年成立以来，从最早采取要约邀请形式出售不良资产包开始发展至今，在资产处置方面已形成一套十分严密、科学的规范化运作，无论是处置前刊登招商公告，还是选择中介机构进行债权尽职调查、评估、内部定价，或是选择报社刊登债权出售公告，刊登处置补充公告，又或是选择拍卖机构（或进行公开竞价），以及转让后刊登公开公告、审批、报备等工作，金融资产管理公司均严格按照规定执行，工作疏忽、留下漏洞的可能性，可以说是非常小的，且从证明履行上述程序的证据来看，金融资产管理公司在举证方面处于绝对优势，国有企业债务人或债权受让人的诉讼理由往往很难获得法院采纳。

因此，如果受让人或国有企业债务人以处置程序瑕疵为主要理由主张债权转让合同无效，建议对证据进行充分评估，以免决定草率而败诉。

（三）对合同无效的处理

1. 单笔不良债权转让合同被认定无效，则根据《民法典》第 504 条①的规定，受让人有权要求转让人返回购买该不良债权的价款，而且可以要求赔偿损失。但根据民商事审判实践长期以来遵循的无效合同处理规则，赔偿损失数额应以受让人实际支付价款之利息损失为限。

2. 对于打包处置的不良资产，如果整体资产包中仅有单笔或数笔债权被认定无效，根据《纪要》第 7 条规定，受让人可以选择请求法院认定合同全部无效，也可以请求认定已履行或已结清的部分有效，但受让人应将未履行或尚未结清部分返还给金融资产管理公司，金融资产管理公司不再向受让人返还相应价金（即相应的转让价款）。

二、抵押权变更问题

抵押担保债权转让后，抵押权是否需要办理变更登记？现有的司法判例对债权转让后受让人未办理抵押权变更登记，是否取得抵押权主要有两种裁判观点。一种观点认为，未办理变更登记不取得抵押权。这种观点的法理基础为：抵押物一般为不动产，而不动产物权以登记为公示方式，抵押权作为一种担保物权，也应当遵循物权公示原则，否则抵押权的转让无效。② 例如，在“浙江金华婺城区法院裁定某

---

① 《民法典》第 504 条规定：“法人的法定代表人或者非法人组织的负责人超越权限订立的合同，除相对人知道或者应当知道其超越权限外，该代表行为有效，订立的合同对法人或者非法人组织发生效力。”

② 参见刘光祥：《债权转让，抵押权变更生效须否登记》，载高杉峻主编：《民商法实务精要·3》，中国法制出版社 2016 年版，第 107 页。

公司申请吴某健实现担保物权案”中，法院认为，抵押权因债权转让而转移，申请债权转让取得不动产抵押权的担保物权实现，需要先行办理抵押权变更登记手续。① 另一种观点认为未办理变更登记取得抵押权，② 这种观点的法理基础为：主债权与抵押权之间是主从关系，按民法理论基本原则，从权利“当然随主权利”转让，这种性质类似或等同于“法定”的转让。③

尽管实践中法院裁判观点不一致，但随着讨论、实践的加强及对立法原意的深刻理解，实践中越来越多的法官对债权转让后受让人未办理变更登记是否取得抵押权问题持肯定观点，并使之成为审判实践中的主流观点。然而我国毕竟不是判例法国家，在具体案件的处理中，少数法院仍持保守谨慎态度，认为抵押权是否有效应以不动产他项权利证书上登记的权利人为准，如在申请实现担保物权的个案中，法院会以受让人未办理抵押权变更登记、不具备申请人主体资格而不予支持。

总的来说，司法实践主流观点还是支持抵押权人的，赞同受让人取得抵押权不以办理抵押变更登记为前提条件。但是，另一方面，不办理抵押变更登记，风险还是存在的。例如，如果抵押登记仍在原债权人名下，存在原债权人与债务人串通释放抵押物，导致抵押财产被抵押给其他债权人或被法院查封；又如，不排除个别法院出于谨慎考虑，以欠缺形式要件为由判决抵押权无效，受让人不得不继续投入精力打二审、再审，造成诉累、增加成本。

因此，在实务操作方面，笔者对债权受让方提几点小建议：

第一，严格审查原始抵押合同，厘清、界定清楚历次转让中转让方是否有明确转让抵押权的真实意思表示，防止实质为抵押权部分转让或根本未有转让的意思表示的情形（比如重复抵押时，银行只转出未设定抵押的债权而留下有设定抵押的债权由其自己处置）。

第二，债权受让人应与原债权人协商，将抵押权转让内容与配合办理变更登记的义务告知债务人、抵押人，若其拒不配合办理，可保留证据为日后债权受让人主张实现未办理变更登记的抵押权提供一定的事实依据。

---

① 参见包大进：《不动产抵押权受让需办理转让登记》，载《人民法院报》2014 年 9 月 25 日，第 6 版。

② 参见叶锋：《未办理抵押变更登记 债权受让人亦取得抵押权》，载《人民法院报》2015 年 4 月 9 日，第 7 版。

③ 参见刘光祥：《债权转让，抵押权变更生效须否登记》，载高杉峻主编：《民商法实务精要 · 3》，中国法制出版社 2016 年版，第 109 页。

第三，对于无法办理抵押权变更登记的债权，可以结合实际情况，通过协商，取得银行或资产管理公司的同意，由其配合仍以其名义提起或继续诉讼。

第四，在抵押权注销方面，在债权转让合同中明确约定，涂销抵押权时，转让方有出具同意涂销抵押的书面文件及协调前手配合办理的义务。

三、执行主体变更问题

关于债权转让引起执行主体变更之法律依据，见于最高人民法院《关于民事执行中变更、追加当事人若干问题的规定（2020 修正）》第 9 条、最高人民法院《关于判断确定的金融不良债权多次转让人民法院能否裁定变更执行主体请示的答复》（〔2009〕执他字第 1 号）、地方省级高院颁发的各执行规定等，鉴于文章篇幅问题，此处不再详列。结合笔者代理此类个案的执业经验，建议债权受让人注意：

第一，受让债权前，注意查看债权档案并做必要尽职调查，看债权是否涉诉，是否进入执行程序，执行依据是民事判决书还是执行公证书，是否中止执行，有无取得《债权凭证》，执行法院在册记录的申请执行人是否仍为原债权银行，债权是否经历多次流转，比如债权在多家资产管理公司之间、国有企业、民营企业之间流转，如流转情况比较复杂，建议在债权转让合同中明确约定："转让方有配合出庭参与法庭调查债权流转事实的义务，并尽协调义务促使前手出庭参与调查"，以确保日后债权受让人申请变更执行人或在诉请确认持有债权的诉讼中能顺利取得预期结果。

第二，尽管有明文规定支持，但目前法院普遍不接受仅凭债权受让人（非资产管理公司）的申请即变更申请执行人的做法，谨慎起见，法院通常会要求受让人提交确认其为新债权持有人的生效判决。而在审理确认受让人持有债权的诉讼案件中，不同法院的做法各异，有的法院只需审查债权原始文件、债权流转文件等并做必要庭审调查后即判决确认受让人持有债权，有的法院（审判庭）则要求受让人取得法院（执行庭）关于历次前手变更为受让人的裁定，有的法院要求提交原始债权文件、债权流转文件，并要求原债权银行、历次受让方作为第三人出庭列席参加庭审调查，审判标准不一，以致判决结果不尽相同。

第三，诉讼费收取标准方面，如果受让方受让的是整体资产包，只针对其中个别户或部分户债权提起变更执行主体的诉求，鉴于目前法院诉讼收费办法没有明确规定此类案件如何收费，因此会导致不同法院在确定案件受理费的问题上随意性比较大，有的法院以债权本金（或本息数）为计算基数，有的法院以整体资产包转让价总数作为计算基数，由此计算出来的案件受理费往往是十几万元甚至是几十万元，和此前个案受理费仅 100 元的标准是天壤之别，加重债权受让方的经济负担，超出其购买债权时的成本预算。鉴于此，建议债权受让方在购买资产包前提前了解日后涉诉经办法院在诉讼费收取方面的习惯做法，做好成本预算。

从银行角度看商品房销售合同纠纷与商品房担保贷款合同纠纷合并审理问题

荀彦玲*

内容提要：银行作为第三人，越来越频繁地被追加到开发商与购房者之间的商品房买卖合同纠纷中，甚至有些直接被列为被告，这对于银行来说大大增加了其诉讼成本，本文将从银行的角度分析此种做法的法律依据及其利弊。

关键词：银行　商品房销售合同　商品房担保贷款合同　第三人

随着商品房买卖合同之诉与按揭贷款合同之诉的合并审理的情况越来越普遍，银行作为第三人，越来越频繁地被追加到开发商与购房者之间的商品房买卖合同纠纷中，甚至有些直接被列为被告。从法院角度来说，合并审理可以一次性解决当事人之间的争议，保证裁判统一；从购房者角度来说，一次性解决争议可以节省诉讼成本。笔者作为银行的常年法律顾问，将从银行的角度分析其影响。

一、商品房买卖合同纠纷与商品房担保贷款合同纠纷同案审理的法律依据

《最高人民法院关于审理商品房买卖合同纠纷案件适用法律若干问题的解释》（2020年修正）第20条规定："因商品房买卖合同被确认无效或者被撤销、解除，致使商品房担保贷款合同的目的无法实现，当事人请求解除商品房担保贷款合同的，应予支持。"

根据上述规定，法院一般认为在商品房买卖合同双方就合同的效力、解除与撤

---

* 荀彦玲，广东启源律师事务所律师。

销发生争议时，按揭贷款合同的履行就处于待定状态。在按揭贷款合同双方因商品房买卖合同无效或者被撤销、解除，而解除按揭贷款合同时，商品房买卖合同纠纷的处理与按揭贷款合同纠纷的处理就存在天然的关联。当购房人以开发商违约为由要求解除双方之间建立的商品房预售合同关系，同时又依据商品房买卖合同司法解释要求解除与银行之间建立的按揭贷款合同关系时，司法实践中，法院通常会将商品房买卖合同之诉与按揭贷款合同之诉合并审理，甚至购房人可以在一个案件中同时起诉该两个独立的合同关系。

二、商品房买卖合同纠纷案件中银行的诉讼地位如何确定

《最高人民法院关于审理商品房买卖合同纠纷案件适用法律若干问题的解释》（2020 年修正）倾向性地主张将银行列为有独立请求权的第三人，但购房人基于商品房买卖合同关系和按揭贷款合同关系同时起诉开发商和按揭银行时，也有法院直接将按揭银行列为共同被告。

当事人作为被告抑或作为有独立请求权的第三人参加诉讼，一般取决于提起诉讼的原告如何起诉。在原告起诉时，要求同时解除商品房买卖合同关系和按揭贷款合同关系，是在法律规定的情况下将两个不同的法律关系合并。原告可以将按揭银行作为共同被告，或单独追加按揭银行作第三人。

需要说明的是，按揭银行不管是作为被告抑或有独立请求权的第三人参加诉讼，均有权提出自己的诉讼请求，其诉讼权利并不因诉讼地位的不同而有实质差异。

三、在商品房买卖合同纠纷案件中作为第三人的银行是否有独立请求权

根据《最高人民法院关于审理商品房买卖合同纠纷案件适用法律若干问题的解释》（2020 年修正）第 21 条规定：“以担保贷款为付款方式的商品房买卖合同的当事人一方请求确认商品房买卖合同无效或者撤销、解除合同的，如果担保权人作为有独立请求权第三人提出诉讼请求，应当与商品房担保贷款合同纠纷合并审理；未提出诉讼请求的，仅处理商品房买卖合同纠纷。担保权人就商品房担保贷款合同纠纷另行起诉的，可以与商品房买卖合同纠纷合并审理。商品房买卖合同被确认无效

或者被撤销、解除后，商品房担保贷款合同也被解除的，出卖人应当将收受的购房贷款和购房款的本金及利息分别返还担保权人和买受人。”

笔者认为按揭银行应属于有独立请求权的第三人，是否参加诉讼应由其自行决定，法院不能强行追加其参加诉讼。对于银行因无法得知买受人与出卖人的商品房买卖纠纷已经被法院受理而难以主动参加诉讼问题，在实践中可以由买受人在起诉出卖人要求解除商品房买卖合同时，依法通知按揭银行。如果买受人没有通知银行，则可由法院告知银行，其有权申请作为有独立请求权的第三人参加诉讼，但法院不能主动追加其为第三人。

四、银行被法院追加为无独立请求权的第三人的情况下应如何应对

在笔者经办的此类案件中，银行常常被法院依职权追加为无独立请求权的第三人，其目的是要核实购房人按揭账户的还款情况，以便作为其向开发商索赔的证据，其中有两个案件是原告首先将银行列为被告，在笔者代理银行提出管辖权异议（合同约定仲裁）后，法院又要求原告将银行变更为第三人，并告知银行无权提管辖权异议。

笔者认为，这是原告的举证责任，不应将银行列为第三人代其举证，法院这么做是将原告的举证责任增加给了银行，原告完全可以去银行调取相关的账户流水进行举证，追加银行为第三人的做法无疑增加了银行的诉累。而且，在现在的经济生活及经营活动中，基本上都是通过银行支付，如果都将银行列为第三人，让银行代为举证，这无疑增加了银行的负担和不必要的责任。此种情况下，银行不出庭参加诉讼实际上也不影响其实际权益，其可与法院积极沟通，通过书面或其他方式配合法院，以避免不必要的诉累。

五、按揭银行能否在商品房买卖合同纠纷案件中提管辖权异议

根据《最高人民法院关于适用〈中华人民共和国民事诉讼法〉的解释》（2020年修正）第82条规定：“在一审诉讼中，无独立请求权的第三人无权提出管辖异议，无权放弃、变更诉讼请求或者申请撤诉，被判决承担民事责任的，有权提起上诉。”

因此，笔者认为，按揭银行在商品房买卖合同纠纷案件中无论是作为被告还是

作为有独立请求权的第三人，均可以提出管辖权异议。

六、如银行在按揭合同中约定的争议解决方式为仲裁，有无必要提出管辖权异议

就法律层面而言，《最高人民法院关于审理商品房买卖合同纠纷案件适用法律若干问题的解释》（2020 年修正）第 20 条规定，商品房买卖合同被确认无效或者被撤销、解除的，当事人有权解除按揭贷款合同。据此，在商品房买卖合同双方就合同的效力、解除与撤销发生争议时，按揭贷款合同的履行处于待定状态。在按揭贷款合同双方因商品房买卖合同无效或者被撤销、解除，而解除按揭贷款合同时，商品房买卖合同纠纷的处理与按揭贷款合同纠纷的处理存在天然的关联。

实践中，购房人和房屋出售方一旦发生上述争议，购房人亦即按揭贷款合同的借款人通常会采取停止偿还贷款等举措，以保护自己的合法权利。

从银行角度而言，将商品房买卖合同之诉与按揭贷款合同之诉合并审理则可能会出现不利的情况：按揭贷款合同能否解除，其前置要件是按揭贷款合同被解除，如果是合并在同一诉案中进行审理，由于该前置要件不确定，而且银行并非商品房买卖合同的主体，对于该合同是否应该被解除，银行基本上是无从抗辩，不利于银行拟定诉讼策略和行使诉权；另外，银行不管是作为被告还是有独立请求权的第三人提出诉讼请求，都必须以商品房买卖合同解除并且法院确认购房者和房屋出售方的权利义务为前提，在未决的情况下，银行难以明确自身的诉讼请求。因此，对于银行来说，在商品房买卖合同之诉判决生效的情况下才处理按揭贷款合同纠纷更为清晰。

综上所述，笔者认为，在按揭贷款合同约定有仲裁条款的情况下，依法向法院提出管辖权异议，将商品房买卖合同之诉与按揭贷款合同之诉分开处理更有利于银行。

金融机构小微不良贷款法律清收若干问题初探

王德虎 杨晶晶*

内容提要：金融机构小微贷款是一种面向传统商业银行不能覆盖客户的贷款创新，主要服务对象为个体工商户、小企业等，为其解决经营流动资金周转、生产设备购置、营业用房购建及维护等一些小额、分散、短期、无抵押的资金需求。目前由于多种原因，金融机构小微贷款业务出现一些逾期甚至坏账。各金融机构都非常重视小微不良贷款的清收工作，本文结合办理的大量金融机构小微贷款案件的实践经验，比较分析金融机构小微不良贷款传统法律清收方式与“互联网+”时代对传统法律清收路径的创新，初步探讨金融机构小微贷款案件的未来法律清收路径趋势。

关键词：金融机构 小微不良贷款 法律清收

一、金融机构小微不良贷款概述

金融机构小微贷款是商业银行小额经营性贷款的简称，旨在向低收入商户提供金融服务。一方面，小微企业没有足够的自有资本和可以抵押的房产来为银行贷款服务提供抵押担保；另一方面，由于没有专门的财务人员或生意经营者财务记录能力不佳，不能有效记录财务情况，因而难以提供传统银行贷款业务所需的财务报表和信贷记录，且因小微企业的信贷需求具有“短、小、频、急”的特点，其小额、短期、分散的特征更类似于零售贷款，它们对资金流动性的要求更高。为了破解小微企业融资难的问题，目前各大商业银行、农村信用社等金融机构针对小微企业均

---

* 王德虎、杨晶晶，广东太平洋联合律师事务所律师。

设有不同种类的小微金融。

据博思数据发布的《2017—2022 年中国小微金融行业市场运营状况分析与投资建议分析报告》表明：截至 2015 年年末，全国银行业金融机构小微企业贷款余额 23.46 万亿元，占各项贷款余额的 23.90%，小微企业贷款余额户数 1322.6 万户，较上年同期多 178 万户。[①] 金融机构小微贷款业务增长迅速。

当前，受整体经济形势、外部司法环境、市场环境、诚信体系建设以及商业银行内部经营管理等诸多因素影响，不良贷款呈现高发的状态，金融机构小微贷款业务也不能幸免，出现一些逾期甚至坏账，商业银行法律清收工作尚存在诸多问题和困难，如何最大限度地控制风险和降低损失成为众多商业银行、农村信用社等必须解决的问题。

二、传统的法律清收路径

目前，各大商业银行在运用法律手段清收不良贷款时主要方式有诉前催收、协议处置、借新还旧、实现担保物权、法院诉讼、仲裁、债权转让等，因金融机构小微贷款具有无抵/质押、金额小、体量大、借款人多为农户、个体工商户、小企业主、法律关系清晰简单等特征，笔者依据自身在金融机构小微贷款案件方面的处置经验，主要探讨诉前催收、法院诉讼、仲裁三种法律清收路径。

（一）诉前催收

1. 组建清收团队进行诉前催收。因金融机构小微贷款金额小、体量大的特征，依靠员工单兵作战，能力有限，很容易错过一些有利的清收处置良机。故各大银行在清收过程中，会对年轻的员工清收能力进行简单的培训，组建专门的清收团队，以便日常清收工作能够高效的开展。清收人员基本要求相对固定，利用团队的形式开展清收，也能够对案情的变化情况开展及时的分析，遭遇不良贷款总体情况较多的时候，有重点地开展清收，短期之内把更多的精力投入到重点客户的清收中来，成效会比较明显。

2. 委托第三方进行诉前催收。在小微贷款出现逾期后，为了加快逾期欠款回

---

① 参见《中国小微企业融资难点及现状分析》，载博思数据：http：//www.bosidata.com/news/I09165HOZN.html。

收，一方面，部分银行会组建专门的清收团队进行诉前催收工作；另一方面，部分商业银行会将债务催收业务外包委托给第三方催收机构，委托第三方催收机构对逾期贷款债务人进行催收工作。

各大银行在委托第三方催收机构进行催收时为了避免出现风险一般会重点审核催收机构的相应资质，并委托具有专业素质的律师团队或有法律背景的专业催收机构，通过专业方式进行合法催收，一方面能通过催收加快回收贷款，另一方面留有书面催收凭证，达到中断诉讼时效的目的。

（二）诉讼、仲裁清收

诉讼和仲裁作为解决民事纠纷的机制，交相互存，相互辅佐，又以其相对独特的调整机制而相互独立。当小微不良贷款通过大范围、系统的前期催收后仍有部分贷款无法回收，对于无法通过诉前催收方式回收的贷款，实践中金融机构会通过在借款合同中约定法院管辖方式解决争议，或约定仲裁条款通过仲裁机构仲裁的方式解决争议。

1. 诉讼清收。根据《民事诉讼法》第35条①的规定，合同的双方当事人可以在书面合同中协议选择被告住所地、合同履行地、合同签订地、原告住所地、标的物所在地等与争议有实际联系的地点的人民法院管辖，各大金融机构从有利于自身参与诉讼的角度出发一般会约定合同履行地或合同签订地等人民法院管辖解决争议。诉讼的主要特征有：属于国家司法行为，为法定管辖范围，受地域和级别的限制；实行二审终审制，可上诉可申诉；诉讼以公开为原则；诉讼的受案范围十分广泛等。

2. 仲裁清收。根据《仲裁法》的相关规定②，商业银行与借款人可以约定以仲裁方式解决纠纷的，在争议发生时，双方选定的仲裁机构按照现行有效的仲裁规则进行仲裁，避免发生管辖权争议的问题。仲裁裁决是终局的，对双方均有约束力。相对于诉讼，仲裁的主要优势如下：

（1）仲裁裁决高效，一裁终局。仲裁实行一裁终局，仲裁裁决作出后即生效，

---

① 《民事诉讼法》第35条规定："合同或者其他财产权益纠纷的当事人可以书面协议选择被告住所地、合同履行地、合同签订地、原告住所地、标的物所在地等与争议有实际联系的地点的人民法院管辖，但不得违反本法对级别管辖和专属管辖的规定。"

② 《仲裁法》第2条规定："平等主体的公民、法人和其他组织之间发生的合同纠纷和其他财产权益纠纷，可以仲裁。"

不会出现民事诉讼的二审甚至再审等审理程序。商业银行通过仲裁方式解决纠纷，可以有效防止借款人利用管辖权异议、多审级制度等法定程序恶意拖延债权确权时间，影响小微不良贷款处置进度。

（2）仲裁程序简便灵活，时效性强。诉讼中，无论被告为自然人、法人或其他组织，如无法通过邮寄或上门方式送达相关诉讼材料，则需公告送达（一般公告期60天，涉外送达需90天）；我国《仲裁法》中虽未对送达作出统一明确的规定，但在各仲裁机构的仲裁规则中，对于送达方式可以在合同中自行约定，即便按合同中约定的送达地址送达仍不成功，仲裁机构仍可以通过挂号信或者能提供投递记录的其他方式送达给受送达人最后一个为人所知的营业地、注册地、住所地、经常居住地或者通信地址，视为送达。在仲裁过程中，出现债务人下落不明、无法联系情况的，商业银行可以通过事先在合同中约定送达方式避免公告送达，以缩短审限、提高效率。

（3）仲裁程序非常灵活。在选择仲裁的时候，可以选择仲裁机构、仲裁规则、仲裁庭人员的构成、仲裁中适用的语言以及仲裁适用的实体法等，仲裁的受理和开庭程序相对简单，对于金融机构小微贷款批量案件，可以固定选择一位或几位仲裁员批量进行审理，批量进行开庭审理，批量出具裁决书，提高仲裁效率。

（4）专业性高。各地仲裁庭的金融仲裁员一般由具有极强专业性的权威金融法律专家担任，对金融纠纷尤其是金融创新业务有着比较深刻的理解和高度的认同，可以更为客观地抓住金融纠纷的争议焦点。由金融仲裁员审理金融案件，可以充分发挥其金融和法律专业背景的优势，也更有利于公平、公正处理金融创新业务的纠纷案件。

（5）执行强度大。根据《最高人民法院关于适用〈中华人民共和国仲裁法〉若干问题的解释》第29条[①]的规定，商业银行可向被执行人住所地或者被执行的财产所在地的中级人民法院申请执行仲裁裁决。相较于基层人民法院，中级人民法院的执行手段更多、专业性更强，更有利于维护商业银行债权。

因小微贷款本身的自有特征加之仲裁相对于诉讼的诸多优势，目前各大金融机构在协议约定争议解决方式时更愿意选择仲裁方式，仲裁方式确定债权已成为各大商业银行清收小微贷款的最常见模式。

---

① 《最高人民法院关于适用〈中华人民共和国仲裁法〉若干问题的解释》第29条规定："当事人申请执行仲裁裁决案件，由被执行人住所地或者被执行的财产所在地的中级人民法院管辖。"

（三）其他路径

我国现行法律规定并未明确禁止从事信贷业务的银行将相关金融债权转让给第三人，故商业银行贷款债权属于可转让债权（合同另有约定除外）。对于金融机构小微不良贷款而言，其借款人多为个体工商户、小企业主、农户等自然人，根据财政部、中国银监会《金融企业不良资产批量转让管理办法》第 8 条①的规定，个人贷款不能进行批量转让，对于体量大、金额小的小微不良贷款而言，各大商业银行并不倾向于采取债权转让方式实现债权回收。

三、“互联网+”时代法律清收路径的创新

在“互联网+”背景下，一些金融机构正在尝试不良资产处置互联网化，在原有传统法律清收路径基础上，探索出一些新的清收路径。

（一）诉前催收的创新

“互联网+”时代下的小微贷款的诉前催收，就是运用现有互联网技术，搭建线上不良资产催收平台，利用互联网大数据等前沿技术将催收过程从单一的线下，转变为线下、线上相结合，提高催收效率。目前，国内已有多家企业搭建催收平台，未来肯定会涌现更多以互联网技术为依托的不良资产催收平台。

在催收平台上，针对金融机构小微不良贷款，各大商业银行可在平台上发布催收信息，催收方可进行电话催收及外访催收，在这个过程中，催收平台既整合了信贷机构和催收公司，同时利用大数据系统化地提供全链条不良资产催收服务，比如数据信息收集、智能催收决策、上下游数据匹配等，解决了信息不对称的难题，实现了标准化精准催收和处置。

传统线下催收模式，资源多集中在当地，受地域限制，催收覆盖范围有限，债务人一旦外逃，就会鞭长莫及。互联网催收模式将线上委托与线下催收相结合，线上汇集分散在全国的处置资源，线下通过在全国范围内布局催收渠道，在解决信息不对称，降低催收成本的同时，催收效率得到大幅提高。

---

① 《金融企业不良资产批量转让管理办法》第 8 条：“下列不良资产不得进行批量转让：（一）债务人或担保人为国家机关的资产；（二）经国务院批准列入全国企业政策性关闭破产计划的资产；（三）国防军工等涉及国家安全和敏感信息的资产；（四）个人贷款（包括向个人发放的购房贷款、购车贷款、教育助学贷款、信用卡透支、其他消费贷款等以个人为借款主体的各类贷款）；（五）在借款合同或担保合同中有限制转让条款的资产；（六）国家法律法规限制转让的其他资产。”

（二）诉讼路径的创新

2016年9月12日，最高人民法院公布了《关于进一步推进案件繁简分流优化司法资源配置的若干意见》（法发〔2016〕21号），就进一步推进案件繁简分流、优化司法资源配置提出了完善送达程序与送达方式、创新开庭方式、促进当庭宣判等22项意见。在“互联网+”时代下，为了优化司法资源配置，各地法院针对传统诉讼模式采取了一系列创新措施。

从2015年起，广东法院率先在全国推行全省统一的电子送达方式。[①] 2015年7月8日，江苏省高级人民法院下发《司法文书电子送达规定（试行）》，在全省范围内推广诉讼文书电子送达方式。2017年2月28日，全国法院统一新型电子送达平台（http：//songda. court. gov. cn）在四个试点法院（吉林省吉林市丰满区人民法院、吉林省桦甸市人民法院、浙江省杭州铁路运输法院、浙江省玉环县人民法院）上线试运行，支持受送达人通过新浪微博、新浪邮箱、支付宝三大平台接收诉讼文书，同时可以通过登录平台网站，进一步查询和下载电子文书。[②] 2017年6月28日，深圳市福田区人民法院联合阿里巴巴（中国）有限公司成功开发“巨鲸智平台”，在全国率先实现金融案件立案、审判、执行全流程线上办理，成功实现网上立案、线上缴费、电子送达、远程开庭、网上执行，当事人足不出户即可搞定诉讼全流程。[③]

因金融机构小微不良贷款金额小、体量大、案件多且案情简单，未来可通过线上诉讼平台处理诉讼案件，既可节约诉讼成本，又能提高法院的审判效率、节约司法资源，同时更能加快小微不良贷款的回收效率，降低风险。

（三）仲裁路径的创新

2016年全国仲裁工作年会上通报了“互联网+仲裁”工作情况，并宣布中国互联网仲裁联盟云平台正式上线，宣布“中国互联网仲裁联盟云平台”第一期开发完成，开创了“互联网+仲裁”的新纪元。通过仲裁联盟云平台可实现仲裁案件全程互联网化。

因目前仲裁已成为各大商业银行清收小微贷款的最常见模式，在“互联网+”

---

① 参见《广东法院率先推行诉讼文书电子送达》，载《南方日报》2015年1月5日，第A03版。

② 参见《全国法院统一新型电子送达平台在四个法院试运行》，载中国网：http：//www. china. com. cn/legal/2017-02/28/content_ 40376609. htm。

③ 参见《我院与阿里巴巴合作建设智慧法院 巨鲸智平台全国首创金融纠纷类案全流程线上办理》，载深圳市福田区人民法院网站：https：//www. ftcourt. gov. cn/news/newsdetail. aspx？ cls=1&id=3145。

时代的大环境下，各大商业银行可通过仲裁联盟云平台，批量进行仲裁案件的立案、缴费，同时可自行选择相对固定、专业的仲裁员，对小微不良贷款案件进行批量开庭，同时通过仲裁联盟云平台了解案件资讯、进行案件管理，可更高效、低成本地解决区域跨度广且数量大的小微不良贷款案件的回收。

四、建议及结语

无论采用何种方式清收，均存在优势及不足之处，对于小微不良贷款，各大金融机构应灵活使用多种清收方式实现债权回收，笔者结合所办理的金融机构小微不良贷款案件的实践经验，提出以下建议：

1. 在委托催收机构进行诉前催收时应慎重审核催收机构的资质，并制定完善的催收方案，为了确保诉讼时效，应保留书面催收凭证。

2. 在合同中约定通过诉讼方式解决争议时，为了避免管辖法院出现争议，对合同中约定的合同履行地、合同签订地等应书面明确具体地点。

3. 签署合同选择争议解决方式时应根据借款人的具体情况区别对待，不能一概而论。如借款人为自然人，其住所地及财产所在地与商业银行所在地分处于不同省份，根据仲裁案件的保全规定及执行立案规定，选择诉讼方式解决争议优势更大。因为仲裁案件申请财产保全和执行立案需至借款人住所地或财产所在地法院办理，清收时间和成本大大增加，反而不利于债权回收。

4. 对于自然人借款人而言，在处置夫妻共有财产实现债权时，为了避免借款人配偶以非夫妻共同债务抗辩，建议商业银行在签署借款时将夫妻双方列为共同借款人，或要求夫妻一方签署共有财产处置承诺，承诺在处置夫妻共有财产偿还债务时不提出任何异议。

在“互联网+”背景下，不良资产处置互联网化已成为未来发展的必然趋势，利用互联网平台、大数据等进入不良资产处置领域，能有效提高信息透明度，提高不良资产处置效率。在金融机构小微不良贷款领域，因其金额小、体量大、案情简单，为了有效提升不良资产处置效率、降低处置成本，多快好省地实现债权回收，一方面应制定灵活运用多重方式清收的相关制度；另一方面应加快搭建、利用最新的互联网平台、工具实现债权回收。

不良资产新周期的投资策略和长三角地区市场分析

邱文宇　李华式*

内容提要：新一轮不良资产周期相较以往而言，在经济环境、不良资产供应主体、债务人、投资市场环境和资产价格、一级市场处置以及与互联网的结合六个方面呈现出不同的周期特点。在新周期下，盘活重整是对经济体最为有利的不良资产处置模式，要提升信托等机构参与不良资产投资和处置的介入深度，创新不良资产处置方式，坚持互利共赢的理念，通力合作共同处置。

关键词：不良资产　新周期　投资策略　不良资产处置

传统的不良资产主要特指银行不良贷款。据统计，截至2022年三季度末，商业银行不良贷款余额3万亿元，[①] 这几年来商业银行不良贷款持续爆发。其中，长三角和珠三角的不良率持续攀升，东北、中西部等区域的信贷风险也逐步体现，目前主要集中在中小企业的不良贷款，预计未来也将出现更多涉及大型企业的不良资产。为了化解不良资产，中国正积极推动资产证券化、债转股及允许地方设立更多资产管理公司等形式，化解坏账风险，市场正迎来不良资产投资最佳时期，而与此同时，监管和司法环境在近年得到很大的改善。目前，行业内更多人将不良资产的范围扩大化，称为“特殊资产投资”。其主要分为三个类别：一是债权；二是实物资产；三是实体企业。这些和传统的不良资产一起构成目前广义上的不良资产。

---

* 邱文宇、李华式，广东安华理达律师事务所律师。

① 参见《2022年三季度银行业保险业主要监管指标数据情况》，载中国政府网：http：//www.gov.cn/shuju/2022-11/15/content_ 5727149.htm。

在当前的投资环境下，无论对于机构投资人还是资产管理人，主流的投资偏好是寻求一种收益和风险介于债权和股权之间，具有良好的现金流特征，并足以对抗下行风险和跨周期的投资品类，传统投资手段和金融工具显然已经不足以满足该资产配置的需求。因此，越来越多的机构投资人逐渐将目光放到了特殊资产这一独具特色的资产领域。

一、不良资产的新周期及特点

（一）不良资产经历了三个大周期

不良资产管理行业从 1999 年开始到现在，经历了三个大周期。第一个周期：1999 年至 2004 年，当时为了不良资产的定向剥离成立了四大资产管理公司，主要接收四大国有银行和国开行剥离的不良资产。第二个周期：2004 年至 2012 年，当时很多银行，包括四大国有银行，还有一些股份制银行，出于改制上市的需要，打破了原来定向剥离的原则，进行了商业性剥离；同时，一些城商行、农商行由于不良率的上升，也参与到了第二个周期的商业剥离中来。第三个周期：从 2012 年至现在，并且还会再延续一段时间，主要是新一轮经济周期的产物。受国内投资出口增速趋缓、产能过剩、市场需求下滑等因素影响，金属制品、电器机械、纺织等行业运行压力加大，煤炭、光伏、钢铁、水泥、造船等相关产业流动资金相对紧张，加大了行业风险向金融领域传导的可能性。

（二）新一轮的不良资产周期的不同和周期特点

新一轮的不良资产周期相较以往而言，有几个方面的不同和周期特点，概括下来主要包含以下六个方面。

1. 第一个不同是经济环境不同。上一轮是在经济上升期，资产一直快速升值，经济周期是一个 U 型或者是一个 V 型，经济探底后很快就会回升。新的经济周期业内普遍认为是 L 型，[①] 就是说走出这个周期的时间是很不确定的。

2. 第二个不同是不良资产供应的主体，目前正在经历的第三个周期，除了银行本身，还有一些信托、资管、融资租赁，还有 P2P 行业，不良资产也有很多。

---

① 参见蔡浩：《目前经济仍处于 L 型 绝非新周期开始——从央行货币政策报告看近期宏观形势》，载《证券日报》2017 年 8 月 26 日，第 A3 版。

3. 第三个不同是债务人不尽相同。第一轮、第二轮不良资产的债务人主要以国企、集体企业为主，它们有的贷款质量相对差，有抵押物的不多，大多是担保借款，大多企业存在改制的情况，贷款手续不那么规范；新一轮的不良资产债务人主要以民营企业为主，抵押物充足，有法定代表人/实际控制人担保，贷款手续相对规范，国有大型的企业数量和比例相较之前已经有了大幅度的减少。

4. 第四个不同是投资市场环境和资产价格的不同。上一轮一般价格都比较低，这里需要着重说明三点：

（1）新一轮不良资产周期下投资市场发生了很大的变化，比如这两年多了很多人参与不良资产投资，以致出现了一些价格虚高，恶性竞争的情况，盲目投资和盲目竞争比以前多很多。不良资产和普通投资不一样，必须靠有效的清收手段才能实现回本盈利，有很强的不确定性，而国内大量资金其实本身并不具备资产清收的能力。以有住宅类抵押的不良资产为例，2014 年左右 4 折至 5 折，同样的资产现在 6.5 折至 7 折，甚至更高，如果以 5 折的价格购入，假设回收周期在 2~3 年，要获得 15%左右的内部收益率（IRR），投资者需要回收资产的 70%~80%，这在不良资产管理行业内是很难做到的。具体来说，2014 年开始，不良资产价格整体都在上涨，特别是东南沿海和北上广地区，到 2016 年蔓延到中西部，民间资本从银行和资产管理公司承接资产的价格涨幅 20%~50%，出现了明显“不理性”投资。过去几年，中国不良贷款的平均销售价格从 3 折涨到了 5 折，这在国际市场也实属罕见，与此同时，高价格也使得投资者买入不良资产后盈利变得十分困难。由于不良资产投资普遍性地缺乏定价机制，往往难以确定最优价格，导致不良资产交易存在差异和分散的特征。

（2）另一方面，我们也看到随着新一轮不良资产周期的到来，市场上新手的投资热情有增无减，民营资本扮演了中坚力量，其中，江浙沪、山东、广东民营经济发达地区较为活跃。中国不良资产价格走高，背后的主要推手是这些新手资金，相比于有经验的投资者，新手更愿意出高价，市场表现也更加激进。目前，国内有越来越多的中小型基金开始追逐新一轮周期下的不良资产，这些基金既可以直接从银行少量购买不良贷款，也能从四大/地方资产管理公司手中买入，再或者参加法院的拍卖。

（3）国内机构竞争增加、资产价格上涨的同时，境外资金入场的热情并未消减。比如，2017 年 5 月，贝恩资本称将从一家中国的资产管理公司购买账面价值约 2 亿美元不良贷款组合①，该组合购买价格超过 8000 万美元，大部分是有房地产抵押的企业贷款。橡树资本（Oaktree Capital）、LoneStarFunds、高盛和 PAG 等国外投资机构近几年都在中国完成了不良贷款交易。当然，伴随着价格的持续上涨，境外投资人在人力资本、寻找资产、与服务商培养关系、建立数据库以及了解国内的法律程序等方面也面临挑战。但境外资本并不像国内民营资本那样激进，普遍表现出谨慎的态度。

5. 第五个不同是对一级市场的处置不同。在新一轮的不良资产周期中很多都有一些结构化合作收购的安排，以及 2016 年重新启动的不良资产证券化②、债转股、基金化、产品化等模式创新处置不良资产、并购重组解决企业债务危机以及“互联网+”模式等，这也是新一轮周期的很大的一个特点。具体来说，目前，不良资产处置仍主要依赖于催收、重组、转让、诉讼、核销、委托处置等方式，随着监管部门对资产证券化、债转股等创新处置方式的支持力度加大，创新处置方式已逐步展开。比如不良资产证券化，尽管不良资产证券化存在估值定价难、现金流压力大、投资限制等问题，但随着信息披露制度、二级市场交易制度、资产评估方法的不断完善，不良资产证券化处置不良资产的效果会越加明显。

6. 第六个特点是不良资产和互联网的结合。我们现在处于一个大数据信息时代，伴随新的周期出现了很多市场的参与者，通过使用互联网技术或者是与互联网平台结合，使得这个周期的不良资产投资和处置在信息公开方面透明了很多。比如说多了很多互联网的信息平台，还有不良资产交易的网络撮合平台，处置信息的交流平台。“互联网+”是大趋势，但是有利有弊。利的方面，如信息的整合，挖掘资产本身价值，多方资源整合和处置手段的联合等。弊端方面，以前投资不良资产的逻辑主要是基于信息不对称，现在有了互联网和大数据这些因素的加入，投资的

---

① 参见《贝恩资本将斥 2 亿美元在华购买地产不良贷款组合》，载东方财富网：http：//finance.eastmoney.com/news/1359，20170531742749644.html。

② 早在 2005 年，中国人民银行、中国银监会乃至国家税务总局等机构出台了一系列与信贷资产证券化相关的法规。受到 2008 年美国次贷危机的影响，出于金融系统安全的考虑暂停了国内资产证券化试点，直至 2012 年 5 月才重启。据了解，虽然在 2012 年重启资产证券化业务，但不良资产证券化方面却没有实现突破。直到 2016 年 1 月中国银监会召开会议，监管层在会议上明确提出将不良资产证券化作为重点工作之一。参见朱永康：《银行业重启不良资产证券化》，载《中华工商时报》2016 年 3 月 4 日，第 7 版。

价值空间也就变小了，所以用传统模式来做新一轮的不良资产，获取利润的空间就越来越有限，因此当下除了信息共享能够带来的相对透明的、可预期的收益以外，要保本之余实现额外收益，就需要更加依赖于专业化、多元化的处置手段，对于投资人来说，好的合作伙伴跟好的资产同样重要，甚至可以说是更加重要。

（三）小结

前两轮的不良资产处置是在国内基础资产升值的大背景下进行的，即使处置清收能力有限，受益于国内整体基础资产的升值，不少投资于不良资产的机构也都取得了不错的收益。2012 年以来，不良资产供给逐步加大，但经济调整大背景下，资产组合的分化会很大，作为不良资产投资管理人，一方面需要更加仔细地挑选资产，对其价值贬损原因进行分析；另一方面也需要提高投后管理能力，使贬损价值尽可能得到提升或修复。

二、长三角地区的不良资产和投资市场分析

从不良资产区域分布来看，珠三角、长三角、环渤海这三个地区最高。主要集中在批发零售、制造业的不良贷款比率高。批发零售业主要是因为行业中多为小微企业；另一方面受互联网的冲击比较大，酒店等商业也受到一定影响。个人贷款中，主要是个人经营贷款不良比例较高。近年来，从东部开始，一直蔓延到中西部，不良资产包的价格的确在持续上升。2016 年 11 月，信达资产以 8.5 折的价格出手了一个持有 5 年厦门游艇香山的不良资产包，总额高达 25 亿元，放在以前不可想象。①

截至目前，国内不良资产管理机构分为四大资产管理公司、地方资产管理公司以及民营非持牌资产管理公司三级，持牌机构数量 64 家，而非持牌机构一直在增长，已有几百家，不良资产的市场活力甚至吸引了不少海外机构，像高盛、PAG、黑石资本、橡树资本、贝恩资本、新岸资本等。一方面，证明了中国不良资产领域的市场潜力；另一方面，也是对国内投资者的巨大暗示，“懂不懂的，会不会的，都急于参与进来”。此外，银行内部也在不断加强对不良资产的管理力度，纷纷设

---

① 参见《不良资产处置包价格飞涨 不良资产处置业开启优胜劣汰》，载金融界网站：http：//bank.jrj.com.cn/2017/04/21073522359303.shtml。

立相关事业部或处置中心。

不良资产投资作为逆周期出现的投资机会，大部分新手投资人是抱着不良资产投资是非常暴利的行业认识进来或者准备进来。对不良资产的复杂性理解非常有限，这对市场和投资人本身都不一定是好事。一方面，众多投资者的加入，引发了对资产包的竞争，资产包价格飙升；另一方面，资产包的收益也大幅降低，很多购买到资产包的机构，发现成本太高，不合算或处置不了就转给别的机构，导致市场上二手资产包泛滥，甚至很多机构把主要精力放到了资产包的再次转让方面，这种做法也间接推动了不良资产包价格的上涨。

（一）从交易本身和交易涉及的因素来分析

1. 资产价格。刚才说到现在普遍关注价格高的问题，首先要知道导致这一现象的原因。除了前面提到的一些因素以外，还有以下几点：第一，市场上的不良贷款、银行系的抵押贷款占比很高，抵押贷款比率的升高导致购买不良资产的价值相应提高；第二，一级市场的债权人、银行、金融机构成熟了，在估值方面不会留下太多的空间；第三，由于市场的成熟和债权人的成熟，整个价格也透明了，留给投资人的价值空间非常小，资产管理公司卖出时预留 30%的市场空间，由于法律上的限制，根据最高人民法院于 2009 年发布的《关于审理涉及金融不良债权转让案件工作座谈会纪要》，非金融机构接了之后不能继续计算利息，因此债权本身不会继续增值，这就压缩了债权自身的利润空间（但是这个问题其实可以通过结构化的操作来解决，然后是盘活资产挖掘其本身的潜在价值）。

2. 估值。不良资产的定价是不良资产转让最核心的要素。我国目前不良资产定价技术有待完善，无法形成较为统一的标准。虽然中国银监会关于资产管理公司的相关规定中对不良资产评估方法作出了相关规定，但是毕竟不良资产不是标准品，无法实现价值量化的标准和统一。债权、股权、实物放在不同的行业中、不同的经济周期下，有时可以得出差别很大的价格，在评估方法中的一些要素，比如成本、收益、法律风险也是各式各样。无论是市场定价还是中间机构评估或者协商定价，都有不尽完善之处。不良资产价格中组合元素的变量在不同的资产包中还需要在翔实资料的基础上运用会计法则和实践经验逐一分析。在这个领域，比拼的是信息数据、销售安排、处置经验、团队能力、风控流程以及道德底线。

部分负债企业，由于受到行业周期的影响，企业现金流出现异常，银行贷款不能按期偿还，于是被银行列入不良资产行列。这部分企业往往还具有正常生产经营的能力，只是在行业寒冬环境下无法实现现金回笼，对于这样的企业，一旦度过行业寒冬期，就能实现资金正常流通。

在成熟市场上，不良资产投资是另类投资的一个大类。在中国，大量的资金正在追逐相对较少的投资机会。在另类资产中，投资机构对于房地产、私募股权、对冲基金相对配置较多，对不良资产配置较少。

随着债转股和商业银行剥离不良贷款资产的深入推进，以及A股市场上越来越多的ST公司破产重组，"嗅觉"灵敏的投资人正在迅速布局不良资产投资市场。未来我们也许可以看到，在特殊资产这个市场上会出现更加丰富的投资产品。

总结下来，影响债权资产价值的主要因素包括以下几个方面：(1) 债务人财务及非财务指标状况。其中，财务指标包括债务人经营资产规模、使用价值及潜在市场价值，负债总额及偿付顺序，债务人资产负债结构及盈利状况等与偿债能力直接相关的因素；非财务指标包括债务人的经营管理素质、生产经营状况及其产品发展潜力、企业还款意愿等与债权价值相关但难以量化的因素。(2) 债权担保方式。目前，一般不良债权主要包括信用、保证、抵押三种方式，各有利弊。(3) 实现债权的形式和时机。(4) 债权处置的外部环境。主要包括法律环境、社会经济环境以及政策与市场环境。①

由此可以看出，债务人自身财务与非财务指标反映出的企业综合价值是决定债权资产价值的内在因素，也是其他因素影响债权资产价值的着力点，应作为研究和探讨债权资产价值的基础。此外，不良资产处置是一个非常复杂的过程，包括收包、尽调、定价、谈判及处置等诸多环节，每个环节都需要专业人员进行操作。因此，投资者拥有自己的资产管理团队，才是最核心的竞争力。

（二）投资人

不良资产投资是一个专业性较强、门槛较高的行业，对于资金调配能力、资产估值判断、处置能力、政策沟通和法律合规等方面都有较高的专业性要求。从海外市场多年经验来看，不良资产投资也主要是由专业机构操作的。

投资者竞争大，即外资、民营企业、国有企业等积极参与不良资产市场。

---

① 参见孔晓湘：《不良债权资产价值的估价基础和方法》，载《中国资产评估》2001年第4期。

(1) 中国不良资产市场不乏外资的身影，高盛资本、橡树资本等都不同程度参与不良资产的收购与处置，橡树资本目前在我国的累计投资已超过60亿美元。这些外资凭着专业的投行运作和市场化的经营理念在中国不良资产市场占有一席之地。(2) 民营资本一方面积极参与不良资产的收购，一方面积极争取获得牌照优势。江浙一带民营资本参与不良资产收购处置十分活跃，民营资本参与地方资产管理公司设立亦不少见，民营资本在不良资产管理行业布局逐步深入。(3) 国企也积极参与不良资产市场，国内成立了首支央企参与发起、规模最大的不良资产投资基金，是不良资产领域央企探索混合所有制的尝试。

三、新周期下的处置新思路

(一) 盘活重整

盘活重整的模式是成熟市场经济体中更为常见的手段，其并非债权人一味地让步，而是通过市场化手段进行利益的再安排。无论是股东股权的出让还是债权人受到一定的本息削减的损失，都属于权力层面的重新组合。对于产业正常、净利润为正的企业，只因其杠杆过高、债务负担过重而导致暂时流动性不足，净现金流量为负。在这种情况下，可采取债转股、引入并购基金、原股东出让股权等重组方式使得在权力层面由新的管理者接手，原资产正常发展，避免对企业自身的冲击影响。对于因历史投资规模过大，在高利息、高税负以及高折旧的压力下，致使净亏损严重且短期现金流不足的不良资产的重组，债权人可能需承受一定损失，但通过引入新的管理权力，维持企业正常经营的整体价值要远高于破产清算价值。①

(二) 信托等机构对不良资产投资和处置的参与

为顺应国家供给侧结构性改革，多元化的不良资产市场处置主体的新格局应运而生。在新的市场形势下，信托与银行互动性将加强。信托制度具有灵活的权利分离与重构优势，对信托财产的管理运用方法相当灵活，在银行不良资产处置中的应用将越来越广泛和灵活。在不良资产直接转让、不良资产证券化、不良信贷资产收益权转让以及不良资产处置基金方面，信托等机构均能根据自身的制度优势如“实

---

① 参见孔晓湘：《不良债权资产价值的估价基础和方法》，载《中国资产评估》2001年第4期。

业投行”优势，实施参与，实现不良资产的保值增值。①

（三）不良资产处置创新方式

引入项目公司运作方式是不良资产处置创新方式之一。项目公司是用资产管理公司的资产和合资方共同成立的公司，用以经营或处置收购的债权资产、物权资产、股权及其他资产。这种方式可以引进外资、政府资本或者民营资本来处置不良资产，进而分散项目风险。又如差额风险代理。差额风险代理有效结合了传统的全风险代理和一般风险代理两者的优势，可以充分利用税费优惠政策，保证资产管理公司的基本收益。此外可行的方式还包括悬赏、合作处置和追加投资等。②

（四）不良资产处置中应避免的问题

我们在不良资产的资产公司和银行间价格谈判的过程中，应该要有一个三方共享的互利共赢理念，不要过于计较自己一时的得失，应该看到长远的发展。不良资产中有一些资产从当前来说可能不值钱，但是从长远来看，它是值钱的，有的是房地产抵押、有的是股权抵押。

另外，需要各个部门通力合作来配合，因为现在不良资产是链条上的一环，这一环有很多环节，需要各方面来积极配合，不要互相之间拆台，应该主动协商、互相结合、共同来处置，利用各方面的有利条件，一起协商合作。单打独斗不行，包括债务重组、并购等，以及和国有企业的引进战略投资，都要有一个很好配合的心态。

---

① 王玉国：《运用信托制度助力银行不良资产处置》，载《当代金融家》2017 年第 1 期。

② 张雪娜：《目前我国不良资产回收处置创新研究》，载《中国经贸》2016 年第 3 期。

不良资产尽职调查的律师实务

廖治超*

内容提要：在不良资产尽职调查过程中，律师需要详细掌握债权资料，包括合同类及催收类资料、债务人信息资料及银行内部管理资料、诉讼文书资料等，这是法律服务工作的前提。关于债务人工商登记资料，需要调查企业股东及所持股份比例、企业设立和增资时的验资报告、企业改制的相关批准文件、产权转让合同以及可能存在的企业评估、审计报告、分支机构、对外投资等资料。关于债务人房地产情况，需要调查权属、抵押、查封等。出具调查报告（法律意见）重点在于根据债权情况分析债务人是否承担民事责任以及承担何种民事责任，根据调查情况分析债务人是否具有偿债能力，并结合司法实践出具参考性意见。

关键词：不良资产　尽职调查　法律意见

一、关于债权资料的审核

详细掌握债权资料是法律服务工作的前提基础，尽管对于执业经验比较丰富的律师，尤其是曾经或正在为银行提供法律服务的专业律师来讲，债权资料的审核（或审查）相对简单。众所周知的是，此类相对简单的辅助性工作绝大部分由律师助理、法律秘书来完成，作为律师，对个案基本资料的详尽分析研究主要建立在助理、秘书的辅助工作基础之上。而一方面资产管理公司的不良资产项目较多，存在一定时期内集中处置的特点，工作量较大；另一方面助理、秘书工作经验相对较少，对某些债权资料的重要性可能认识不够，容易造成遗漏或疏忽，从而带来风

* 廖治超，广东舜华律师事务所律师。

险。因此，债权资料的审核也是非常重要的环节。

不良资产债权资料一般主要包括：

1. 合同类及催收类资料。诸如借款、保证、抵/质押合同、借款凭证、还款协议、承债协议、催收通知等。主要通过审查借款期限/诉讼时效期间、利率/利息计算标准、借款用途、保证期间、保证责任方式、保证担保范围、抵押担保范围、抵押物是否登记等。实践中，由于部分不良贷款为贷新还旧①，有的借款合同明确用途为贷新还旧，有的却并未载明（或仅在借款凭证上载明贷新还旧），后者，则应注意保证人是否另行签署保证人声明，表明对贷新还旧的明知，或是否为旧贷的保证人（旧合同）；有的实际借款期限即借款凭证载明的借款期限和借款合同不一致，影响对诉讼时效期间的分析；有的抵押物未办理登记，或抵押物登记证和抵押合同不一致，影响是否享有抵押权。

2. 债务人信息资料及银行内部管理资料。诸如营业执照、章程、评估报告、审计报告等。通过审查获取债务人工商登记所在地，便于下一步工商登记调查；获取借款人和保证人是否具有关联关系，是否为母子公司，是否影响担保效力；获取评估/审计报告中债务人财产信息，便于下一步财产登记调查。诸如贷前审查报告、债务人贷前提供的股东会/董事会决议、担保核对函、贷后管理报告等。通过审查获取贷款是否为展期，是否为贷新还旧，担保人是否明知，担保人权力机构是否通过决议提供担保，便于分析担保效力。

3. 诉讼类法律文书资料。有些不良资产项目原债权银行已提起诉讼，或未审结，或已审结，或已进入执行阶段，或系通过诉讼中断时效（裁定）。对于拟再次起诉或未审结或未进入执行程序的，应注意审查诉讼时效期间、财产保全期限、上诉期限、申请执行期限等，防止出现疏漏，及时做好衔接工作；对于已审结进入执行阶段的，则需审查执行中是否查封、冻结财产及期限，是否有财产变现裁定，是否中止或终结执行，以便下一步的财产调查、恢复执行，同时也避免对已变现财产重复调查。

---

① 所谓贷新还旧，是指借款人在到期不能按照借款合同的约定偿还债务时，借款人和贷款人重新签订一份新的借款合同，用新贷款归还旧贷款的行为。参见王启江：《贷新还旧与保证人责任》，载《山东审判》1998 年第 6 期。

二、关于债务人工商登记资料的调查

应该说，对企业工商登记资料的调查是律师业务最基本的技能之一，但是不同类别的案件所需要的企业工商登记信息也不同，由于资产管理公司在不良资产处置方面有严格的一系列程序，对债务人的工商登记资料也要求尽量完善，以便选择处置方案。而对于律师而言，充分详尽的企业工商资料可能在案件中有着至关重要的作用。因此，对于企业工商资料中可能存在法律责任的若干项目应当予以重视。

工商登记资料应尽可能详尽①，主要应包含以下内容：

1. 企业股东及所持股份比例，包括设立、变更等资料，了解企业的股本结构，因为很多企业可能被工商行政管理机关吊销营业执照，或被股东予以注销。根据以往的司法解释，被吊销企业的股东应承担清算责任，司法实践中有的法院则判决股东在一定期限内未清算则承担赔偿责任，而根据《公司法》相关规定，股东若怠于履行清算义务，则可能直接承担赔偿责任；被注销企业的股东（未清算）则可能承担承债责任。

2. 企业设立时、增资时的验资报告等资料，审查企业股东出资是否实际出资，当然对于货币出资，只要验资形式上符合规定，则一般只能认定为出资到位；但如果为土地使用权、专利等出资方式的，尽管验资机构出具符合形式要件的验资报告，也不能代表出资已到位，尚需要审查相关权利的转让手续是否办理，若未办理，则应当属于出资不实，责任股东应在出资不实范围内承担赔偿责任。

3. 企业改制之相关批准文件、产权转让合同等资料，有一部分企业偿债意愿很差，企图逃避金融债务。因此，细致审查企业改制文件，是确定改制企业民事责任，防止改制企业逃避债务②的必要步骤。

4. 可能存在的企业评估、审计报告及分支机构、对外投资等资料。此类资料对债务人的责任承担并不产生实质性影响，但是，对于了解债务人的资产状况/资产线索却是必不可少的，可能存在的企业房地产权利证书、分支机构、子公司名称至少会为企业资产调查提供部分相对明确的目标，节省调查成本和时间。

---

① 参见张品泽主编：《律师学》，中国人民公安大学出版社2015年版，第255—256页。

② 刘俊、张莹：《企业改制逃避银行债务的法律分析》，载《西南民族大学学报（人文社科版）》2005年第9期。

三、关于债务人房地产情况的调查

鉴于大部分不良资产项目的债务企业处于经营不佳状态，其货币资金动向相对隐匿，开立基本账户基本不用，而房地产作为其主要固定资产相对不便隐匿、转移。因此，对债务人房地产的调查，是目前最直接、最便利地查找债务人资产的方式，相对于设备、股权等其他资产，房地产也比较易于变现。

房地产调查主要应包括：

1. 房地产权属，具体为证号、坐落、面积、建成年代、用途、土地所有权性质、土地使用权取得方式等。

2. 房地产抵押，具体为他项权证号、抵押权人、设置抵押日期、抵押担保金额，房产、地产是否同时或分别设置抵押等。

3. 房地产查封，具体为查封法院、法律文书、涉案当事人、涉案金额、查封范围、查封期限、是否有轮候查封等。

鉴于某些地方房产、地产为同一机关，而某些地方则分别管理，因此，上述事项须根据情况分别进行调查；鉴于房地产相关部门档案管理可能不规范，有些企业变更名称后，房地产档案未办理变更，因此，在进行调查时，注意企业旧名称与现名称应一并查询，避免遗漏。

另外，对企业房地产调查完毕后，应尽可能到现场查看，一方面了解企业经营状况；另一方面了解企业房地产使用现状。实践中，部分企业可能将房地产对外出租获取租金收益，也可能部分房产或闲置或已拆除，实际情况和登记档案并不一致。

四、关于调查报告（法律意见）的出具

各资产管理公司对调查报告都有不同的格式文本，对报告的内容也有不同的要求，但其目的是一致的，即债务人是否负有民事责任，是否具有偿债能力，何种方式处置债权最为有利。因此，调查报告内容不外乎债权情况、债务人情况、债务人资产情况、债务人法律责任、法律意见。

而律师的法律意见重点则在于根据债权情况分析债务人是否承担民事责任，承担何种民事责任；根据调查情况分析债务人是否具有偿债能力，并结合司法实践出

具参考性意见。

由于资产管理公司在接收债权时不可能对每一个项目都作全面了解，对于客观调查情况，调查报告应务必详尽，尽可能地将所有能够落实清楚的事项清晰阐述，以使委托人审阅时能够一目了然。

衡量律师专业知识水平的主要环节在于法律责任的分析，尽管资产管理公司案件有专门的行政法规和司法解释，相对于其他金融案件有一定的特殊性，但对相关法规及司法解释的理解和运用，却不是孤立的，是建立在《民法典》《担保法》《公司法》《民事诉讼法》等一系列法律法规的基础上的。

对相关法律、法规、司法解释的掌握、正确理解和适用，应该起始于债权资料审核阶段，贯穿于整个法律服务的过程之中。如诉讼时效问题、保证期间问题、债权转让问题、保证或抵押效力问题、出资是否到位问题、注/吊销责任主体民事责任问题、抵押权及抵押物处置问题、财产保全问题、保全物（房地产、股权、到期债权等）执行问题、追加/变更被执行人问题、破产问题等。

尽管资产管理公司人员长期从事不良资产处置，部分人员来自银行法律部门，但其大部分人员并非专门的法务人员。因此，对于上述法律责任的分析，法律依据应当充分合理并且严谨、详细。根据债务人法律责任和偿债能力，尚需要结合司法实践中存在的一些客观情况（如司法保护、地方保护因素），出具可行性意见，以供资产管理公司处置不良资产参考。

法律尽职调查仅仅是为资产管理公司提供法律服务的一个小环节，但笔者认为这一小环节是其他法律服务的前提和基础，只有在这个坚实的基础上，诉讼、执行或债权转股权、债务重组、转让等才能取得良好的效果。

债权人在清算责任纠纷中的证明责任研究

迟明翠*

在不良资产的处置过程中，债权人获得完全清偿的概率很低，越来越多的债权人采取追究股东责任的方式以期获得更大比例的清偿，通常采取的方式包括股东出资不足、抽逃出资、追究清算义务人责任等。近些年，清算责任纠纷的案件数量有了大幅度的增加，但是很多法院裁判的结果差异较大，主要表现在债权人证明责任的要求不同。

本文所讨论的清算责任纠纷是主要基于清算义务人未履行清算义务或者履行义务不当而产生公司债权人主张的损害赔偿责任。我国《公司法》第 183 条规定："公司因本法第一百八十条第（一）项、第（二）项、第（四）项、第（五）项规定而解散的，应当在解散事由出现之日起十五日内成立清算组，开始清算。有限责任公司的清算组由股东组成，股份有限公司的清算组由董事或者股东大会确定的人员组成。逾期不成立清算组进行清算的，债权人可以申请人民法院指定有关人员组成清算组进行清算。人民法院应当受理该申请，并及时组织清算组进行清算。"因此，有限责任公司的股东、股份有限公司的董事或者股东大会确定的清算人员以及法院指定的清算组都可能是清算责任的侵权主体。

《公司法》第 189 条第 1 款要求"清算组成员应当忠于职守，依法履行清算义务"，同时第 3 款明确规定，"清算组成员因故意或者重大过失给公司或者债权人造成损失的，应当承担赔偿责任"，这就是司法实践中债权人主张清算赔偿责任的法律依据。《民法典》第 1165 条第 1 款规定"行为人因过错侵害他人民事权益造成损害的，应当承担侵权责任"。鉴于清算赔偿责任适用一般侵权的归责原则，因此我

* 迟明翠，广东天胜律师事务所律师。

们从过错、侵权行为、损害结果以及因果关系四个方面对清算赔偿责任进行分析。

一、过错问题

债权人要求清算义务人承担责任的前提在于清算义务人有过错。笔者对司法实践中清算责任诉讼案件进行了分析和总结，认为司法实践中清算义务人的过错主要包括以下几方面的内容：

1. 清算义务人未积极履行法定的清算义务。根据我国《公司法》第 183 条的规定，公司解散的，应当在解散事由出现十五日内成立清算组开始清算，法律条款采用的是“应当”这样的表述，也就是说，清算义务人在公司发生清算事由的情况下对公司进行清算是法定义务，义务人“应做而未做”的消极行为即为过错。

2. 清算义务人故意或者过失的主动行为。作为清算义务人，法律上即推定其知道或者应当知道清算义务的相关规定，这是担任清算义务人的预设条件。

在司法实践中，经常出现股权的代持人或者未参与公司经营的股东等主体主张免除责任的情形。笔者认为，无论股权代持人抑或未参与经营的股东，都是经登记的对外公示的公司股东，而前者基于股权代持协议而成为登记股东，与真实的股东形成委托关系，而后者即使不参与公司经营，但也通过对公司章程的确认通过股东会授权将公司交给公司的实际经营者进行经营。因此，无论是委托人还是受托人，无论其股东内部协议是如何约定的，均不能对外对抗债权人，除非有证据证明债权人在债权形成时已经充分了解股东内部的约定。

二、侵权行为

这里的侵权行为是指清算义务人未履行法定清算义务，或者履行义务不当的行为。

确定侵权行为的前提首先是确定清算义务人的清算义务的范围。按照我国《公司法》第 185 条至第 188 条的规定，清算组的主要义务包括：

1. 通知债权人登记债权，在申报债权期间，清算组不得对债权人进行清偿。

2. 清产核资以及制定清算方案并依法分配。要求“清算期间，公司存续，但不得开展与清算无关的经营活动。公司财产在未依照前款规定清偿前，不得分配给股东”。

3. 申请破产，即清算组发现公司财产不足清偿债务的，应当依法向人民法院申请宣告破产。公司经人民法院裁定宣告破产后，清算组应当将清算事务移交给人民法院或者人民法院指定的管理人。

4. 注销公司。公司清算结束后，清算组应当制作清算报告，报股东会、股东大会或者人民法院确认，并报送公司登记机关，申请注销公司登记，公告公司终止。

按照法律规定，清算责任的侵权行为主要包括以下几种：第一，负有主动清算义务的主体未履行或者未完全履行清算义务的不作为行为；第二，清算义务人在履行义务过程中侵占公司资产或损害公司权益的行为；第三，清算义务人违反法律规定，在债权申报过程中单独清偿，未完成清偿即向股东分配财产，未依法申请破产，未依法制作清算报告，清算报告未报股东会或法院确认等行为。在不良资产处置过程中，股东或其他主动清算义务人未履行清算义务，以及公司财务账册资料不全导致无法清算的情形最为常见。

三、损害结果

清算责任纠纷案件的损害结果，对于公司的债权人而言，债权未获清偿或者未获完全清偿即意味着债权权益受损，在司法实践中，债权人主张赔偿责任的范围一般是未获清偿的债权总额。

四、侵权行为与损害结果之间的因果关系

对于因果关系的举证，在清算义务人的积极性的侵权案件中，无论是债权人还是公司股东等利害关系人，举证的难度不大，在实践中争议也不大。但是，在不良资产案件中，很多债务人停业、歇业、被吊销执照等情形发生后，公司并未清算，清算义务人不履行法定清算义务的情况屡见不鲜。这类项目的债权人在提起破产或者强制清算申请后，大多会因财务账册资料不全而无法清算。此时，债权人有权要求清算义务人承担清算责任。

鉴于清算责任纠纷适用一般侵权的归责原则，不适用举证责任倒置原则，在“谁主张，谁举证”的条件下，债权人应负证明清算义务人未在法定期限内成立清算组开始清算，与公司财产贬值、流失、毁损或者灭失从而导致其债权无法实现存在因果关系的举证责任。

但是，实践中，有部分法官以债权人无法举证证明债权无法实现与公司未及时依法清算存在因果关系，而驳回债权人主张清算责任的诉讼请求。这个也是目前清算责任纠纷中争议最大的问题。

笔者认为，争议的核心在于各方对债权人举证义务的边界的理解不同。在实践中，公司的账册、重要资料掌握在清算义务人手中，债权人作为局外人距离证据较远，在证据的取得上处于劣势，往往很难完成举证。笔者认为，按照《公司法》以及《会计准则》等相关规定，公司的经营者应当依法制作和保存会计账册，这是公司的又一法定义务。因此，只要公司的股东和主要经营者未能依法提供用于真实说明公司资产负债情况的财务账册资料，且无法证明债权人债权无法实现属于正常的商业经营风险，那么清算义务人若未在法定期限内成立清算组开始清算，进而产生公司财产贬值、流失、毁损或者灭失的后果，二者存在时间上的先后关系，即应推定侵权行为与损害后果之间存在因果关系，这就是债权人在因果关系上举证义务的边界。

笔者之所以如此主张，是因为：

首先，民事诉讼中的证明责任的设定的立法目的在于诉讼风险的分担问题，要求当事人对于自己的事实主张，应当提供相应的证据。但是，“谁主张谁举证”不应是一个简单绝对的原则，若一方当事人明明掌握着案件的关键证据而不提供，机械地要求另一方当事人对此承担绝对的举证责任，是不符合法律的公平原则的。

其次，在清算责任纠纷中，若债权人有足够证据证明清算义务人知道或者应当知道债权未清偿事实的存在，却未采取积极的措施保存公司的财务账册以及清偿或者解决债务，而是任由公司资料不全或者停歇业等消极情况的发生。同时，鉴于公司股东以及主要经营责任人负有保存公司财产（包括财务账册）的法定义务，其消极行为与公司财产贬值、流失、毁损或者灭失之间就应推定存在因果关系。这对于督促公司股东等清算义务人积极履行义务具有积极的警示作用。但同时，笔者亦不赞成在此类纠纷中采取举证责任倒置的原则，主要原因在于债权人在债权债务关系中也应当采取积极行为，了解债务人的履约能力以及经营现状，若其怠于行使权利，也应相应地承担不利的法律后果。

最后，面对越来越多的清算责任纠纷，建议法院进一步明确各方当事人证明责任的义务边界，既要督促公司依法经营，在公司解散事由发生后清算义务人积极履行义务，也要防止债权人怠于行使权利，过度提起清算责任诉讼增加讼累。

浅谈不良资产处置中资产过户的税务问题

雍全根[*]

内容提要：税务成本是不良资产处置中的重要成本，目前在不良资产处置过程中，比如法拍中对资产过户产生的税款负担等问题尚未形成统一的做法，在执行过程中税收有可能侵蚀担保物权，法院的判例也存在一定的差异，这在一定程度上影响了不良资产处置效率。本文通过对上述问题的分析，提出了自己的看法，并对如何在不良资产处置中进行税务筹划提出了一些方法。

关键词：税务成本　抵押权　税收优先权

引言

2021年8月普华永道发布的《中国不良资产管理行业改革与发展白皮书》显示：2020年，中国不良资产整体规模较2019年增加9000亿元，至5.21万亿元。商业银行仍然是不良资产最大的供给方，不良贷款余额达2.70万亿元，占比过半；非银行金融机构不良资产规模同比增长62.9%，增速远高于非金融企业和商业银行。2022年的《政府工作报告》提出，要运用市场化、法治化方式化解风险隐患，有效应对外部冲击，牢牢守住不发生系统性风险的底线。《政府工作报告》还提出要加快不良资产处置。2022年中国银保监会工作会议提出，支持加快不良资产处置。加快不良资产处置就要提高不良资产的处置效率，要提高不良资产的处置效率就需要尽量明晰不良资产的处置成本，税务成本是不良资产处置成本的重要组成部分。不良资产处置中的税务成本涉及有关法律及税法的适用，法拍物业过户的税费

* 雍全根，广东金桥百信律师事务所律师。

负担，买方承担税费的范围，以及担保物权与税收优先权等问题。这些问题在税收征管及法院执行等方面，各地做法不尽一致，出现了一些争议。这些问题处理得好，将极大地减少不良资产处置中的涉税问题的纠纷，也可以使投资人能够比较准确地预计不良资产处置的税务成本，加快不良资产的处置进程，提高不良资产处置效率。本文的讨论范围仅限于底层资产涉及房产、土地等处置需要缴纳土地增值税的不良资产处置税务问题。

一、不良资产处置回避不了税务问题

不良资产处置包括催收、重组、转让、诉讼、核销、委托处置等方式。不良资产处置的参与方包括买方、卖方以及相关的服务机构等，就买卖方而言，主要是银行、四大国有资产管理公司、地方持牌照的资产管理公司、种类众多的资产管理公司、投资人。投资人是以最终取得不良资产底层物业产权为目的的投资者。如果把不良资产处置当成一个产业链的话，则银行及国有资产管理公司等处于产业链的前端，投资人处于产业链末端。不良资产处置税务成本一般都在资产转让环节的末端集中体现。而投资人往往是资产转让环节的税负承担者，对税务成本体会最直接、最敏感。当下的不良资产处置市场仍处于上升期，不良资产处置环节的税务成本对处置前端影响尚未明显体现，但是随着税收征管日益严密，以及不良资产处置环节的竞争加剧，则税务成本最终将传导到处置前端。因此，不良资产处置税务成本问题将是处置各个环节都不能回避的问题，位于前端的银行、四大国有资产管理公司无论是处置资产包还是单项资产，在保证一定收益的同时，只有通过比较精准的税负测算，才能对待处置的资产作出比较合适的定价。即在保证自己获得一定利润的同时，也使得下游的各类参与主体有一定的利润空间，否则，如果定价不准，则可能出现两种情况，一是买便宜了，没有赚取足够的利润；二是卖得贵了，卖不掉，抑或被他人买走，可能烂在手上或者亏本卖出。这都会对不良资产处置的产业链带来不利的影响。

二、不良资产处置中的一些争议问题

要确定不良资产处置的成本，需要先厘清不良资产处置中的一些争议问题，如法拍物业过户产生的税费由哪一方承担，买方承担税费中的哪些税费，这是确定税务成本的第一步。

（一）谁承担法拍物业过户中产生的税费

按照税收法定原则及税法规定，拍卖物业的过户税费应当买卖双方各付各税，根据2017年1月1日起施行的《最高人民法院关于人民法院网络司法拍卖若干问题的规定》第30条规定，因网络司法拍卖本身形成的税费，应当依照相关法律、行政法规的规定，由相应主体承担；2020年10月19日，国家税务总局办公厅在《对十三届全国人大三次会议第8471号建议的答复》中，明确不动产司法拍卖中的税费承担问题为“税费各自承担”，但是在实际拍卖中仍有一些法院在拍卖公告中明确买方承担过户税费。

法拍物业确定买方承担过户一切税费主要原因为“先税后证”的要求，拍卖公告要求买方承担税费，过户的税费不会落空，办证也不会遇到阻碍，执行上也实现了案结事了的效果，提高了执行效率。但是，拍卖公告确定由买方承担税费也存在很多问题：首先，违反了税收法定原则及最高人民法院的规定；其次，由于税费成本的不确定性，为投资人带来了较大的风险，不轻易举牌；最后，在税务管理上，买方承担卖方的税费是以卖方名义缴纳的税款，发票也是卖方抬头，入账也存在问题。现在许多法院在拍卖公告中确定物业过户中的税费依法确定。

笔者认为，在法拍中物业过户的税费应当依法确认，各付各税。这不仅符合税收法定原则，而且有利于投资人精准确认投资成本，提高不良资产的处置效率。

（二）买方承担哪些税费

法院的《拍卖公告》有关税费负担的内容一般表述为：拍卖所涉及的土地增值税、增值税、契税等交易所产生的一切税、费、金均由买受人承担。有的拍卖公告还列举了企业所得税、房产税、城镇土地使用税等各项税费。这些税费能包括在“先税后证”中的税的范围吗？显然不是。“先税后证”制度主要税法依据是《契税暂行条例》第11条（此条已被2021年9月1日起施行《契税法》第11条取代）、《土地增值税暂行条例》第12条等规定。根据上述规定，拍卖过户相关的税费只包括：增值税及城市维护建设税和教育费附加、个人所得税、土地增值税、印花税等税收。

所以，有关物业在执行过程中，利害关系人应提前与法院执行局沟通，要求不要将不属于拍卖过户的税费的企业所得税、房产税、土地使用税写在公告中。《国家税务总局关于人民法院强制执行被执行人财产有关税收问题的复函》（国税函〔2005〕869号，以下简称《国家税务总局复函》）要求“……人民法院应当协助税务机关依法优先从该收入中征收税款”。法院对于税务机关提交的协助划扣税款的《协助执行函》中列明的各应协助执行的税款也不宜照单全收，应依法审核，确定协助执行的税款范围。河北省高级人民法院《中国信达资产管理股份有限公司河北省分公司、大城县富迪食品有限公司金融借款合同纠纷执行审查类执行裁定书》［案号（2019）冀执监129号］裁定“大城县税务机关向执行法院出具的富迪公司应缴纳税款清单中列明，增值税、企业所得税、土地增值税、印花税、城建税，教育费附加、地方教育税附加共计1866701.82元。根据《最高人民法院关于人民法院网络司法拍卖若干问题的规定》第30条规定：执行法院未对上述税种是否应属于本次网络司法拍卖本身形成的税种进行审查，属于事实不清，应予纠正”。因此，相关主体不仅在拍卖公告起草环节可以要求执行法院要依法确定拍卖过户产生的税款的种类，而且在税务机关发函要求人民法院协助执行税款环节，也可以请求法院依法审核确认协助执行的税款种类。

（三）抵押权、税收优先权孰先

一些法院拍卖采取了税费各自负担的模式，根据《税收征收管理法》第45条规定：税务机关征收税款，税收优先于无担保债权，法律另有规定的除外；纳税人欠缴的税款发生在纳税人以其财产设定抵押、质押或者纳税人的财产被留置之前的，税收应当先于抵押权、质权、留置权执行。法拍物业过户产生的税费，抵押权设定时间肯定是在拍卖产生税款之前的，税收劣后于抵押权。但是若在拍卖价款清偿完拍卖不动产所担保的债权后，剩余款项不足以缴纳拍卖环节产生的税款，则税务机关按照“先税后证”原则，不开具契税完税凭证，则被拍卖物业无法完成产权变更，进而影响执行效率。

《国家税务总局复函》第4条虽然要求人民法院应当协助税务机关依法优先从纳税人拍卖、变卖收入中征收税款。但在第3条中也规定，税收具有优先权，应按照《税收征收管理法》第45条规定，行使税收优先权。因此，国家税务总局并未确定拍卖过程中产生的税款优先于担保物权。国家税务总局深圳市税务局关于深圳市政协七届一次会议第20210039号提案答复函中认为，因司法拍卖而产生税款，属司法拍卖的必要支出，类似于拍卖费用，因此不适用《税收征收管理法》第45条的清偿顺位规则，应当从拍卖价款中优先受偿。这也是许多税务机关的观点。

笔者认为，《税收征收管理法》第 45 条规定的税款既包括纳税人的历史欠税，也包括不动产司法拍卖环节产生的税款，认为司法拍卖物业过户产生税款类似于拍卖费用是没有法律依据的，反而在破产清算中，管理人通过拍卖方式变价出售破产财产而产生的税费，可以作为破产费用或共益债务优先受偿，同时，也可以在拍卖公告中约定，由买方承担物业过户税费。

解决法拍物业过户税费问题，既要维护担保权人的合法权益，又要遵循“先税后证”的要求。如何解开这个结？要解开这个结还得从“先税后证”入手，从“先税后证”的相关依据来看，上述依据是没有考虑到物业过户时可能出现相关税收可能收不到的情况，因为欠税在任何经济环境中都可能存在，在一定情况下欠税也是可以核销的，因此在坚持税收法定的前提下，“先税后证”相关的立法能否调整，“先税”既包括完税，也包括确定应纳税额情况下的欠税，将税款的追缴与办证分开，这样才有利于提高不良资产的处置效率，有利于营商环境的优化。

（四）法拍中买方及抵押权人的权利保护

按照税法规定，法拍物业过户在买方承担税费的情况下，纳税人仍然是卖方，买方只不过是税负人，发票抬头开的仍然是卖方的名称。在这种情况下，一些税务机关认为作为买方无权行使作为卖方的纳税人相关救济权利，包括哪些税款属于过户时应当缴纳的，以及相关税款的计税依据有无问题等。在买方承担卖方税负的情况下，买方应作为利害关系人，对法拍过户过程中，买方应承担的税种范围、各税种的计税依据等可以依法申请复议及诉讼，税务机关也应该保障买方行使相关权利。一些法院的生效判决也支持此种观点。

在行使税收优先权时应依法保障抵押权。在拍卖公告中确认买卖双方依法承担税款的情况下，对于拍卖过户产生的税款与抵押权谁优先的认定对抵押权人的权益影响巨大，一些抵押物在拍卖后增值巨大，将缴纳巨额的土地增值税，而一手物业的拍卖还会产生土地增值税清算的问题，税额更是可能会覆盖物业的拍卖款。一些判例已经显示，在法院的判决中抵押权人的担保物权并未按照《税收征收管理法》第 45 条的规定优先于税款。

因此，抵押权人为维护自身合法权益，必须在标的物拍卖环节之前就应该提早介入，与执行法院就有关抵押权实现问题进行沟通，确保抵押权实现。

(五) 以物抵债的税负负担

目前，法律对以物抵债物业过户时产生的税费负担问题没有明确规定。一般来讲，申请执行人接受以物抵债，其法律地位即相当于买方，税务机关应视同销售确定抵债双方的税费承担。但是现实情况不是这样，一是，法院在以物抵债裁定中已经确定过户税费由债权人承担，这种情况下，债权人将不得不承担过户税费；二是法院在以物抵债裁定中未确定过户税费由债权人承担，这种情况下，有的税务机关仍然会根据《拍卖公告》确认的税费负担原则，要求买方承担以物抵债物业过户的税费。

所以，在以物抵债业务中，投资人或债权人首先应在拟定以物抵债执行裁定书环节，与执行法官沟通，要求不必在裁定书中确定税负负担主体，这方面应该由税务机关依法决定，或者在裁定书中作出“物业过户税费负担依法确定”的表述。

在裁定文书没有确定由投资人或债权人负担物业过户税费的情况下，则与主管税务机关沟通，要求其依法征税就有了基础，目前，法拍以物抵债裁定，最终物业过户各付各税的成功案例不少。

三、税务机关的政策适用对物业过户税费影响较大

税务机关如何适用税收政策对不良资产处置的税务成本影响巨大，抽象的税法不能详细地规范每一具体的涉税行为，因此，税务机关及其执法人员在税收政策执行方面具有较大的裁量权，国地税合并之后，国家税务总局强化税收征管，通过大数据以数治税，金税三期税收执法网上留痕，税务机关内部的督察内审也日益严密规范，税收执法人员为防范及规避自身的执法风险，在税收政策适用方面趋严，在国家税收权益与担保物权发生冲突时，更倾向于适用税款优先，则不良资产处置的税务成本必然增加。例如，某一不良资产为一手的商业裙楼，层高 6 米，若按照实际建安成本，采用层高系数法确定建安成本，则在计算应缴纳的土地增值税时，土地增值税的扣除项目金额必然增加，应缴纳的土地增值税必然相应减少；但税务机关仍然按照平均成本法确定该物业转让可以扣除的建安成本，其结果必然是该物业转手必然增值更高，缴纳的土地增值税比层高系数法确认的扣除项目金额缴纳的土地增值税也相应增加较多。再譬如，在二手物业不良资产的处置中，若债务人没有相关物业购置的原始凭证，则在物业处置后，计算应缴纳的土地增值税时，有关土

地成本是否能够扣除，各地税务机关的做法也是不相同的，有的税务机关一律按照《财政部、国家税务总局关于土地增值税一些具体问题规定的通知》（财税字〔1995〕48号）第10条的规定，即“对取得土地使用权时未支付地价款或不能提供已支付的地价款凭据的，不允许扣除取得土地使用权所支付的金额”。这对最终缴纳的土地增值税的税额的影响也是比较大的。

因此，在不良资产处置过程中，债权人、投资人等相关当事人需要提前与主管税务机关沟通，争取最优化的税务负担，而税务机关行使税收裁量权实际上就是在国家税收利益及纳税人合法权益之间寻求平衡点，其实只要为税务机关及其执法人员找出相关的事实及税法依据，消除他们的顾虑，依法公平公正地实施税收执法裁量权在一定程度上是可以实现的，相关当事人的权益还是可以得到保障的。因此，在一些关键问题上应积极与主管税务机关沟通，甚至可以采用复议等救济手段。

四、如何确定不良资产处置的税务成本

投资人是否购买相关不良资产的底层资产，最终还是看投资的回报率，只有达到了相应的投资回报率，才有可能进行相应的投资。与投资回报率相关的两个重要指标是投资成本及投资收益，而投资成本中的重要一部分是税收成本，即投资人收购或控制相关资产要缴纳或者承担多少税款，其中主要是土地增值税，这就涉及前期尽职调查和税负测算。

（一）进行必要的前期尽职调查

不良资产涉及的土地、物业过户转让需要缴纳多少土地增值税，需要确定收入及土地增值税扣除项目金额，在收入相近的情况下，不同项目的土地增值税扣除项目金额往往大相径庭，一手物业和二手物业差异巨大：一手物业往往还会涉及物业所在项目是否达到土地增值税清算条件的问题，如果达到土地增值税清算条件，则整个项目前期已经销售的物业清算后应缴纳的土地增值税都可能会由现有物业承担（这里也有争议，不同税务机关处理也有差异），这将是一个巨大的数额，这对投资来说也是一个巨大的风险，甚至影响物业的交易过户；二手物业也往往因为取得的时间、地理位置、建筑结构、装修档次等因素，扣除项目金额往往有较大差别。另外，物业的持有主体是单位还是个人，物业的性质等因素不同，处置税费差别也很大。

（二）进行税负测算

在获取不良资产尽职调查的相关信息资料以后，需要对这些资料进行甄别、判断，哪些数据在计算土地增值税时可以用，哪些不可以用，不同税务机关在土地增值税税收征管过程中，有关税收政策的适用也会有一定的差异。比如，二手物业如果已经取得原始购置发票，则土地增值税有不同的计算方法可以采用；二手物业既有上盖物又有土地，如果取得土地没有法定的凭证，则有的税务机关在确定土地增值税应纳税额时，土地成本是不能扣除的，这将对过户的土地增值税应纳税额影响较大。因此，做不良资产处置的税负测算，必须了解物业所在地有关税收政策的适用。这里需要注意的是土地增值税测算是非标产品，因此，一般不存在标准化模板测算有关项目应缴纳土地增值税数额的情形。

五、如何降低不良资产处置的税负

（一）合理设计经济业务

不良资产处置也是一项经济业务，只要合理规划经济业务（商业）模式，是可以达到税负优化效果的，这也就是税务筹划。税务筹划要首先注重合法、安全。不良资产处置税务筹划虽然是针对资产过户环节的税负，但业务规划要提早进行，不能等相关的商业模式已经确定下来，再进行税务筹划，因为商业模式决定纳税义务，税务筹划一般是从商业（业务）模式开始。不良资产处置税务筹划涉及的税种主要是土地增值税、增值税及附加、契税等。在目前的税收征管形势下，税务筹划的安全性是需要重视的一个问题，税务筹划的安排既要真实，又要有合理的商业目的，否则有可能会被税务机关推翻，按照实质课税原则追征税款。

（二）转移纳税主体

本文前面已经提到，一些地区法拍物业处置过程中，法院拍卖公告是要求买方承担卖方的税费的，即使依法确定拍卖的税负承担，也是要求由买方先行垫付税费，然后在规定期限内向执行法院申请从拍卖款中划扣垫付税款给买方，但是后者会遇到税收优先权的问题，甚至会侵犯到抵押权人的权益，后期可能会带来不必要的纠纷。目前对一些符合条件的法拍业务可以通过相关操作将拍卖物业的税负仍按照税法确定的义务由卖方承担，而不是由买方负担。

（三）递延纳税

不良资产处置过程中可以适用改制重组等相关税收优惠政策，符合改制重组条件的物业过户暂不征收土地增值税。适用改制重组方式进行税务筹划要注意两点；一是税务机关对适用改制重组政策暂不征收土地增值税审核把关比较严，因此，在适用该政策时，需要在实体及程序上都要符合改制重组的相关要求，并提前跟主管税务机关沟通，获得税务机关的认可；二是改制重组只是暂不征收土地增值税，如果投资人取得物业只是为了出售，则此种方式不适合，因为投资在出售时仍然要缴纳土地增值税，且计税成本为其取得物业前的成本，最终投资人要缴纳的土地增值税数额将涵盖之前暂免的土地增值税。因此，改制重组暂免的土地增值税在一定程度上只能是递延纳税。

（四）依法调整计税依据

二手物业的土地增值税与销售收入及扣除项目金额直接相关，在收入确定的情况下，决定土地增值税应纳税额的就是扣除项目金额，提供扣除项目金额不实的，应由评估机构按照房屋重置成本价乘以成新度折扣率计算的房屋成本价和取得土地使用权时的基准地价进行评估。税务机关根据评估价格确定扣除项目金额。在这方面，评估机构需要提交足够的证据证明评估价格的合理性，否则，有关扣除项目金额可能会与税务机关掌握的数据有差异且无正当理由，而不被税务局认可进行调减，最终补征税款。

（五）合法采用救济手段

如前文所述，税务机关及其执法人员在不良资产处置的税收政策适用方面不可能是整齐划一的，必然会存在事实定性及税法理解上的不同，这也就产生了税法适用的差异，比如税负主体、计税依据、过户税费的范围等，这将对投资人或债权人的权益产生重大影响，因此，有关当事人在遇到上述情况时，应积极有效地同税务机关及其执法人员沟通，通过对涉税事实的定性，对税法缜密分析，通过已经生效的案例，摆事实、讲道理，维护自身合法权益。在沟通无效的情况下，依法采取行政复议等手段。其实，行政复议不仅是行政相对人维权的手段，也是监督手段，通过行政复议也能促使税务机关及其执法人员公平公正地适用税法，形成良好的税收法治环境。

浅议不良资产迟延履行期间的加倍利息是否应属于破产债权

荀彦玲*

内容提要：关于迟延履行期间的加倍利息是否属于破产债权，是否应确认为破产债权的问题，在司法实践中，不同的法院对于《最高人民法院关于审理企业破产案件若干问题的规定》第61条第1款第2项规定有不同的理解，本文将就该两种观点进行分析。

关键词：不良资产　迟延履行金　破产债权

引言

我国破产债权确认纠纷案件呈递增的趋势，其中关于迟延履行期间的加倍利息是否属于破产债权也随之增长。关于该问题，虽然最高人民法院《关于审理企业破产案件若干问题的规定》第61条第1款第2项规定："人民法院受理破产案件后债务人未支付应付款项的滞纳金，包括债务人未执行生效法律文书应当加倍支付的迟延利息和劳动保险金的滞纳金。"但在司法实践中，不同的法院对此有不同的理解，本文将就两种观点展开分析。

一、迟延履行期间的债务利息应确认为普通债权

持"迟延履行期间的债务利息应确认为普通债权"观点的裁判规则是，被执行人未按判决、裁定和其他法律文书指定的期间履行给付金钱义务的，应当加倍支付

---

* 荀彦玲，广东启源律师事务所律师。

迟延履行期间的债务利息。加倍计算之后的迟延履行期间的债务利息，包括迟延履行期间的一般债务利息和加倍部分债务利息。在没有得到执行时，被执行人进入破产程序，债权人要求债务人向其支付自生效裁判文书指定的债务履行期间届满之日起计算至破产申请受理时止的加倍部分的迟延履行期间的债务利息，应确认为普通债权。

但该类裁判在适用上述规则时有一个限制条件，其针对的是被申请执行人进入破产程序时，作为之前已为申请执行人的债权人申报该部分债权可以适用。如果仅仅是已取得生效法律文书，但尚未申请执行的申报债权时则不得适用。

最高人民法院在关于“合肥高新技术产业开发区社会化服务公司与江西赛维LDK太阳能高科技有限公司破产债权确认纠纷案”的判决［案号：（2018）最高法民再25号］中确认：债务人迟延履行的，债权人要求债务人向其支付自生效裁判文书指定的债务履行期间届满之日起计算至破产申请受理时止的加倍部分的迟延履行期间的债务利息，这是法定的迟延履行利息，应予计算并确认为普通债权。该判决的法律依据为：《企业破产法》第44条、第46条，《民事诉讼法》第207条第1款、第170条第1款第2项、第253条，《最高人民法院关于执行程序中计算迟延履行期间的债务利息适用法律若干问题的解释》第1条、第2条之规定。

可见，最高人民法院的观点为迟延履行期间的债务利息应确认为普通债权。

二、迟延履行期间的债务利息不应确认为普通债权

关于迟延履行期间的债务利息不应确认为普通债权的观点，法院一般认为，债务人未履行生效法律文书确定的债务而加倍支付的迟延期间的债务利息为法定的、带有惩罚性的、为促使债务人履行生效裁判的制裁措施，具有特定的实施对象，若确认为清算债权，实际上受惩罚的是全体债权人，有违该措施的本意和企业破产法公平保护全体债权人的精神。并将《最高人民法院关于审理企业破产案件若干问题的规定》第61条第1款第2项的规定解读为，人民法院受理破产案件后债务人未支付应付款项的滞纳金，包括债务人未执行生效法律文书应当加倍支付的迟延履行和劳动保险金的滞纳金，即带有惩罚性质的债权应排除于破产债权之外，不作为破产债权受偿。

故此类法院认为主张迟延履行期间的加倍利息，应当排除在清算程序之外，不

应作为清算债权受偿。

三、类案大数据报告

根据笔者在 Alpha 案例库的检索结果，截至 2020 年 1 月 6 日，总共涉及同类案件 223 件，本次检索获取了 2020 年 1 月 6 日前共 223 篇裁判文书。

整体情况如图 1 所示。从迟延履行期间的债务利息是否应确认为普通债权的角度来看，认同的案件 28 件，占比约 12. 56%；不认同的案件 14 件，占比约 6. 28%；不相关的案件 181 件，占比约 81. 16%。

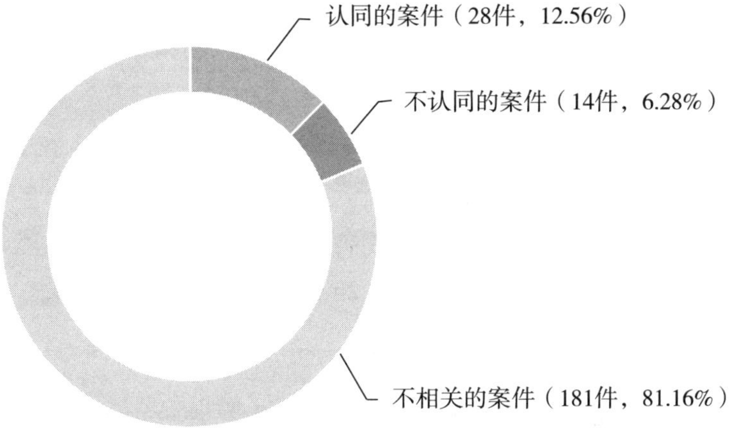

图 1 是否认同迟延履行期间的债务利息应确认为普通债权

如图 2 所示，从案件年份分布情况可以看出当前条件下破产债权确认纠纷案例数量呈增长趋势。

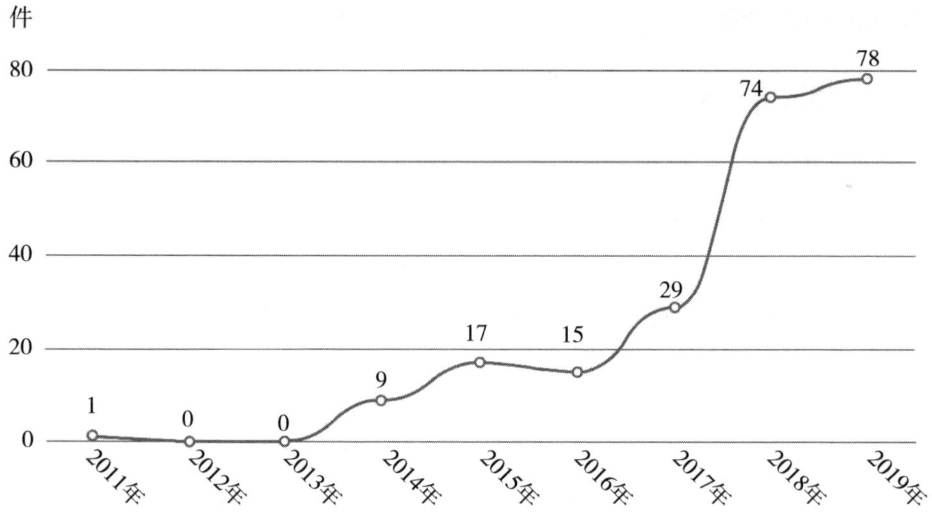

图 2　案件年份分布情况

如图 3 所示，从案件地域分布情况来看，当前破产债权确认纠纷案例主要集中在浙江省、江苏省、四川省，分别占比为 26.46%、16.59%、10.31%。其中，浙江省的案件数量最多，达到 59 件。

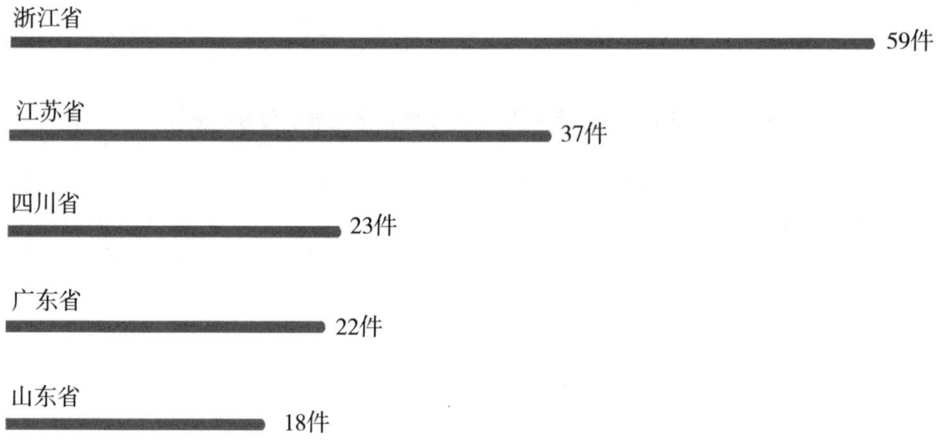

图 3　案件地域主要分布情况

如图 4 所示，从上面的案由分类情况可以看出，破产债权确认纠纷当前最主要的案由是其他破产债权确认纠纷，有 131 件，占一半以上，其次是普通破产债权确认纠纷、职工破产债权确认纠纷。

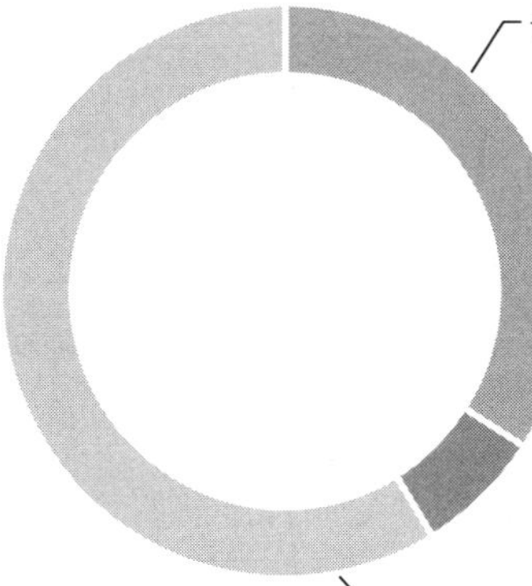

图 4 案件案由分类情况

四、笔者观点

对于迟延履行期间的债务利息是否应确认为普通债权之所以存在两种截然相反的观点，其争议焦点在于对《最高人民法院关于审理企业破产案件若干问题的规定》第 61 条第 1 款第 2 项规定存在不同的理解。综合对比分析之后，笔者更倾向于赞同第一种观点，理由如下：

1. 从法律的可预见性来看，我国虽然并非判例法国家，但判例也属于我国法律的非正式渊源，鉴于司法实践中常常会出现对法条的不同解读，在对法条存在不同解读的情况下，可参考最高人民法院的判例以及多数法院的判例，以避免出现同案不同判的结果，而同案不同判不符合法律的可预见性。

2. 从权益保护的角度来看，债务人未履行生效法律文书确定的债务而加倍支付的迟延期间的债务利息属于债权人的合法权益，法律应当保护积极维护自身权益的债权人的利益，不应为了所谓的公平保护全体债权人的利益而牺牲掉部分债权人的合法权益。主张加倍支付的迟延期间的债务利息具有惩罚性以及促使债务人履行债务的功能而否认其属于破产债权的观点在逻辑上站不住脚，按照此种逻辑理解的话，债权的逾期利息、违约金等均具有促使债务人履行债务的功能，是否均不应确认为普通债权？

3. 从法律的公平公正性来看，每项债权都是特定的，在债权的逾期利息、违约金等的计算依据不一致的情况下，本就无法完全“公平”保护全体债权人，反而是迟延履行期间的债务利息是有法定依据的，计算标准也是统一的，并且一般的判决书都会确认这一项，将之确认为普通债权反而是对一般债权人的公平和保护。

4. 从类案大数据报告来看，认同迟延履行期间的债务利息应确认为普通债权的案例为不认同案例的两倍之多，其中包括最高人民法院。“人民法院受理破产案件后”所产生的加倍支付的迟延履行金，所指的不属于破产债权的债权是破产案件受理日之后所产生的利息或滞纳金，而破产案件受理日之前所产生的利息或滞纳金，仍应属于破产债权，在债权人申报的仅为破产案件受理日之前所产生的利息或滞纳金的情况下，应当得到支持。

5. 根据最高人民法院 2018 年印发的《全国法院破产审判工作会议纪要》第 28 条规定：“破产债权的清偿原则和顺序。对于法律没有明确规定清偿顺序的债权，人民法院可以按照人身损害赔偿债权优先于财产性债权、私法债权优先于公法债权、补偿性债权优先于惩罚性债权的原则合理确定清偿顺序。因债务人侵权行为造成的人身损害赔偿，可以参照企业破产法第一百一十三条第一款第一项规定的顺序清偿，但其中涉及的惩罚性赔偿除外。破产财产依照企业破产法第一百一十三条规定的顺序清偿后仍有剩余的，可依次用于清偿破产受理前产生的民事惩罚性赔偿金、行政罚款、刑事罚金等惩罚性债权。”而迟延履行期间债务利息是对法院生效判决所确定的金钱债务应付而未付的带有惩罚性质的债权，管理人对于债权人申报的迟延履行期间的利息，均应确认为民事惩罚性赔偿金。

6. 从维护法律的稳定性、确定性及强制性来看，加倍支付的迟延履行金是经法院的生效判决所确认的债权人的合法权益，而生效的判决书具有强制执行力，不应因债务人进入破产程序而不予确认或打折确认，否则不但不利于维护债权人的合法权益，也不利于维护我国法律的稳定性、确定性及强制性。

综上所述，笔者认为把迟延履行期间的债务利息确认为破产案件的普通债权不仅是合法且合理的，而且在维护债权人利益的同时也维护了我国法律的稳定性、确定性及强制性。

第二编
执行程序的理论及实务问题

预重整在“执转破”案件中的适用问题

——以广州百某房地产开发有限公司预重整一案为分析样本

郑飞虎*

内容提要：融合了执行与破产程序各自优势的“执转破”程序，在我国司法实践中发挥着重要作用。“执转破”只是一种有别于《企业破产法》规定的启动破产程序的特殊模式，这一模式本身并不会对破产程序的适用造成任何影响。在“执转破”中嵌入预重整程序，关键是要对司法权力的介入时点、介入方式进行一定的规范。在法院正式受理破产案件之前，能够适用重整程序的案件，理论上均有开展预重整的可能性；但“执转破”的中止执行效力系破产申请审查期的保全措施，而预重整并非全然等同于破产申请审查期，应当为植入的预重整程序留有一段相对自治的谈判空间。为避免该空档期的“执行竞赛”问题，执行法院可以引导利害关系人达成执行中止协议，以使债务人企业获得暂时喘息的机会。通过“执转破”进入预重整程序的案件，法院应在尊重当事人预重整意思的基础上对债务人企业重整可行性进行实质审查。进入预重整程序后，法院应弱化自身职权，由临时管理人推动预重整程序运行。为减少磋商成本，破产法院应保留预重整计划的强制批准权力，并在预重整中适时释明强制批准的标准，以引导利害关系人尽快达成预重整计划。

关键词：执转破　预重整　执行中止　强制批准

一、问题的提出

2021年6月17日，广州破产法庭裁定批准管理人广东金轮律师事务所提交的

---

* 郑飞虎，广东金轮律师事务所高级合伙人、广州市破产管理人协会秘书长、广东省破产管理人协会副秘书长。

广州百某房地产开发有限公司（以下简称百某公司）重整计划，以 8000 万元共益债务投资撬动解决债务人逾 14 亿元的债务，百某公司浴火重生。此时距离法院裁定受理百某公司的重整申请仅 48 天，且各债权人的受偿率较之破产清算均得到了大幅提升。这是广州法院首度借由“执转破”机制，在法院受理破产的期间采用预重整的成功案例。当前，各地方法院和破产理论对预重整的定义不尽相同，但已经形成一致共识的是，预重整系为法院受理正式重整之前开展的程序。而“执转破”则是一种在个别执行程序和集体清偿之间进行衔接和切换的机制，“执转破”能否与预重整有效结合，殊值研究。广州法院已经提供了一起成功案例，若要使这种经验形成普适性的破产规则，有必要系统性地讨论，“执转破”与预重整结合运用的合法性基础及具体操作模式。

自 2015 年民事诉讼法司法解释出台后，“执转破”程序实质上已经成为解决执行难问题的重要把手。所谓“执转破”，是指在案件执行过程中发现被执行人资不抵债，以及是否达到破产界限和破产条件，并通过一定的程序，启动破产程序来化解社会矛盾的法律制度。该程序的核心在于执行程序与破产程序的衔接问题。从目前的司法实践来看，我国已经初步形成了破产审查、审级调整等多位一体的“执转破”常态化机制。尽管执行程序与传统的三大破产程序之间的程序转换已经形成了较为成熟的模式，但可以肯定的是，不断减少“执转破”程序中破产程序的期限，将有助于提高办理破产的“回收率”指标。

另一方面，预重整是当前破产实践中备受破产执业者推崇的庭外协商程序。通过该程序，主要债权人和债务人在重整程序外预先达成重组协议，以此在进入正式重整程序后降低谈判磋商成本，提高重整效率。

二者相比对便可发现，预重整程序一般借助于债权人与债务人之间的磋商，法院等司法机关的参与度不高。但在“执转破”案件中，往往正是由法院在执行过程中发现了债务人企业已经具备破产原因，而后引导债权人或债务人提出“执转破”申请，在转为破产程序之前，司法公权力已经在很大程度上介入了对债务人企业的调查，此时能否再适用预重整程序，是一个十分值得讨论的话题。一方面，如果能够在“执转破”中采用预重整，将有助于降低程序成本，提高债权人回收率；但另一方面，我国立法并没有明确规定“执转破”中可以采用预重整，且在司法权力已经实质介入债务人企业的情况下，再适用预重整程序，可能与该制度强调意思自治的本质属性相悖。故如果能在两个法益衡量中寻找一个平衡点，既能兼顾破产回收率，又能恪守预重整制度的本质，将有助于我国破产实践和破产法理论的发展。

有鉴于此，本文拟首先考察“执转破”程序的现实基础，然后根据我国已有的破产实践，找出预重整适用于“执转破”案件的关键问题点，并在尊重预重整制度意思自治本质的前提下，探讨预重整制度在“执转破”程序中的具体实现路径。

二、执行程序与破产程序相融合的诱因

尽管“执转破”本身即是执行与破产的衔接程序，但这一作为“程序”的程序，与破产程序能否有效衔接适用，在法理上仍是需要深入讨论的焦点，也是本文的逻辑起点。只有明确了执行转破产程序的制度价值，才能继续研究作为重整前置程序的预重整如何嵌入“执转破”程序这一关键问题。

（一）“执转破”程序的价值与功能

客观而言，“执转破”程序兼顾了执行程序与破产程序的各自优势，使两种制度能够有效实现融合。一方面，“执转破”程序最大化地促进了执行程序的有效推进，是一种保护权利人行使权利先后顺位的有效尝试；另一方面，“执转破”程序为企业法人的执行不能开放出多元化的纠纷解决渠道，兼顾了清偿效率与制度公平。

首先，“执转破”程序具有高效性。在正常执行程序中，执行法院在债务清理方面有比破产管理人更强的查证能力，但这并不意味着执行程序比破产程序的清偿效率更高。这是因为，实践中广泛存在一些根本无力足额偿债的企业法人，对于这些债务人，即使再过强硬的执行措施，往往也只能以“终结本次执行程序”告终。主流法理学观点认为，“效率是法的现象的重要价值目标，没有效率的法律不能被认为是良好的法律”。破产程序是一种强制概括清偿程序，一旦债务人企业进入破产程序，则触发债权人与债务人之间的强制磋商功能。利用这一程序，债务人企业将无法逃避任何清偿义务，债权人的利益也将获得更好的保障。具体而言：（1）“执转破”能够以集中清偿取代执行措施的个别清偿，且能够批量处理债权债务纠纷，促进纠纷的高效解决；（2）在一些涉众较多的案件中，执行程序往往按照轮候查封和先后顺序原则对债权人的债权进行清偿，这在一定程度上会造成担保债权人和普通债权人之间的矛盾和冲突，而在破产程序中，任何债务清偿都要遵循绝对顺位规

则，在立法已经明确规定清偿顺序的情况下，能够有效减少群体性纠纷，使得破产法的公共政策性得以更好体现；(3) 破产管理人制度可以有效发挥律师事务所、会计师事务所、资产评估机构等社会力量参与纠纷解决的能力，降低了法院的办案压力，且在司法和社会力量的共同参与下，有助于形成处理纠纷的有效合力。

其次，"执转破"程序具有解决债权债务关系的公平性。除前述可能造成债权人之间分配不公平的现象外，执行程序本身无法阻止债务人隐匿、转移财产，实践中极容易陷入企业资金被不断稀释而债权人又束手无策的困境。但是，通过执行转破产程序，便能够及时固定债务人企业的财产，最大限度地维护债权人利益。具体而言：(1) 一旦债务人企业进入破产程序，将触发破产撤销权、待履行合同解除权等特殊权利，以最大限度挖掘债务人企业财产；(2) 破产程序的清偿具有终局性和概括性，保证了所有债权人皆有平等受偿之机会；(3)"执转破"程序能够通过强制消灭债务人企业主体资格的方式，释放市场资源，从宏观上来看，这有助于促进整个市场经济环境的公平性。

最后，"执转破"程序能够分类优化配置债务人资源。传统的民事执行措施通过种种强力手段，逼迫债务人企业清偿债权。但在大多案件中，企业与股东人格混同，股东为逃避债务，以出逃、隐匿等手段规避清偿压力，造成一些案件久决不下。但是，通过执行转破产程序，公司的权力转移到了管理人和债权人会议，使得公司的治理结构脱离了原来股东会和董事会的控制。此时，管理人和债权人便可根据债务人企业的市场前景和清偿能力，采取清算、重整或和解程序，来分类优化配置债务人的资源。具体来看：(1) 对于那些明显资不抵债、缺乏挽救价值的企业，可采用清算程序实现企业出清，释放市场资源，避免连锁破产；(2) 对于具有市场前景，只是短时间内陷入债务危机的债务人企业而言，可以采用重整或和解程序，充分展示破产法的拯救功能。从这一角度来看，"执转破"程序能够有效避免所有债务人均陷入无法清偿的困境，并能够通过破产程序的识别机制，优化市场资源配置，最大限度地保障债务人企业的生存活力。

综上所述，"执转破"将执行程序与破产程序的优势结合起来，实现了优势互补，最大限度地保障了债权人权利的原始秩序；同时，在一定程度上有利于化解执行难问题，优化了市场资源配置。

（二）“执转破”对破产法规则的尊重

“执转破”程序似为一种对破产程序启动规则的创新，但其实只是破产受理的具体方案，与现有的破产程序并不冲突。“执转破”程序在法理上遵从司法程序的正当程序原则，并体现为程序主体的合意性与平等性、程序行为的开放性与程序结果的均衡性。首先，法律主体的合意性是一个民法哲学概念，法理上表现为某一主体同意做某事的心愿或内心意思，而非外在具体法律行为的自主性和自觉性。换言之，执行转破产程序应当是有关法律主体自愿作出的意思表示。2015 年《民事诉讼法司法解释》第 513 条和第 516 条规定，只有经过申请执行人或被执行人之一的同意，法院才可依法启动“执转破”程序。这一过程中，债权人与债务人意思表示的地位平等，能够有效进行合理磋商。概括而言，我国对“执转破”采取的是申请主义为主的模式，这一过程需要不同法律主体之间的交互确认，以作出纠纷解决的最佳决策，而法院的司法权更多是通过一种关注或引导程序，促进当事人达成程序转换合意。其次，“执转破”程序涉及效率与成本、执行程序的价值追求与破产程序的价值追求、私人债权的实现与社会公平及利益的维护三对关系的利益均衡。对这些价值内涵的分析，前文已经进行了详细论述，此处不再赘述。但需要强调的是，“执转破”程序必须对破产程序中不同顺位债权的清偿比例给予尊重，实践中可能会遇到先申请执行的债权人阻碍破产程序启动的情况。此时，法院应当通过前述正当程序中的合意引导等手段，充分释义，确保程序的有效转换。最后，作为正当程序的应有之义，“执转破”程序在一定程度上也应具有开放性，能够自我指涉且结构耦合。“执转破”程序更多的是一个当事人合意达成的过程，为有效促进执行程序与破产程序的结合，“执转破”程序中的开放性主要体现为信息交换和信息披露的真实性、及时性。

“执转破”程序的合意性等特点，与破产申请主义的立场相一致。根据我国《企业破产法》第 7 条的规定，债权人、债务人及对债务人依法负有清算责任的人都有权向人民法院提出破产申请。可见，我国对破产程序的启动采用的是申请主义模式。在“执转破”程序中，我国以司法解释的方式规定，经申请执行人或被申请执行人之一同意，执行程序即可转入破产程序。在这一过程中，无论是申请执行人的同意，还是被申请执行人的同意，只要其中有一方主体表示愿意进入破产程序，那么便符合《企业破产法》第 7 条的规定，此时债务人企业当然可以进入破产程序。从这一角度来看，当前司法解释规定的“执转破”程序并不违背《企业破产法》的规定，债务人企业完全可以在执行过程中进入破产程序。

综上所述，“执转破”程序是在尊重破产法律规则的基础上，形成的一种启动破产程序的特殊方式，即债务人企业在被执行的过程中，经特定主体的同意或申请而进入破产程序的一种做法，其运作模式与破产程序的一般启动规则是一致的。

三、预重整制度嵌入“执转破”程序的合法性基础

（一）预重整植入“执转破”程序的可能性

预重整制度起源于 1986 年美国的 Crystal 石油公司的重整案，该案中债务人 Crystal 石油公司在正式提起重整申请权前把预重整方案交由债权人表决，并经过一系列磋商和修订，大部分债权人同意了该预重整方案，最终债务人 Crystal 公司仅用了 91 天就成功走出破产程序，完成了重组。正如前文所述，预重整程序实际上是一个正式重整前的自主协商过程，司法权力一般不过多介入。较有代表性的观点认为，“预重整是在庭外重组和破产重整两种制度的基础上融合创新产生的一种企业挽救辅助性模式，其设置目的是要通过两种制度进行先后的有机衔接、补强组合，发挥各自优势，规避劣势，市场化、法治化地解决债务与经营困境企业的挽救再生”。笔者认为这种观点是中肯的，即预重整制度必须坚持意思自治这一核心原则，并最大限度地减少政府或法院的干预。

由此就引发了一个问题，“执转破”程序的正当程序原则，要求法院引导申请执行人或被执行人形成转入破产程序的合意，并在此后通过案卷移送、审级调整等方式，移送破产法院管辖；可以说，“执转破”程序很好地发挥了法院“职权主义为辅”的权能，在由执行程序直接转入破产程序时，能够形成有效且顺畅的衔接。然而，当作为完全协商自治的预重整程序嵌入转为破产的前置环节时，如何处理“执转破”程序中法院、债权人、债务人各个主体的角色问题，便成为实践中的难题。

从我国当前的预重整实践来看，各地法院似乎将预重整程序看作是重整程序的“前置程序”，甚至出现了重整案件一律先进入预重整程序的做法。在“执转破”案件中，除一些进入清算程序的企业以外，一部分债务人企业仍然具有挽救的可行性，基于分类处置资源的考虑，债权人与债务人协商后，往往能够一致同意转入重整程序。如笔者作为管理人负责人的百某公司“执转破”案中，广州破产法庭在摸

清债务人债权债务状况后，及时引导利害关系人发挥意思自治，采取了一系列措施，最终在执行转破产过程中，经由百某公司申请、相关债权人同意而启用了预重整制度并实现了债务人企业与债权人的合作共赢。该案为“执转破”程序中如何采用预重整制度提供了一定的实践经验。

就其法律依据而言，其正是2020年5月广州中院制定的《关于破产重整案件审理指引（试行）》中有关预重整规则的具体运用。其第24条规定，债务人在执行程序中通过“执转破”程序提出预重整申请的，负责移送案件的执行人民法院经审查符合“执转破”要求的，应当根据《最高人民法院关于执行案件移送破产审查若干问题的指导意见》第8条的规定，及时通知其他执行法院中止对债务人财产的执行。显然，该规定不仅直接认可了在执行转破产程序中接入预重整的可能性，还赋予了这种预重整以执行中止的效力。这一环节的关键问题在于，如何处理法院的角色定位，以使债务人企业保持预重整程序的本质与初衷。

客观而言，虽然在执行程序中法院已经对债务人企业进行了实质介入和干预，但在进入“执转破”程序后，这种介入并非无法撤出。在百某公司“执转破”一案中，广州法院便根据预重整程序的操作指引，指引当事人协商选定临时管理人、提供具体规则指导、确定预重整计划草案的审查规则等。从这一过程可以看出，法院尽管对“执转破”后的预重整程序有着一定程度的介入，但这种介入是依据中院下发的预重整操作指引进行的，其更多的是尊重当事人之间的意思磋商。与我国其他一些地方的预重整审判指引对比来看，广州中院的一些做法（如指引当事人自主协商选定临时管理人）更加接近预重整程序的本质。事实上，在法院执行陷入困境后，给予债权人、债务人一定的程序转换自决期，而非由法院直接要求转入破产程序，便足以为预重整程序留下适用空间。

但需要指出的是，在“执转破”程序中，如何解释相关执行中止的效果。若依据前引的广州中院制定的《关于破产重整案件审理指引（试行）》，执行法院在经审查后认为符合“执转破”要求的，便可以产生对债务人企业相关执行的中止效果，而这种中止效果正是预重整程序嵌入“执转破”程序的合法性关键。

（二）预重整植入“执转破”程序的中止效果省思

1. 预重整本身缺乏中止执行的效力

破产程序是一种概括执行程序，在效力上优先于法院的个别执行程序。因此，一旦债务人企业进入破产程序后，执行法院应当中止执行。因此，人民法院作出执行中止的前提是“法院已受理债务人企业的破产申请”，此时执行法院可以中止执行或在符合条件时终结本次执行。

预重整程序无法产生执行中止的效力。尽管根据我国当前的预重整实践，大多数法院均认为预重整具有使相关执行程序中止的效力，如温州中院就规定，作出预重整决定的，本市辖区内法院应中止对债务人作为被执行人的相关执行、保全措施；实践中，即使是较为保守的做法，也是由债务人企业属地政府和相关法律规定协调，暂缓采取可能影响债务人重整的执行措施。但在此，笔者想表达的一个观点是，预重整并非三大破产程序之一，不属于正式的破产程序，如果将正式破产程序中的执行中止效力，完全迁移至预重整程序中进行适用，似有过度侵占预重整关系人意思自治之嫌。因此，各地法院贸然承认预重整能够产生使相关诉讼和执行中止的效力，至少在法理上并不可取。

在实践中，笔者通过检索案例，发现在个别案件中，法院也有不支持预重整产生诉讼中止的情况。如在“某证券股份有限公司与河南某食业股份有限公司、朱某福保证合同纠纷”一案中，被告河南某食业股份有限公司进入预重整程序，管理人要求法院按照《企业破产法》第20条的规定中止审理，法院认为，在预重整阶段，相关衍生诉讼不得中止审理。

《最高人民法院关于适用〈中华人民共和国企业破产法〉若干问题的规定（二）》第5条规定：“破产申请受理后，有关债务人财产的执行程序未依照企业破产法第十九条的规定中止的，采取执行措施的相关单位应当依法予以纠正……”根据反对解释的方法，如果预重整程序没有中止已有诉讼的效力，那么同样不得中止其间发生的强制执行行为。此时笔者还想表达的一个顾虑是，如果预重整程序没有阻却执行的效力，这一期间发生“执行竞赛”问题将无法破解，即各债权人一旦知悉即将进入正式破产程序，则可能会更为迅猛地抢占债务人企业这一“公共池塘”，债务人或将陷入万劫不复的境地。但是如果准许预重整产生执行中止的效力，除造成公权力的滥用外，还可能会使债务人企业利用预重整程序来恶意地拖延执行，引发逃债行为。

2. “执转破”中止执行效果对预重整的影响

仅从预重整程序自身的效力来看，无法基于当前的法律规定解读出其具有司法冻结效力。但笔者作为管理人负责人的百某公司预重整案的特殊之处正在于，预重整与“执转破”程序结合之后，鉴于“执转破”程序具有的特殊冻结效力，预重整在接入后便间接取得了中止相关执行的司法效力。

最高人民法院于2017年下发的《关于执行案件移送破产审查若干问题的指导意见》第8条规定，执行法院作出移送决定后，应当书面通知所有已知执行法院，执行法院均应中止对被执行人的执行程序；案件符合终结本次执行程序条件的，执行法院可以同时裁定终结本次执行程序。同时，最高人民法院《关于严格规范终结本次执行程序的规定（试行）》第1条规定了终结本次执行的程序的具体条件。

就其法理依据而言，“执转破”的冻结效力实际上是对法院审查重整申请期间的保全效力之补足。诚然，破产原因，尤其是重整原因，向来是破产案件受理的焦点问题，而申请审查期的司法效力对于危困企业至为关键。我国没有建立破产程序的自动受理机制，《企业破产法》第19条至第21条关于冻结效力的规定，均以程序受理为生效时点。这就导致重整申请和受理之间存在较大的时间差，而当事人（包括债务人和债权人）几乎无法获得任何司法上的保障措施。从这个角度来看，最高人民法院关于“执转破”的规定具有一定进步意义：其规定自相关执行程序决定转为破产审查时，便可产生中止执行的效力，这是对当前《企业破产法》关于破产冻结效力规定的突破，一定程度上反映除了破产申请期间对执行行为加以冻结和保全的现实需求，而一旦与预重整相结合，恰好迎合了预重整本身对冻结的需求，且弥补了预重整本身不应具有冻结效力的法理困境。

既然“执转破”的冻结效力属于破产申请审查阶段的临时保全措施且可以为预重整所共享，无异于将预重整程序等同于破产申请的审查。但如前文所述，预重整的本质是当事人相对自由的磋商机制，直接赋予其破产申请审查的地位，似乎又使公权力的介入程度加深了。

两难之下，笔者认为，既然预重整是充分发挥当事人意思协商自治的阶段，不妨由各债权人之间达成执行中止的协议，以此遵照执行。此种做法与法理相符合：执行权的目的在于保护胜诉判决的威慑力，是否申请强制执行由当事人自主决定，而申请执行人提出中止执行的，法院为保护当事人的意思自治，原则上应当予以同意。而破产法立法者的任务应当集中于鼓励当事人进行事前谈判，尽可能地保证合意内容的自治性。对于本应于司法重整程序中适用的保护债务人企业、冻结相关财产的制度，亦应由当事人之间进行意思协商，法院在这一过程中仅仅起到协调、引导而非主导、介入的作用。具体来说，可以在申请执行人同意进入重整程序，由其自愿协商达成执行中止协议后，法院并不立即受理“执转破”的破产案件，而是交由债权人、债务人进行自主协商，达成预重整计划草案。随后，再根据《全国法院民商事审判工作会议纪要》（法〔2019〕254 号，以下简称《九民会议纪要》）第115 条的规定，赋予此次庭外表决的效力，之后进入正式重整程序。

四、预重整在“执转破”程序中的构建路径

根据前文的论证，申请执行人已经达成执行中止协议的，债务人企业方可在“执转破”中采用预重整程序，否则将会造成“执转破”程序衔接上的断层。在这一前提问题得以解决之后，我们还需要对预重整制度如何在“执转破”程序中进行适用，给出较为合理的制度路径。

（一）明确“执转破”案件中适用预重整的审查标准

商事重整案件不同于破产清算案件，目的在于对债务人的财务进行重组，以达到尽力维持其运营、为雇员提供工作岗位、对债权进行更高份额清偿、给股东保留一定的股权份额等制度目的。《最高人民法院关于适用〈中华人民共和国企业破产法〉若干问题的规定（一）》第 1 条至第 4 条对何种情况构成破产（或重整）原因进行了明确规定，但与一般的商事重整案件不同，“执转破”案件的特殊性在于该类案件已经进入破产程序，并且出现了执行困难。此时，对此类案件的重整可行性审查，客观上难以再全部适用《企业破产法》及其司法解释对重整案件审查标准的规定。

尽管中央层面的立法及其司法解释并未对“执转破”中如何转入重整程序的案件标准进行规定，但我国部分地方法院在“重整案件审判指引”中规定了“执转破”案件是否具备重整可行性的具体标准，可资参考。如广州中院《关于破产重整案件审理指引（试行）》第 15 条规定，“执转破”案件的重整可能性，应从当事人的意愿、优良资产情况、企业知名度或市场份额、继续生产的条件、国家政策和其他重整可行性等因素考虑。此外，在一些判例中也体现了“执转破”案件进入重整程序的具体标准，如在“厦门市东林电子有限公司执行转破产重整案”中，厦门中院根据债务人的债权情况、主要财产价值、重整投资人意向等各方面情况，最

终认为对债务人企业进行重整，更有利于盘活企业价值，遂成为执行转重整的典型。由此可以看出，执行转破产重整的案件在客观上应具有“重整可行性”。

而在传统的重整案件中，理论和实务界的主流观点均主张，对某一案件是否具有重整可行性，不应由法官来判断，而应交由市场和商业规则评判。换言之，对于当事人提出的重整申请，法院只需进行形式审查。但在执行转破产重整的案件中，由于债务人企业在执行过程中已经进入了实质清偿程序（尽管不是以破产程序进行清偿），此时再对其是否能够转入重整程序，法院应进行一定的实质审查，否则会造成程序空转，进一步降低债权人的受偿比例。在“执转破”以当事人意思表示为主要推动力的情形下，债务人企业能否进入执行转破产程序的关键是当事人有希望进行重整的意思。但仅有这一主观意思还不够，为避免债务人企业借重整程序拖延清偿，法院应自身或结合第三方中介机构的商业分析，来对债务人企业的重整可行性进行实质审查。

理论上来说，凡是能够适用重整程序处理的案子，均能够进入预重整程序，以事先达成预重整计划草案，减少正式重整程序的期限。由此，预重整的审查标准不高于正式重整的审查标准。在这个基础上，执行转破产重整案件中，法院应尊重当事人进入预重整程序意思的基础上，同时实质审查债务人企业的重整可行性，然后综合评判能否适用预重整程序。具体程序上，可通过专家论证、第三方中介机构咨询、听证等方式进行；实质内容上，应围绕债务人企业的市场前景、国家政策、债权债务关系等综合分析。

（二）重视“执转破”后预重整的磋商目的

准确说来，“执转破”案件是破产案件的来源之一，与当事人自行申请破产并无本质不同，故对破产原因的要求亦无差异。从这个角度看，进入“执转破”程序的债务人企业，一定是已经具备了破产原因。进一步讲，确定采取预重整的“执转破”案件，债务人企业实际上具有了重整原因。但需要指出的是，重整原因与破产原因在细节上仍有些许差异，对于一些未陷入债务危机的企业，也可适应重整程序进行重整。因此，如果在“执转破”中适用预重整，不妨对“执转破”案件进行扩大解释，将一些不具有破产原因、但清偿有困难的企业也纳入进来，以此增加清偿范围和清偿效果。

预重整程序的主要目的在于达成预重整计划草案。根据《九民会议纪要》第

115条的规定，只要债务人和部分债权人已经达成的有关协议与重整程序中制作的重整计划草案内容一致的，有关债权人对该协议的同意视为对该重整计划草案表决的同意。与正常的预重整转重整案件一样，“执转破”中的预重整程序同样是为了达成有效的重整计划草案，在进入正式重整程序后，对债权人和债务人产生约束力，以此来减少正式重整程序中的磋商成本，提高重整效率。

但是，预重整程序并不解决债权申报、破产撤销权诉讼、待履行合同解除等具体问题，当然这些问题也并非本文讨论范畴。笔者认为，预重整制度的核心仍应回归到磋商重整计划草案这一目的上来，任何行为的动机和实施，都应当围绕这一根本目的进行。“执转破”案件并不因其“急于清偿”的案件背景，而与债权人或债务人依据《企业破产法》的规定提出的破产申请有所区别。

（三）弱化“执转破”后预重整程序中法院的职权

无论采用何种程序来清理债务，都要有一个主导者，实践中既可以是法院，也可以是第三方中介机构。作为特殊诉讼程序的破产程序，在一定程度上受到国家诉讼模式的影响，法院往往在诸多事情中担任着决策者的角色。可以作为例证的是，目前全国各地的预重整实践，均把预重整作为重整程序的“庭前阶段”，诸多本应当在重整程序中完成的任务已前移至预重整程序，这体现的是法院职权在预重整程序中的延伸和强化。

在“执转破”案件中，法院的执行权事先已经对债务人企业进行了冻结、查封，一旦债务人企业进入预重整程序，法院的参与程度将迅速降低，而转交债务人企业、债权人自主安排。由于我国的重整程序中，绝大多数案件仍然采取管理人负责模式，故涵射到预重整程序中，预重整阶段的事务也多由临时管理人负责统筹执行。如此一来，法院职权的退出和临时管理人的介入，一进一退，实际上能够在一定程度上维持债务人企业的正常运转。由此带来的问题是，应当如何选任临时管理人来接替法院的职权？

可以确定，“从预重整的运作模式出发，债务人或债权人的意愿和选择决定了预重整的启动和走向，其应该是预重整的主导者”。结合当前预重整实践中所采取的政府部门指定（温州）、人民法院指定（北京）或竞争选任（北京）等方式，有学者指出预重整中主要债权人的地位十分重要，可改变以往法院或政府主导选任预重整管理人的做法，转而由主要债权人联合债务人推荐预重整临时管理人，法院对被推荐人选进行形式审查后任命即可。当然，如果要充分发挥当事人的意思自治，法院也可以放弃临时管理人的任命权，只要利害关系人能够产生一致意见即可。临时管理人选任完成后，法院可退出对预重整程序的干预，并由临时管理人组织推动预重整程序。

值得注意的是，法院应保留对预重整计划的强制批准权。如果完全遵照民商事行为中的意思自治原则，实际上仍然会在预重整计划的表决中采取组组分别表决通过的做法，但预重整计划牵扯利益甚多，如果一概要求每一债权人均表决通过，实际上会无限制增加预重整阶段的磋商成本。“执转破”案件具有区别于一般重整案件的显著特点，即各债权人更加渴望快速受偿。于此，法院在预重整程序中，应尽早释明预重整计划的强制批准标准，以给临时管理人、债权人和债务人作出合理参考。同时，在无法分组获得表决通过时，法院应及时根据预重整计划的强裁条件，强制批准预重整计划草案。未来，预重整计划草案的强制批准标准，可通过司法解释或立法的方式加以表现，以促进适法统一。

综上所述，“执转破”案件进入到预重整程序后，法院的角色应逐渐弱化，转而由主要债权人、债务人联合推荐预重整临时管理人接替，以推进预重整程序的运行。但法院应注意释明预重整计划草案的强裁标准，并在预重整计划陷入磋商困境时，及时通过强裁程序批准预重整计划草案。

五、结语

办理破产指标化的评价导向，在一定程度上确实促进了营商环境和破产回收率的优化。近年来，在“执转破”案件中也开始有适用预重整程序来提高回收率的大胆尝试。“执转破”中采用预重整程序，应严格恪守预重整制度的目的，否则可能演变为债务人企业恶意拖延执行，甚至沦为逃废债的制度工具。制度在实践中发现、在实践中创新，但创新与发展的原则是尽可能地维护制度设计的初衷。“执转破”仅可在转破产重整的案件中适用预重整程序，而转破产清算的案件，则不可适用预重整程序。预重整程序嵌入到“执转破”案件的前提是，法院在尊重当事人意愿的基础上，对债务人企业的重整可行性进行了实质审查；进入预重整程序后，关键问题是处理好执行中止问题与法院职权弱化问题。

如何选对执行法院，先发制人

——执行案管辖实务问题研究

涂琳芳*

内容提要：好不容易打赢了诉讼、仲裁案件或取得了有强制执行效力的公证文书，到了执行阶段这一诉讼的“最后一公里”，一旦遇到债务人不主动履行债务，就会面对强制执行问题。申请强制执行的第一步是到对应的执行法院申请执行，如何选择有利于申请执行人的管辖法院，为后期能够有效执行到位打下良好的基础？本文主要探讨的就是这个问题，囿于篇幅，本文仅对非涉外执行案件进行讨论。

关键词：执行　管辖权　选择权

一、债权人可以向哪些法院申请执行——执行案件的基本管辖规则

（一）各类不同有强制执行力的生效法律文书执行的管辖法院

1. 法院作出的生效裁判文书、调解书的执行

《民事诉讼法》第 231 条第 1 款规定，发生法律效力的民事判决、裁定，以及刑事判决、裁定中的财产部分，由第一审人民法院或者与第一审人民法院同级的被执行的财产所在地人民法院执行。第 241 条规定，人民法院制作的调解书的执行，适用本编的规定。

2. 特殊程序与督促程序案件的执行

《最高人民法院关于适用〈中华人民共和国民事诉讼法〉的解释》第 460 条规

* 涂琳芳，国信信扬律师事务所高级合伙人、专职律师，广州市律师协会执行与资产处置专业委员会副主任。

定，发生法律效力的实现担保物权裁定、确认调解协议裁定、支付令，由作出裁定、支付令的人民法院或者与其同级的被执行财产所在地的人民法院执行。认定财产无主的判决，由作出判决的人民法院将无主财产收归国家或者集体所有。

3. 对仲裁裁决的执行

《最高人民法院关于适用〈中华人民共和国仲裁法〉若干问题的解释》第 29 条规定，当事人申请执行仲裁裁决案件，由被执行人住所地或者被执行的财产所在地的中级人民法院管辖。

4. 公证债权文书的执行

《最高人民法院关于公证债权文书执行若干问题的规定》第 2 条规定，公证债权文书执行案件，由被执行人住所地或者被执行的财产所在地人民法院管辖。前款规定案件的级别管辖，参照人民法院受理第一审民商事案件级别管辖的规定确定。

（二）上下级法院内部的执行工作分配

1. 同一案件不得重复立案

《最高人民法院关于适用〈中华人民共和国民事诉讼法〉执行程序若干问题的解释》第 2 条规定，对两个以上人民法院都有管辖权的执行案件，人民法院在立案前发现其他有管辖权的人民法院已经立案的，不得重复立案。立案后发现其他有管辖权的人民法院已经立案的，应当撤销案件；已经采取执行措施的，应当将控制的财产交先立案的执行法院处理。

2. 下级法院报请上级法院执行

《最高人民法院关于人民法院执行工作若干问题的规定（试行）》第 17 条规定，基层人民法院和中级人民法院管辖的执行案件，因特殊情况需要由上级人民法院执行的，可以报请上级人民法院执行。

3. 高级法院指定执行

《最高人民法院关于高级人民法院统一管理执行工作若干问题的规定》第 8 条规定，高级人民法院对本院及下级人民法院的执行案件，认为需要指定执行的，可以裁定指定执行。高级人民法院对最高人民法院函示指定执行的案件，应当裁定指定执行。

4. 高级人民法院的提级执行

《最高人民法院关于高级人民法院统一管理执行工作若干问题的规定》第 9 条

规定，高级人民法院对下级人民法院的下列案件可以裁定提级执行：（1）高级人民法院指令下级人民法院限期执结，逾期未执结需要提级执行的；（2）下级人民法院报请高级人民法院提级执行，高级人民法院认为应当提级执行的；（3）疑难、重大和复杂的案件，高级人民法院认为应当提级执行的。高级人民法院对最高人民法院函示提级执行的案件，应当裁定提级执行。

（三）管辖冲突的处理

《最高人民法院关于人民法院执行工作若干问题的规定（试行）》第15条规定，两个以上人民法院都有管辖权的，当事人可以向其中一个人民法院申请执行；当事人向两个以上人民法院申请执行的，由最先立案的人民法院管辖。

《最高人民法院关于人民法院执行工作若干问题的规定（试行）》第16条规定，人民法院之间因执行管辖权发生争议的，由双方协商解决；协商不成的，报请双方共同的上级人民法院指定管辖。

《最高人民法院关于高级人民法院统一管理执行工作若干问题的规定》第6条规定，高级人民法院负责协调处理本辖区内跨中级人民法院辖区的法院与法院之间的执行争议案件。对跨高级人民法院辖区的法院与法院之间的执行争议案件，由争议双方所在地的两地高级人民法院协商处理；协商不成的，按有关规定报请最高人民法院协调处理。第7条规定，对跨高级人民法院辖区的法院与公安、检察等机关之间的执行争议案件，由执行法院所在地的高级人民法院与有关公安、检察等机关所在地的高级人民法院商有关机关协调解决，必要时可报请最高人民法院协调处理。

二、当事人是否可以通过约定来选择执行案件的管辖法院或默认推定管辖

最高人民法院在（2015）执申字第42号裁定书中指出，民事诉讼属于公法性质的法律规范，法律没有赋予权利即属禁止。虽然民事诉讼法没有明文禁止当事人协商执行管辖法院，但对当事人就执行案件管辖权的选择限定于上述两个之间，当事人只能依法选择向其中一个有管辖权的法院提出执行申请。民事诉讼法有关应诉管辖的规定适用于诉讼程序，不适用于执行程序。因此，当事人通过协议方式选择，或通过不提管辖异议、放弃管辖异议等默认方式自行确定向无管辖权的法院申请执行的，不予支持。

三、“被执行财产所在地”如何确定

虽然当事人不能约定管辖，并不意味着当事人就没有选择权。目前没有明确的法律规定被执行财产所在地的概念，现主要是依据最高人民法院或各省高级人民法院的司法解释来确立被执行财产所在地。

《最高人民法院执行局人民法院办理执行案件规范》及《最高人民法院关于适用〈中华人民共和国民事诉讼法〉执行程序若干问题的解释》中，就对被执行财产所在地进行了说明，法院根据被执行财产类型来确认财产所在地，主要有以下几种情况：1. 房屋、土地使用权等不动产，以不动产的所在地为财产所在地；2. 一般动产，以实际存放地为财产所在地；3. 车辆、船舶、航空器等特定动产，以登记簿记载的所在地为财产所在地，由实际存放地、停泊地法院执行更为方便的，也可以以实际存放地、停泊地为财产所在地；4. 金融机构存款及其利息，以开户行的所在地为财产所在地；5. 股权或股份，以该股权或股份的发行公司住所地为财产所在地；6. 商标权、专利权、著作权等知识产权，以该知识产权权利人的住所地为财产所在地；7. 被执行人享有的到期债权，以被执行人的住所地为被执行的财产所在地。

其中，关于股权和股票，最高人民法院执行局在《关于法院能否以公司证券登记结算地为财产所在地获得管辖权问题的复函》（〔2010〕执监字第 16 号）中明确，股权与其发行公司具有密切的联系，因此，应当将股权发行公司住所地认定为该类财产所在地，而不能将证券交易所所在地认定为该类财产所在地。

综上，债权人可以根据不同的执行财产，选择有利于执行的管辖法院。

四、非主要财产所在地是否可以作为确认地域管辖的联结点

选择财产所在地法院作为执行管辖法院，其直接的法律依据是《民事诉讼法》第 224 条第 1 款，但该规定并没有将“被执行的财产所在地”限定为“主要财产所在地”，目前也没有相关司法解释将被执行的财产所在地限定为主要财产所在地，因此根据文义解释，即使非主要的被执行财产所在地法院也对全案具有执行管辖权。

法律和司法解释均未将“主要财产所在地”作为执行管辖的标准，一方面是因为在执行立案阶段通常难以对各类型财产进行甄别和比较，难以确定“主要财产”，

另一方面也可以有效避免各地法院之间推脱管辖权的问题。

正因如此，司法实践中也确实存在申请执行人利用上述规定“选择”执行管辖联结点的情况。比如，有的案件被执行人在当地银行仅开设了一个账户，申请执行人也可以将其选为被执行财产所在地，使得该地法院获得执行管辖权。

五、主债务人或担保人对案件执行法院的管辖是否有影响

每个被执行人的财产都是被执行的财产，因此无论是主债务人的财产还是担保债务人的财产，都可以作为确定执行管辖的法院。

六、被执行人对执行案件能否提起管辖权异议

《最高人民法院关于适用〈中华人民共和国民事诉讼法〉执行程序若干问题的解释》第3条规定，人民法院受理执行申请后，当事人对管辖权有异议的，应当自收到执行通知之日起10日内提出。人民法院对当事人提出的异议，应当审查。异议成立的，应当撤销执行案件，并告知当事人向有管辖权的人民法院申请执行，异议不成立的，裁定驳回。当事人对裁定不服的，可以向上一级人民法院申请复议。管辖权异议审查和复议期间，不停止执行。

依据上述规定，执行阶段当事人提出管辖权异议，必须符合下列条件：(1) 提出异议的主体是本案的当事人，包括申请执行人和被执行人；(2) 管辖权异议的客体是执行法院的管辖权，包括地域管辖和级别管辖；(3) 提出管辖权异议的时间为收到执行通知书之日起10日内。

因此，只要符合上述的条件，在执行阶段就可以提出管辖权异议。

七、选择执行案件管辖法院的实务建议

尽量选择被执行人主要财产所在地法院进行执行，以避免异地执行或委托执行成本高、效率低、时间长、风险大。

另外，需要注意的是，某些执行案件有可能存在地方保护主义，在条件允许的情况下，还可以选择责任心强、制度严格的执行法院来执行。

论案外人执行异议的立案及审查标准

吴 楠*

内容提要：执行异议制度是处理执行程序中当事人及当事人以外的案外人所提异议的各项规则、原则的总称，是立法为执行中可能遭受不利益的案外人提供的实体救济制度。关于其立案与审查标准，实务中争议不断，不同的法院对申请执行人优先受偿权的对抗效力与案外人异议制度中不同阶段的审查标准的适用并不完全一致。从法律规范的视角分析，对于申请执行人优先受偿权而言，其并不具备对抗包括所有权、债权在内的其他权利的效力，且案外人执行异议在立案阶段与执行阶段的审查标准应予不同。

关键词：执行异议　案外人　确权诉讼

案外人执行异议制度，在执行实务中一直是争议不断。有观点认为："生效裁判确认申请执行人对执行标的有优先受偿权，案外人对该标的提出异议，实质是认为生效裁判有错误，应裁定不予执行。在其异议被驳回后，依法不享有提起执行异议之诉的权利，法院可在裁定书送达后即对执行标的进行处分。""所谓优先受偿权，又称优先权……可以对抗包括所有权、债权在内的其他权利。在本案中，执行依据已确认申请执行人对涉案房屋有抵押权，并判令申请执行人对房屋以折价或以拍卖、变卖所得的价款享有优先受偿权。法院拍卖涉案房屋以清偿债务，实际是执行生效判决中关于申请执行人对涉案房屋的优先权本身……能够阻却法院对房屋执行的事由，唯有关于优先权的判项被依法撤销。因此，案外人就该涉案房屋提出的

* 吴楠，广东国智律师事务所律师。

异议，实质是对上述生效判决提出的异议。”① 笔者认为，上述观点有待商榷。

一、申请执行人优先受偿权的对抗效力

从法律上讲，“优先受偿权”并不具备上述观点中所谓的“对抗包括所有权、债权在内的其他权利”的效力。

《最高人民法院关于人民法院办理执行异议和复议案件若干问题的规定》（以下简称《执行异议复议规定》）第27条规定：“申请执行人对执行标的依法享有对抗案外人的担保物权等优先受偿权，人民法院对案外人提出的排除执行异议不予支持，但法律、司法解释另有规定的除外。”根据相关司法解释规定，优先受偿权至少不得对抗以下权利：

1. 优先受偿权不得对抗善意买受人的物权期待权，具体包括三种情形：

第一，根据《执行异议复议规定》第28条规定，登记在被执行人名下的不动产，如同时满足下列条件，案外人的执行异议人民法院应予支持：（1）在人民法院查封之前已签订合法有效的书面买卖合同；（2）在人民法院查封之前已合法占有该不动产；（3）已支付全部价款，或者已按照合同约定支付部分价款且将剩余价款按照人民法院的要求交付执行；（4）非因买受人自身原因未办理过户登记。

第二，根据《执行异议复议规定》第29条规定，登记在被执行的房地产公司名下的商品房，如同时满足下列条件，案外人的执行异议人民法院应予支持：（1）在人民法院查封之前已签订合法有效的书面买卖合同；（2）所购商品房系用于居住且买受人名下无其他用于居住的房屋；（3）已支付的价款超过合同约定总价款的百分之五十。

第三，根据《执行异议复议规定》第30条规定，办理了受让物权预告登记，或符合物权登记的不动产被查封的，受让人提出停止处分异议，人民法院应予支持。

2. 优先受偿权不得对抗被拆迁人对补偿安置房屋的物权期待权

根据《最高人民法院关于审理商品房买卖合同纠纷案件适用法律若干问题的解

---

① 李云芳：《案外人对申请执行人享有抵押权之标的提出异议的处理——兼谈〈民诉法解释〉第四百六十五条第二款的适用》，广东执行微信公众号（2017年4月24日）。

释》(已被修正)第7条的规定，拆迁人与被拆迁人按照所有权调换形式订立拆迁补偿安置协议，明确约定拆迁人以位置、用途特定的房屋对被拆迁人予以补偿安置，如果拆迁人将该补偿安置房屋另行出卖给第三人，被拆迁人请求优先取得补偿安置房屋的，应予支持。据此，实践中一般认为，被拆迁人根据上述规定所享有的拆迁安置优先权，实质上是对其已被拆迁房屋所有权保护的一种延伸。被拆迁人据此享有的所有权要优先于银行享有的担保物权。[①]

由此可见，上述观点将优先受偿权的效力过于绝对化，与以上司法解释的规定相冲突。

二、案外人异议制度中不同阶段的审查标准

上述观点混淆了案外人异议制度中不同阶段的审查标准，因此混淆“裁定驳回申请”跟“裁定驳回异议”的不同适用情形。上述观点认为，案外人的异议不属于执行异议审查的范围，却“依法裁定驳回案外人异议并如期拍卖了涉案房屋”。

《执行异议复议规定》参照了民事诉讼立案登记制度，完善了执行异议的立案和审查程序，并且区分不同的裁定类型，以及当事人相应的救济方式。详见下表：

（一）执行异议立案阶段

《执行异议复议规定》第2条规定：“执行异议符合民事诉讼法第二百二十五条或者第二百二十七条规定条件的，人民法院应当在三日内立案，并在立案后三日内通知异议人和相关当事人。不符合受理条件的，裁定不予受理；立案后发现不符合受理条件的，裁定驳回申请。……异议人对不予受理或者驳回申请裁定不服的，可以自裁定送达之日起十日内向上一级人民法院申请复议。上一级人民法院审查后认为符合受理条件的，应当裁定撤销原裁定，指令执行法院立案或者对执行异议进行审查。”

① 参见甘肃省高级人民法院(2015)甘民二终字第74号民事判决书。

执行异议各阶段的审查标准、处理方式和救济途径

阶段	审查标准	处理方式	救济途径
立案阶段	是否对特定的执行标的主张足以排除执行的实体权利	立案	向上一级人民法院申请复议
		不予受理或裁定驳回申请	
审查阶段	是否享有足以排除强制执行的权益	裁定中止执行	认为原判决、裁定错误的，依照审判监督程序办理
		裁定驳回异议	与原判决、裁定无关的，可以自裁定送达之日起十五日内向人民法院提起诉讼（执行异议之诉）。驳回案外人执行异议裁定送达案外人之日起十五日内，人民法院不得对执行标的进行处分

另，根据《最高人民法院关于适用〈中华人民共和国民事诉讼法〉执行程序若干问题的解释》第 14 条规定："案外人对执行标的主张所有权或者有其他足以阻止执行标的转让、交付的实体权利的，可以依照民事诉讼法第二百二十七条的规定，向执行法院提出异议。"

综上，只要案外人对特定的执行标的主张有足以排除执行的实体权利，则人民法院应予受理并进行审查，否则应驳回异议申请或者不予受理。上述观点中案外人主张对执行标的的所有权，并未针对作为执行依据的生效裁判，因此属于执行异议的审查范围。至于其异议主张是否成立，则应由人民法院组成合议庭予以审查，并根据《民事诉讼法》第 227 条的规定作出中止执行或者驳回异议的裁定。

（二）执行异议审查阶段

在执行异议审查阶段主要审查以下事项：（1）案外人是否系权利人；（2）该权利的合法性与真实性；（3）该权利能否排除执行。《执行异议复议规定》第 25 条至第 31 条，则对"足以排除执行的实体权利"的外延进行列举。主要包括：

1. 物权、股权及其他财产权利。根据《执行异议复议规定》第 25 条规定，对于物权、股权，根据法律规定的各自登记方式进行判断；无登记的，按其实际占有情况进行判断。其他财产和权利，有登记的，按照登记机构的登记判断；无登记的，按照合同等证明财产权属或者权利人的证据判断。根据《执行异议复议规定》第 27 条规定，申请执行人对执行标的依法享有对抗案外人的担保物权等优先受偿权，人民法院对案外人提出的排除执行异议不予支持，但法律、司法解释另有规定的除外。

2. 在先法律文书所确认的权利。根据《执行异议复议规定》第 26 条规定，该法律文书系就案外人与被执行人之间的权属纠纷以及租赁、借用、保管等不以转移财产权属为目的的合同纠纷，判决、裁决执行标的归属于案外人或者向其返还执行标的的，人民法院应予支持。如果该法律文书系案外人受让执行标的的拍卖、变卖成交裁定或者以物抵债裁定，人民法院应予支持。

3. 善意买受人的物权期待权。《执行异议复议规定》第 28 条至第 30 条作了相应规定。前文已引用，此处不予赘述。

4. 善意承租人的承租权。根据《执行异议复议规定》第 31 条规定，在法院查封前已签书面租赁合同并实际占有使用该不动产的承租人，在租赁期内请求阻止移交被执行标的的，人民法院应予支持。但如能证明承租人系与被执行人恶意串通，阻止移交占有的，人民法院不应支持其异议请求。

经过以上审查之后，人民法院应根据《民事诉讼法》第 227 条、《最高人民法院关于适用〈中华人民共和国民事诉讼法〉的解释》第 463 条的规定，作不同的处理：（1）案外人对执行标的不享有足以排除强制执行的权益的，裁定驳回其异议；（2）案外人对执行标的享有足以排除强制执行的权益的，裁定中止执行。

前文已述，案外人并未针对作为执行依据的生效裁判提出异议，而是主张对执行标的的所有权，因此属于执行异议的审查范围，法院应当予以受理；即使经过审查后，案外人的异议不能成立，人民法院应作出驳回异议的裁定。

从逻辑上讲，上述观点将对优先受偿权的执行标的的异议等同于对生效裁判的异议："生效裁判确认申请执行人对执行标的有优先受偿权，案外人对该标的提出异议，实质是认为生效裁判有错误，应裁定不予支持。能够阻却法院对房屋执行的事由，唯有关于优先权的判项被依法撤销。因此，案外人就该涉案房屋提出的异议，实质是对上述生效判决提出的异议。”①

如果上述观点成立，换句话说，在生效裁判确认申请执行人对执行标的有优先受偿权的情况下，执行异议制度将被排除适用；如有异议，全部都需通过审判监督程序提出。这显然与《民事诉讼法》《最高人民法院关于适用〈中华人民共和国民事诉讼法〉的解释》《最高人民法院关于人民法院办理执行异议和复议案件若干问题的规定》中逐步建立和完善的执行异议制度的立法初衷不符。

三、结语

诚然，案外人执行异议制度，必定会影响执行的效率；而恶意的“案外人执行异议”以及“执行异议之诉”，更是对申请执行人的不公。但在“效率”之上，还有更高位阶的司法价值——“公正”，执行程序虽然强调效率优先，但同时需要兼顾公平的价值理念。②《最高人民法院关于适用〈中华人民共和国民事诉讼法〉的解释》以及《执行异议复议决定》也是体现了同样的司法价值取向。优先受偿权当然应予以特殊保护，但如果为了防止案外人对于执行程序的恶意干扰，而排除适用案外人执行异议制度，实属因噎废食。

---

① 李云芳：《案外人对申请执行人享有抵押权之标的提出异议的处理——兼谈〈民诉法解释〉第四百六十五条第二款的适用》，广东执行微信公众号（2017 年 4 月 24 日）。

② 参见唐力：《案外人执行异议之诉的完善》，载《法学》2014 年第 7 期。

司法拍卖常见风险分析

潘　洁*

内容提要：司法拍卖中存在各种各样的风险，依据其发生概率及破坏力大小可以分为四类：一是概率低、破坏力大的黑天鹅类风险；二是概率高、破坏力大的灰犀牛类风险；三是概率高、破坏力小的白天鹅类风险；四是概率低、破坏力小的“小强”类风险。这四类风险在实践中又可以细分为更具体的情形。应对不同类型的司法拍卖风险，要改变观念，制定精准的对策。

关键词：司法拍卖　风险　黑天鹅

前言

在金融圈，黑天鹅、灰犀牛是两个常见的名词，用来形容两类不同的风险。“黑天鹅”一般是指那些出乎意料发生的小概率高风险事件，一旦发生其影响足以颠覆以往任何经验，具有不可预测性；“灰犀牛”比喻大概率且影响巨大的潜在危机，这个危机有发生变化或改变的可能，是可预测的。这两类风险一旦发生，都会产生巨大的破坏力，它们不同之处在于，前者发生概率更低，后者发生概率更高。

如果将收购司法拍卖资产也视为一场投资，面临上述两类风险时，是“看不见的敌人”更危险，还是“看得见的敌人”更危险？我想应当是前者。

黑天鹅类风险，由于潜伏性强，在无征兆的时候容易被忽视，有征兆的时候容易被轻视。笔者在办理民事执行案件的过程中，不止一次应对过这类“黑天鹅”情

* 潘洁，广东盈隆律师事务所管委会副主任、资产处置与强制执行法律事务部主任、商事团队负责人，专职律师。

形，当时委托人面临的危机曾高达数亿元。虽然案件已最终解决，但其中的经验教训，值得深入思考，避免重蹈覆辙。

司法拍卖风险分类一：防不胜防“黑天鹅”

（一）资质不过户

一些特殊的企业资产有较高价值的原因，并非在于物的本身有什么过人之处，而在于资产背后的特殊资质。这些资质一般是难以取得的行政许可，因为稀缺性，所以高价值。这些资质的持有人，是企业本身，而非企业的资产。根据《行政许可法》第9条的规定，“依法取得的行政许可，除法律、法规规定依照法定条件和程序可以转让的外，不得转让”。所以，购得资产，不等于自动获得相应的行政许可。如果对这一点判断错误，竞买人很可能会付出远高于资产本身价值的价款，买到手后却发现竹篮打水一场空，只是获得了一些低价值的不动产或设备。

因此，如果是购买附有高价值行政许可的资产，应当提前了解重新申办相关资质的流程、难度、成本。又或者了解清楚本次拍卖的标的物，是单纯资产，还是资产与特许经营权打包拍卖。

当然，并不是所有的特殊资质都与资产分离，有的资产就不存在资质过户的问题，如高尔夫球场用地，其专用资质，是登记在土地使用权证的用途一栏的，随土地使用权一并过户，无须另行申请。

（二）漏拍配电房

机器设备的拍卖向来是个老大难问题，一是设备贬值率高；二是保管难度大；三是行家难寻。在很多案例中，机器设备的评估价格往往不高，成交价也偏低，甚至出现不少流拍的情况。

但也有例外的情况。一些保存良好、成色较新、能迅速投入生产的成套流水线，如果评估价格适中，加上网络司法拍卖折价起拍的诱惑，会受到行家和投资者的青睐。这一类买家出手的目的，不仅仅是单纯的捡便宜，还希望通过快速恢复生产，重启造血能力，从而将资产盘活。生产线重新启动的效率和时间，对于他们来说就是金钱。不过，如果拍下来后才发现原来法院漏拍了配电房，那就很难堪了。

没有配电房，工厂就无法启动，如果另外报建一个，既耗费时间又损失金钱，而且要更改原有的电网规划，难度也是非常大。所以，这时候买受人往往需要等待法院再对配电房进行一次拍卖。这意味着又要经历一次评估、拍卖、公告、竞价。如果在拍卖的时候，有人故意抬高价格呢？那真是哑巴吃黄连。

之所以出现这种情况，主要是因为配电房一般不会放在生产车间，而是单独设置在厂区的角落，不是很起眼。一些执行法官在查封、评估、拍卖机器设备的时候，没有仔细进行清点核对，工作做得不够细致。而评估师也有可能没有考虑机器设备的配套性、完整性，于是才会发生本可避免的遗漏。

幸运的是，这一只黑天鹅只是容易被人遗忘，但只要你有意识去找它，一点都不难发现。只要买受人有意识地核对评估报告所附的清单，在现场核对一遍设备的铭牌，其实是很容易排查出这一项风险的。

（三）证照有瑕疵

例如，某拍卖行受托对五处商业用房进行公开拍卖，全部成交。时过一年，买受人张某在办理产权过户手续时，意外遇到了麻烦。本来是商业用途的门市房，在过户时却被房管部门告知，需要改回民宅用途。原因是经查档发现，该房屋的登记备注栏中注有“设计用途应为成套住宅”字样，因此工作人员坚持认为过户后只能登记为住宅，不能登记为商业用途。

如果是登记为住宅，就不能够用于生产经营，这将大大降低房屋的使用价值。买受人张某无奈，只好起诉拍卖行。后经多方协调，房管部门最终认定上述备注属于登记瑕疵，于是自我纠正，还是为买受人办理了商业用房的过户。但张某为此事奔波了几年的租金损失、时间成本、诉讼费、律师费等，最终未得到法院支持，只能自己承担。

这类风险出现的原因，在于拍卖委托人并非标的所有权人，对标的物的瑕疵了解得不够，加上原产权人不配合，评估机构无法对标的瑕疵进行深入调查。因此，只能发现明显的缺陷，对于其隐藏的风险，尤其是具有行政公信力的产权证照背后的瑕疵，实在是防不胜防。竞买人也不是专业律师，一般没有意识，也没有能力在作出决策前对产权登记情况进行深入核查。

在司法拍卖实务中，还可能出现其他类型的产权证照瑕疵，如实际面积与登记面积不一致、建筑物基底超出登记红线、登记用途与规划用途不符、土地发证手续不全、工作人员登记失误、轮候查封顺序登记错误，等等。这类问题出现概率不高，但一旦出了问题，一般都是大问题，要么导致无法过户，要么需要额外付出极大的成本。

应对这一类风险，唯一的对策就是把调查工作做扎实，结硬寨、打呆仗。首先是仔细阅读拍卖公告、评估报告，这些材料一般都可以在网络司法拍卖的页面下载，如果是网上资料不齐或者是线下拍卖的，可以与执行法官、拍卖行联系，争取阅卷，看看法院的调查材料中是否有涉及标的物瑕疵的表述，如调查笔录、登记机关的调查回函；其次是实地看样，如果是不动产，尽量围着红线走一圈，查看现场界址与产权登记是否有明显不符，有条件的也可以聘请专业人员勘查；最后是访谈，向法官、当事人、附近群众了解情况，询问标的物的历史沿革、过往纠纷、查封抵押情况等。

（四）拍卖被撤销

在大家的观念中，人民法院是纠纷解决的最后一道防线。经过法院裁定的成交拍卖，应当是最有公信力的最终结果，但总会有例外。

《最高人民法院关于办理执行异议和复议案件若干问题的规定》（以下简称《执行异议复议规定》）第 21 条列举了五种撤销拍卖的法定情形，《最高人民法院关于人民法院网络司法拍卖若干问题的规定》（以下简称《网络司法拍卖规定》）作为特别法，则列举了六种撤销拍卖的法定情形。这十一种情形非常重要，满足任一情形即可撤销拍卖。如果是违规情形立即被发现，那么法律后果立竿见影，拍卖成交裁定会迅速被撤销。这种情况下，买受人不会承受多大的损失，最多是失去一个成交的机会，损失了资金被占用期间的利息。

但在有些情况下，拍卖成交已经过了几年，当事人（尤其是收购了债权包后获得申请执行人身份的投资机构）会“翻旧账”，以当年的拍卖存在违法情形为由，向法院申请撤销拍卖。这时，买受人往往已经投入了巨额资金进行开发经营，一旦拍卖被撤销，就有可能推倒重来，重新拍卖，这会让所有的前期投入血本无归。

应对这一类风险，除了做好扎实的拍卖尽职调查外，还需要切换身份、视角：不要局限在竞买人的角度看问题，只盯着眼前价格的高低，还要站在居中客观的角度，思考为什么价格会那么低。例如，看公告，其中关于标的物瑕疵的说明是否严重失实？竞买人的资格是否有限制？此外，多打听，尽可能多了解本次拍卖的债权债务背景，当事人之间是否存在恶意串通的可能？再有，多反思，就算已经拍卖成交了，也要回过头来检视本次拍卖是否有严重违反拍卖程序的情况，如果有，将来被法院撤销拍卖的可能性有多大?

司法拍卖风险分类二：来势汹汹“灰犀牛”

(一) 证照不齐全

在上文已经提到，房地证照的隐藏瑕疵属于防不胜防的“黑天鹅”风险。相比之下，本文所述之证照不齐全，就属于显而易见的巨大风险了。当法院拍卖厂房土地，且公告中出现“按现状拍卖”字样时，尤其需要竞买人留意不动产的证照是否齐全。证照不齐全的原因主要包括以下几类:

1. 拍卖标的物为在建工程，未进行竣工验收

这种情况就是俗称的烂尾楼拍卖。在前期调查中，建议竞买人首先和执行办案法官联系，查阅法院与相关政府机关的调查回函，仔细阅读评估报告，了解开发商在楼盘开发时，是否已经在规划、住建、国土等主管部门取得了相应的审批文件。如果发现没有这些审批文件，可以请求法官向有关部门核实后续办证的途径及程序，一般情况下执行法官对于这一类有利于标的物成交的请求，都会应允，竞买人也可以委托律师团队调查上述情况。除此之外，由于烂尾楼一般都存在逾期施工的问题，因此，建议竞买人在调查的时候，特别留意土地出让合同中关于逾期动工和逾期竣工的违约条款，避免在工程完工时面临违约金风险。

2. 地上建筑物虽经合法报建，但竣工后一直未办理初始登记

在前期调查中，除了解建筑物的规划报建手续是否完备、了解后续办证的途径及程序外，还需要特别留意关于未办理初始登记的两类风险。

一是了解被执行人是否拖欠工程款，如果存在这个问题，则需要了解施工人是否已向法院主张工程款优先受偿，还要判断本案债权的复杂程度，避免在拍卖成交后，因建设工程款优先权人怠于维权，或财产分配未及时，而遭遇施工人组织群体性维权，阻止买受人接收标的物；二是了解房屋是否已经开展预售，是否有业主已经交纳购房款并实际入住，如果存在这些问题，则需要进一步了解入住业主是否已向法院提起案外人异议，避免出现因业主维权而导致冗长的案外人异议审理及暂缓裁定过户的程序性风险。

3. 地上建筑物未经合法规划报建手续，属于违章建筑

大部分执行法院工作比较认真负责，会在拍卖之前向不动产登记部门征询意

见，查明拍卖成交后买受人是否能办理产权初始登记。如果是违章建筑，显然是不能办证的，但这类建筑物在司法实践中的确是可以评估拍卖的，只是法院必须在拍卖公告中注明标的物的相关瑕疵。违章建筑物的拍卖成交价往往比较低，对于竞买人来说，无非是面临风险与收益的选择问题。虽然违章建筑物不能办理产权登记，但根据法律规定，执行法院作出的拍卖成交裁定仍然可以发生物权转移的法律效力，无须通过产权变更登记公示。因此，如果价格合适，并且预期能够通过后续的开发经营获得经营收益的，仍然可以考虑投资购买。

但如果遇到执行法院不够认真负责，未披露建筑物将来不能办证的瑕疵，导致买受人花了大价钱购得的却是违章建筑的情况，应当怎么办？依照《执行异议复议规定》第 21 条第 4 款，在执行法院未按照法律、司法解释的规定对拍卖标的物进行公告的情况下，竞买人可以向法院提起执行行为异议，请求撤销拍卖。

4. 土地由于划拨用地或其他历史原因，暂未办理土地使用权证书

这种情况下，竞买人需要重点调查两个问题：

一是法院在拍卖前是否已经征询国土部门的意见。有的国土部门会明确回复“可以办理土地登记过户手续，但应当按规定办理相关手续并缴纳相关税费”，这属于比较明确的回复意见。但有的国土部门不明确表态是否允许法院处置，只是表示“因上述土地使用权为国有划拨用地，成交后应由买受人依照相关规定补交土地出让金后，方可办理土地登记”。在执行司法案例中，这种情况也会被视为国土部门同意拍卖。

二是拍卖成交后土地出让金是作为与过户有关的税费由买受人承担，还是作为执行支出由被执行人承担。如果是前者，则竞买人只需要考虑成本的问题，问题相对简单；但如果是后者，则竞买人需要考虑法院制作分配方案的工作效率。虽然严格来说，执行法院对于土地出让金的负担的决定属于执行行为，一旦出现争议应当通过执行行为异议程序解决，相对来说不会经历冗长的审理时间，但是在实务操作中，不排除有的债权人不服法院决定让被执行人承担土地出让金（法院将从拍卖成交款中支付土地出让金，这会影响债权人的受偿率），据此向法院提起分配方案异议，并进而启动分配方案异议之诉。这一类诉讼往往比较复杂，可能历经一审、二审，导致土地成交后迟迟不能交纳土地出让金，从而影响过户。因此，如果法院在拍卖公告中未明确土地出让金的承担方的，竞买人应当要求执行法院予以说明，如

果法院已决定将土地出让金作为执行支出的，还需要了解该决定是否已经得到全体债权人的认可，确保拍卖成交后能够无障碍缴纳土地出让金，尽快过户。

5. 不动产经过多手交易，最近一手受让人（被执行人）未完成变更办证

经过多手交易后，有的证照原件难免会遗失。在这种情况下，第一，要查明拍卖标的物的物权状态，向执行法院申请查阅和拍卖标的物有关的交易合同、裁判文书等证据材料，或者申请法院向登记机关调取上述资料。同时，检索所有前手产权人的诉讼信息，确保拍卖标的物不存在产权争议。

第二，还需要特别留意拍卖标的物在前手交易中的完税情况，留意标的物是否有欠缴交易税费的可能，尤其是在不动产拍卖过程中，拍卖公告往往会要求买受人承担因交易产生的税费，而这些税费，往往数额巨大。关于欠缴税费的风险，下文继续阐述。

（二）税费难预测

司法拍卖的税费，可以说是个老大难问题。主要表现在两方面：

一是由买受人承担交易的卖方税。虽然《网络司法拍卖规定》第 30 条规定："因网络司法拍卖本身形成的税费，应当依照相关法律、行政法规的规定，由相应主体承担；没有规定或者规定不明的，人民法院可以根据法律原则和案件实际情况确定税费承担的相关主体、数额。"但在司法拍卖实务过程中，仍然有一些法院采取一刀切的方式，要求买受人承担因拍卖过户而产生的所有税费，即买方和卖方的双重税负。

造成这种现象的原因，是因为有的法院与税务机关就税款参与分配的流程还未形成一致。法院的首要需求是加快执行速度，尽快分配执行款。因此，才会有法院决定由买受人承担买卖双方税负，以避免税收债权参与分配造成的迟延，加快拍卖所得款的分配和退付效率。

如果拍卖公告注明本次拍卖因过户产生的相关税费由买受人承担，就会对竞买人产生巨大的税费负担风险。竞买人需要重点了解本应由被执行人承担的税负金额。主要的税种有增值税、个人所得税（企业所得税是否属于因过户产生的税费有争议，多数观点认为不属于）、土地增值税。

增值税根据行业不同，适用0%~13%共 5 种税率。在司法拍卖过户时，还需要以增值税作为计税基数，交纳城市维护建设税、教育费附加税、地方教育附加税三

类税费。由于这些税种一般金额不大，此处不再赘述。

个人所得税，根据《国家税务总局关于个人取得房屋拍卖收入征收个人所得税问题的批复》（国税函〔2007〕1145号）规定，个人通过拍卖市场取得的房屋拍卖收入在计专征个人所得税时，其房屋原值应按照纳税人提供的合法、完整、准确的凭证予以扣除；不能提供完整、准确的房屋原值凭证，不能正确计算房屋原值和应纳税额的，统一按转让收入全额的3%计算缴纳个人所得税。

土地增值税一般认为是司法拍卖税负中，风险最大的部分，尤其是纯土地拍卖。当前我国的土地增值税实行四级超率累进税率，根据增值额的大小，划分为30%、40%、50%、60%四个档次，对于被执行人在早些年取得的土地，由于增值幅度大，可能在拍卖成交后会产生巨额的土地增值税。但也有例外情况，对于转让旧房及建筑物，既没有评估价格，又不能提供购房发票的，可以根据《税收征收管理法》第35条的规定，实行核定征收。需要注意的是，税务机关对于任何税种的征收均以正常计算缴纳为原则，以核定征收为例外，因此不能想当然认为可以适用核定征收率来降低税负成本。竞买人还是应当在决策前向税务机关了解相关税收政策，做好成本估算。

二是在“先税后证”的政策下，有个别税务机关要求买受人代被执行人交纳房产税、土地使用税等与交易无关的税收，增加了买受人的负担。遇到这种情况，可以请求执行法院予以协调，向税务部门说明本次拍卖过程中由竞买人承担的税费，仅限于因过户产生的税费，不包括被执行人在拍卖实施前拖欠的其他税费。税务机关如果要追缴被执行人拖欠的其他税费，可以依法向执行法院提起参与分配请求。

在实践中，已经有部分法院和当地税务机关通过会议纪要或联合发文的方式，对税务机关参与分配作出指引，如浙江省的部分税务局已经与当地法院通过联席会议纪要的形式，建立了税费征缴协作机制，这种做法值得借鉴。

（三）法院不腾空

在以往的司法拍卖案例中，会见到法院在拍卖公告中注明不交吉拍卖的情况。根据部分第三方机构统计数据显示，在早期的司法拍卖的住宅用房标的中，大部分会按现状拍卖，法院不负责标的物清场交付，所拍卖的住宅往往会以市场价6折至7折起拍，最终成交价一般也低于市场平均水平。这样的做法会影响竞买人的购买积极性，最终影响案件的执行到位率。为此已经有不少地方的法院出台指导意见，对上述做法进行规范，如江苏省高级人民法院在 2019 年出台指导意见，规定执行法院应当将拍卖的不动产腾空后交付买受人，严禁在拍卖公告中表述“法院不负责腾空”。广东省高级人民法院也在 2019 年出台指导意见，作出了类似的规定。

但是，虽然有改进，在某些情况下，法院还是会作出不腾空拍卖的决定。例如执行标的物在查封前已形成合法有效的租赁关系，承租人主张买卖不破租赁的；拍卖、变卖执行标的物共有份额或以执行标的物共有份额抵债，且共有物不可以分割使用的；又或者是情况特殊，申请人与被执行人协商一致要求不清场拍卖以及其他法律和司法解释规定不移交的。在这些情况下，法院一般会实行不交吉拍卖。因此，竞买人在竞拍之前，需要仔细阅读拍卖公告，了解标的物的占有限制。如果是法院在拍卖公告中已经声明不交吉拍卖，只能在竞买前提前和标的物的占有人进行前期协商，为拍卖成交后的占有转移做好前期准备。

如果是执行法院拍卖异地不动产的，则更加需要向执行法院明确，在拍卖成交后，法院是否会强制清场，而且还要做好面对消极清场、被执行人阻挠，以及遭遇其他腾空阻力的心理准备。

俗话说，求人不如求己。万一真遇到了法院不负责腾空，或者其他迟迟不腾空的情况。买受人也可以在法律的框架下采取自力救济。例如，可以持拍卖成交裁定，首先完成产权过户登记、水电及燃气的过户登记，然后尽快报停水电燃气服务，再和不动产占有人进行协商，如果协商不成再通过侵权民事诉讼排除妨害，也是一种解决的思路。

（四）租赁未查明

根据买卖不破租赁的规则，如果拍卖标的物在查封前已经存在合法有效的租赁，拍卖成交后，原来未到期的租赁合同继续有效。此举本是为了合理保护承租人的利益，但这一规定也是一把双刃剑，同时会影响到执行债权人的利益。相关司法解释虽然要求法院必须在拍卖公告中披露拍卖财产的占有使用、附随义务等现状，但并未详细列举带租约拍卖时应当具体披露的信息。一般来说，带租约拍卖的财产，拍卖公告会注明租赁合同的情况，如租金、租期，以及租赁合同条款。其中，有两个重点是风险高发区，需要竞买人特别留意：

一是承租人已预付租金的金额。在实务中，有个别承租人会一次性支付多期租金，有的甚至会一次性支付完毕 20 年的租金。在司法拍卖实务中，有的租赁合同可能并无预交租金的条款，而是在合同履行过程中，被执行人与承租人私下达成了一次性交纳租金的协议，如果执行法院在拍卖前未就上述情况进行调查核实，就会留下巨大的隐患。因此，建议竞买人在决策前主动向法院询问，查阅相关执行调查笔录，以确定承租人的租金交纳情况。如果承租人为法人或其他组织，还需要进一步核实被调查人是否为承租人的法定代表人、财务人员或委托代理人，以判断其陈述是否有充分的证明力。

二是关于租赁保证金的承担。据笔者观察，绝大部分带租约拍卖的公告，都不会注明租赁保证金的负担规则。一旦拍卖成交，竞买人是否有权要求承租人再次交纳租赁保证金？这在法律法规层面并无明确规定，因此容易产生争议。经过案例检索，（2019）沪 01 民终 11358 号上海某房产营销策划有限公司与上海某缝纫设备有限公司等房屋租赁合同纠纷二审民事判决，可以作为解决类似争议的参考。

在该案审理过程中，一审法院认为虽然拍卖买受人基于司法拍卖承继了被执行人的出租人地位，但租赁保证金本质上并非被司法拍卖的对象即涉案厂房本身，而是承租人为保证租赁合同履行而交于出租人代管资金，故拍卖买受人成为出租人后，被执行人作为出租人本已丧失了占有租赁保证金的合法权利，应当作为不当得利返还拍卖买受人，若拍卖买受人收到保证金且租赁合同解除或履行完毕的，拍卖买受人还应当返还承租人。本案保证金实际收取发生在承租人与被执行人之间，并仍由被执行人占有，现租赁合同解除后，被执行人已不享有继续占有保证金的权利，而拍卖买受人并不知情保证金的收取情况，故上述款项应由被执行人直接返还承租人，既体现事实查明的准确也避免了诉累。

但二审法院对上述判项进行了改判。

二审法院认为，拍卖买受人通过拍卖取得涉案厂房，在法院执行裁定书送达拍卖买受人之日，拍卖买受人即取得涉案厂房的所有权，拍卖公告显示涉案厂房系带租约拍卖，故拍卖买受人在取得涉案厂房所有权之日起即承继了出租人的地位，被执行人在原租赁合同中的权利义务移转至拍卖买受人，相应责任即应由拍卖买受人承担，现承租人要求拍卖买受人基于出租人的地位返还租赁保证金，具有法律依据，承租人的主张于法有据，本院予以采纳。

二审法院还认为，拍卖买受人认为其未收到租赁保证金，不应履行返还义务，本院认为无论拍卖买受人是否收到租赁保证金，都不改变拍卖买受人在事实上和法律上为出租人的情况，虽然被执行人尚未与拍卖买受人就租赁保证金的处理达成一致，但拍卖买受人已经代替被执行人成为出租人，此后合同履行中的权利义务均应由拍卖买受人承担和享有。鉴于承租人也要求被执行人返还租赁保证金，本院亦判决拍卖买受人向承租人返还租赁保证金，被执行人继续持有租赁保证金无法律依据，为避免当事人诉累，本院在本案中一并判决被执行人将租赁保证金返还给拍卖买受人。

最终的判决结果是判令拍卖买受人向承租人返还租赁保证金，同时判令被执行人向拍卖买受人返还租赁保证金。

这个判决结果其实是不利于拍卖买受人的，因为对于承租人来说，向法院申请执行要求拍卖买受人返还租赁保证金难度并不大，毕竟有财产可供执行。但对于拍卖买受人来说，被执行人财产已经被拍卖，而且至上述判决生效之日，拍卖所得款很大概率已经分配完毕，再向法院申请执行要求被执行人返还款项，显然是遥遥无期了。

司法拍卖风险分类三：司空见惯“白天鹅”

（一）拖欠各种费

在司法拍卖网页，经常可以见到这么一段话——“交易过程中产生的税费（包括但不限于所得税、营业税、土地增值税、契税、过户手续费、印花税、权证费、水利基金费、出让金以及房产及土地交易中规定缴纳的各种费用）及有可能存在的物业费、水电费等欠费均由买受人自行承担”。也有部分法院在拍卖公告中说明：过户产生的税费由买受人承担；物业费、水电费等欠费由买受人自行解决，法院不作免除。无论是哪种表述，均意味着买受人要自己想办法去解决这些欠费问题，这笔费用往往不菲，例如，有时拍下一辆小汽车，过户时才发现有大量违章还未处理。

原则上，根据合同法的基本原理，物业费、水电费等瑕疵类的费用，应当由原产权人，即被执行人承担，买受人对过户前的物业费、水电费等向第三方的缴费义务，并无承担理由。

但依照《网络司法拍卖规定》第 14 条第 5 项规定，“竞买人决定参与竞买的，视为对拍卖财产完全了解，并接受拍卖财产一切已知和未知瑕疵”。这意味着一旦拍卖成交，买受人就应当受到公告的约束，而且在实际生活中，如果不交物业费、水电费，很可能会影响对标的物的正常使用，比如无法办理小区出入卡、无法办理水电费过户等，因此，大多数情况下，都是竞买人吃哑巴亏。

因此，在竞拍标的物之前，应当争取了解标的物的欠费情况，对购买成本有个心理预期。如果最终代原产权人清偿了欠付的费用，可根据不当得利的法律规定，向原产权人进行追偿。

（二）后悔价格贵

司法拍卖往往起拍价不会很高，不仅吸引有购买需求者的关注，也不可避免引起投机者的注意。因此在拍卖竞价阶段，很容易形成你争我抢的激烈场面。甚至有一些债权人，出于对自身利益的考量，虽无购买意愿，但也报名交保证金，参与竞价，目的就是哄抬成交价，实现利益最大化。有的标的物竞争激烈，虽然看上去成交价不算太高，但如果再加上税费，实际已经高于市价。

因此竞买人首先要尽可能深入地了解标的物的瑕疵情况，对竞买成本有清晰准确的预期，如过户税收、水电费、物业费、欠缴罚款等。在信息充分的前提下，才可以保持冷静的头脑，避免非理性拍卖，或作出情绪化的决定。

笔者所在的律师团队，在为客户提供司法拍卖辅助服务过程中，会为竞买人举行模拟拍卖培训，通过现场模拟的方式，让竞买人在一定程度上提前感受拍卖的气氛，做好充分的心理准备。

（三）质量有瑕疵

法院委托进行拍卖时，通常只是对明显的瑕疵进行简单描述，对于标的物的隐藏、暂时不能显现的质量问题都不会体现。即便进行了现场勘查，也会存在相应的质量瑕疵风险。

举个例子，如果拍卖房产曾因为开发商资金链断裂而延期交房，就容易出现施工时偷工减料，以次充好的可能，可能存在质量瑕疵。但因为这些房子还没有经过长期实际使用，导致在拍卖时尚无法发现质量问题。如果拍卖标的物是小汽车或机器设备，则更难发现隐藏的质量瑕疵。

并且出现这些问题后是无法要求退货的。因为依照《网络司法拍卖规定》，法院会在拍卖公告中特别提示“竞买人决定参与竞买的，视为对拍卖财产完全了解，并接受拍卖财产一切已知和未知瑕疵”。

这个问题实际上并无应对良策。因此，建议竞买人在拍卖前仔细阅读评估报告，并前往实地查看标的物，了解标的物的查封扣押时间、保管地点、保管状态，以及原产权人的使用强度，从侧面评估标的物的质量风险。

（四）保管不妥善

这类风险大多发生在动产司法拍卖情形。例如，查封的机器设备长期未处置，无人维护迅速折旧；有的厂房出租人为了把场地空出来，会把机器设备、生产原材料半成品等堆放到无人看管的角落，在拆除、堆放过程中对标的物造成了损坏，或者出现设备零件的失窃；交通事故的肇事车从事故发生之日就一直停放在交警指定的停车场风吹日晒；等等。

笔者曾经办理过一宗处于银行监管状态下的原料油拍卖案件。当时被执行人存放在厂区的原料油已经设置动产抵押，债权人银行还委托监管机构对油罐内存放的原料油实施了出入库登记及其他的保护措施。对于密封保存状态的原料油，原本是按照油罐的直径及内部油液高度计算出容积，然后按照原料油标号确定单价，然后用单价乘以容积得出评估价格的。但是在测量油罐内部油液高度的时候，评估人员对油液密度进行了测量，结果发现在油罐的下方竟然是水，只有上面一层浮着的才是油。这个案子的经验告诉我们，若非亲历，切勿武断。

所以，在参与司法拍卖之前，一定要现场看样，不能仅凭网拍页面上的照片或视频就对标的物的保管现状进行推断。如果是在外地，实在不方便现场看样，也可以委托律师或调查机构去现场拍摄标的物的保管现状，走访现场工作人员，尽可能查明标的物可能存在的风险。否则，尽量不要竞买不了解的东西。

司法拍卖风险分类四：不能忽视的“小强”

（一）抵押难注销

有抵押的不动产，在拍卖过户后需要办理产权过户登记。不动产登记机关会要求受让人出示抵押权注销手续。这类手续主要包括他项权注销申请书、他项权证、相关证明等书面文件。

一般来说，抵押权人（大部分是银行）会将书面材料盖好章交给买受人，买受人再提交给产权登记机关。但是，在司法拍卖场景下，法院收到拍卖所得款至将款项分配完毕之间会有一个期间——理想状态是一个月以内，但如果有当事人提起分配方案异议，甚至发展到分配方案异议诉讼，这个期间就有可能拖得很长：短则几个月，长则两三年。出于回款考核压力，有的抵押权人会向买受人施压，要求买受人催促法院先行发放银行优先受偿部分的款项，否则就不移交抵押权的注销文书，导致买受人交完了钱，却迟迟难以过户。

这种情况其实不难应对。依照《网络司法拍卖规定》第 21 条第 1 款，拍卖财产上原有的担保物权及其他优先受偿权，因拍卖而消灭。因此，如果遇到了抵押权人的刁难，可以请求执行法院出具法律文书，裁定标的物上附着的抵押权消灭，并同时请求法院向登记机关发出协助执行通知书，办理标的物的他项权证的注销手续。

（二）来不及筹款

无论是线下司法拍卖，还是网络司法拍卖，在拍卖前法院都会发布公告，规定买受人在成交后付清余款的期限，并告知迟延付款的法律后果。有少数竞买人，尤其是第一次参加网络司法拍卖的购房者，可能会忽视这一条公告内容。他们可能会高估了自己的筹款能力。

司法拍卖，是要在规定的期限内将所有拍卖余款交齐的。虽然有的拍卖公告上注明可以办理司法拍卖贷款，但在实际操作中，银行出于对风险的担忧，有的是只向本行享有优先受偿权的不动产提供司法拍卖专项贷款；有的是要求买受人先自行筹款交给法院，待法院办理过户后，再重新办理抵押贷款。也就是说，在很多情况下，买受人要自己解决资金问题，如果发现贷不了款，只能临时找亲戚朋友借。

这种情况下，竞买人除了要想办法筹款外，如果资金缺口不大，其实还可以尝试向法院说明情况，争取宽限期间。需要注意的是，法院并无宽限的义务。法官可能会通过征求当事人意见、参考竞买人经济情况、审查延长期间是否合理，综合酌情考虑。不过，一旦法院认为迟延程度达到了“使拍卖目的难以实现”的程度，依照《网络司法拍卖规定》第 25 条，法院可以裁定重新拍卖。

重新拍卖的，原买受人不得参加竞买。

（三）老赖返旧居

被法院拍卖的房产的被执行人一般都是欠债不还，或者是因逃债失联而长期在外地的人。一般情况下，法院没有义务向竞买人告知被执行人的身份背景，法院仅对房屋的产权负责。如若被执行人涉嫌犯罪、涉黑或存在暴力倾向，在拍卖成交后，不排除对买受人进行骚扰或恐吓的可能。

如果遇到这种情况，买受人除了可以向公安机关报案外，还可以向执行法院举报被执行人出现的时间和地点。也许执行法官想找这位老赖已经很久了。

（四）债主找上门

在通常情况下，无论债权人与被执行人之间的矛盾如何尖锐，一旦拍卖成交，所有债权人的注意力都会转移到拍卖所得款的分配，很少会去打扰买受人。

但如果被执行人欠债数量太多，陆续逾期。买受人拍下房产入住后，可能还会时不时收到其他法院寄来的传票，或者被法院在门口张贴公告，甚至会遭遇一些所谓的追债机构的骚扰，这些偶发事件无疑会给买受人的正常生活带来困扰。

为了防范这种情况，首先要保留好拍卖成交书的照片和复印件，作为房屋已经易主的证明。面对前来送达的法院干警，可以出示这些照片和复印件，说明情况，法院一般都不会为难，也不会将公告乱贴；如果是面对不知情的债权人，可以告知执行法官的联系方式，建议其尽快向法院主张债权、参与分配。但如果遇到情绪过激的债权人，或者是咄咄逼人的追债机构，就一定要及时报警，保护好自己了。

结语——管理司法拍卖的风险

（一）为什么是管理而不是控制

应对风险，最重要的是改变观念。司法拍卖的风险，具有专业性、广泛性、隐蔽性，以及难治性，即使再精明的竞买人，有幸遇上最负责任的执行法官，竞拍外观最干净的财产，也只能降低风险发生的概率，而无法完全控制风险的发生。

基于上述观点，竞买人首先要改变的观念，就是承认无论是哪一类风险，只存在大小之别，不存在有无之分。要避免侥幸心理，全面了解标的物现状，并对可能面临的风险进行分类：

对于“黑天鹅”，切勿孤注一掷，应当留有冗余，不要将全部的储蓄押在某一个标的物上。

对于“灰犀牛”，切勿过于自信，应当立即撤离，果断拒绝价格的诱惑。

对于“白天鹅”，切勿袖手旁观，应当遵循法律的方式投入时间和精力解决。

对于“小强”，切勿视而不见，应当调整心态，做好应对的准备。

（二）全流程的风险管理服务

俗话说，专业的事情交给专业的人去做。司法拍卖发展到现在已经不是一个新鲜事物，不少律师团队经过长时间的经验积累，已经对司法拍卖等大宗资产交易形成了规范化、流程化、产品化的服务，不仅可以在交易前期对拍卖标的物进行全面细致的风险调查，提出应对方案，而且还能协助竞买人办理过户登记、法律文件整理、清场谈判等全流程服务。

聘请这一类专业团队进行风险管理，能有效降低损失发生的概率，还能将时间精力从繁杂的拍卖事务中抽离，从而将资源分配到那些对经营、对发展更有价值的事情上。

不良资产处置过程中的“执转破”问题研究

黄伟毅*

内容提要：《最高人民法院关于适用〈中华人民共和国民事诉讼法〉的解释》对“执转破”作了概括性规定，其后《关于执行案件移送破产审查若干问题的指导意见》进一步明确了“执转破”的条件、管辖法院、执行程序与破产程序的衔接等内容，对“执转破”的具体流程作出了较为详细的规定。从司法实践来看，案件由执行程序转入破产审查，不仅可以迅速启动破产程序，还有助于执行案件的及时结案，化解执行难问题。在不良资产处置过程中，既要运用“执转破”实现债权人利益最大化，也要最大限度保护债务人员工的合法权益。

关键词：“执转破”　不良资产处置　执行难

长期以来不良资产处置过程中普遍存在执行难的现象，这种现象在过去已经成为不良债权变现的拦路虎，它直接影响不良债权变现的时间，增加了投资的成本和风险，降低了投资的利润，从而直接影响了投资者再次投资不良资产的热情，不利于新一轮不良资产处置的良性循环。

面对近年来不良资产的总体规模增长的趋势，司法机关、金融机构和社会各界对不良资产的处置也在不断地探索之中，如何破解执行难，成了各界讨论的焦点。本文尝试从不良资产处置过程中执行转破产（以下简称“执转破”）的角度探讨不良资产处置的新思路。

一、“执转破”的法律依据

“执转破”是司法机关对于司法工作机制的创新，“执转破”的主要法律依据

* 黄伟毅，北京中银（广州）律师事务所律师。

如下：

1.《最高人民法院关于适用〈中华人民共和国民事诉讼法〉的解释》（法释〔2022〕11号，以下简称《民诉法司法解释》）第511条至第514条规定了“执转破”的相关内容，从制度上打通了执行不能案件通过法院移送进入破产程序的通道，是“执转破”制度的源起。但是，囿于《民诉法司法解释》的内容、体例和篇幅限制，四个条文仅对“执转破”问题作出了原则性、概括性规定，而完整、详尽的程序转换规则付之阙如。

2. 2017年1月20日，《最高人民法院关于执行案件移送破产审查若干问题的指导意见》（法发〔2017〕2号，以下简称《意见》）公布实施。该《意见》共21条，明确了“执转破”的条件、管辖法院、执行程序与破产程序衔接流程等内容，对“执转破”的具体工作流程作出了较为详细的规定。如，“执转破”决定中作出的应经承办人提出意见、合议庭评议、院领导审签的程序，基层法院拟向异地法院移送案件时，应先报请其所在地的中级法院执行部门审核同意；又如，执行法院决定移送后，应将案件材料移送给受移送法院的立案部门，立案部门进行形式审查后，编制案号，作为破产申请审查案件移送给破产审判部门进行审理；再如，受移送法院对执行法院依法决定移送的案件不得拒绝接受，如认为移送材料不齐或有误，影响对被执行人是否具备破产原因作出判断的，可以要求补齐、补正，如认为案件不应由其管辖，可以按移送管辖的程序处理，受移送法院接收移送材料后，应对案件是否具备移送条件进行审查，并作出是否受理的裁定等。以上规定的实施，无疑让日后“执转破”类型案件的实际可操作性大大增强。

二、“执转破”的典型案例分析

（一）典型案例：浙江安吉某皮革有限公司执行转破产清算案

在《意见》公布实施之前，最高人民法院也曾于2016年6月16日发布了十起破产审判典型案例，其中便有一起属于“执转破”的典型案例。具体案情如下：①

① 参见《人民法院关于依法审理破产案件推进供给侧结构性改革典型案例》，载《人民法院报》2016年6月16日，第3版。

1. 基本案情

浙江省安吉县人民法院（以下简称安吉法院）执行局在执行浙江安吉某皮革有限公司（以下简称某皮革公司）作为被执行人的系列案件中，将被执行人的厂房、土地依法拍卖，所得价款2484万元。但经审查发现，截至2015年2月27日，某皮革公司作为被执行人的案件全省共有29件，标的额2200万元；作为被告的案件全省共达94件，标的额3327万元，某皮革公司已不能清偿到期债务，而且资产不足以清偿全部债务。安吉法院执行局根据《民诉法司法解释》第513条规定，向部分申请执行人征询意见，并得到其中一位申请执行人书面同意，将本案移送破产审查。3月17日，安吉法院根据申请人安吉县博康担保有限公司的申请，裁定受理债务人某皮革公司破产清算案。

2. 审理情况

受理破产申请后，安吉法院立即通知相关法院中止诉讼、执行程序，解除财产保全措施，由管理人接管了某皮革公司的全部资产。为公平保障全部债权人的利益，对全省范围内涉某皮革公司执行案件进行检索，执行人员提醒外地债权人申报债权224.3万元。2015年6月4日，某皮革公司破产案召开第一次债权人会议，会议高票通过了《财产管理、变价和分配方案》等议案。同月26日，安吉法院裁定确认上述《财产管理、变价和分配方案》。目前，财产分配方案已执行完毕。某皮革公司作为被执行人的案件共53件，债权金额累计4213.1万元，个案执行时间最长达一年半。启动执行转破产程序后，3个月即审结完成，并实现职工债权和税收债权全额清偿，普通债权清偿比例达到22.5%。

3. 典型意义

该案符合《企业破产法》规定条件的企业法人应该通过破产程序来清理债务，以实现对全体债权人的公平清偿。安吉法院在执行某皮革公司系列案件的过程中，发现被执行人已经符合《企业破产法》第7条规定的破产案件受理条件，即根据《民诉法司法解释》的有关规定，在征得债权人同意后，将执行案件及时移送破产审查，经审查符合破产案件受理条件，即裁定受理，进入破产程序。执行人员还提醒其他执行案件的申请人及时申报债权，实现了案件执行程序和破产程序的有序衔接。可见案件由执行程序转入破产审查，不仅可以迅速启动破产程序，还有助于执行案件的及时结案，化解了执行难问题。

（二）其他案例

在《意见》公布实施之后，东莞市第三人民法院也于2017年5月4日立案受理了一宗“执转破”案件。同时，该院负责审理破产类案件的庭长也对“执转破”要件作了进一步的介绍，即此类案件需同时具备以下三个要件：一是被执行人是企业法人；二是已经穷尽执行措施，被执行人所有的财产不能清偿或不能全部清偿所欠债务或明显缺乏全部清偿能力；三是被执行人或任何一方申请执行人向执行法院申请，或经征询意见同意将执行案件移送破产审查。无疑，在债务人企业缺乏清偿能力无法全部清偿债务时，及时启动“执转破”程序，可通过破产程序积极追收债务人财产，实现对债权人的公平清偿。

在全国各地法院都纷纷受理“执转破”案件情形下，律师也作为不同债权人或者债务人的代理人参与到这类案件中来，这不仅大大提高了律师在执行案件中帮助债权人实现债权的机会，同时也对健全我国的企业退出机制、合理节约司法资源等具有重要的意义。

三、“执转破”在不良资产处置过程中的新思路

（一）不良资产处置过程中作为债权人如何运用“执转破”实现利益最大化

1. 在不良资产处置过程中，经常遇到有些债权人没有及时控制债务人财产，被其他债权人捷足先登，那么对于这类没有控制债务人财产的债权人如何运用“执转破”来达到参与分配的目的？在债务人还没进入破产程序之前，由于他们一般都不是被执行标的的首封申请人，因此他们没有启动财产处置的主动权，又因为有其他享有优先受偿权的债权人排在他们之前受偿，以及债务人的财产分散在多个不同地区的法院分别同时被处置，由多个不同的债权人申请执行处置这些分散的财产，故而多数案件都存在严重的信息不对称的情形，多数债权人都很难全面了解债务人的全部被执行案件，经常发生某部分财产被执行处置分配完毕了，有些债权人还对此一无所知。因此这类债权人能分到财产的可能性很小，故而作为其代理律师如何突破僵局就显得尤其重要。代理律师可以跟委托人详细解释“执转破”的好处，比如从当前的法律依据方面及司法实践方面来看，“执转破”都已经不存在障碍了，从而建议当事人可通过启动“执转破”程序达到参与分配的可能性从而实现部分债权回收的目的。因此，律师在代理这类债权人时，可以大胆地向当事人推荐运用

该程序，变被动为主动，并实现债权回收零的突破。当然我们还需要从多方面分析推进该程序的必要性，比如是否属于存在担保权的财产，这样有助于我们更准确地预判将来破产财产到底有多大价值，以及预判值不值得我们去申请启动“执转破”程序。

2. 对于已经控制到债务人财产（享有担保权的财产除外）的债权人，律师又该如何让委托人充分了解“执转破”程序将会对其自身权益产生的影响，从而让这类债权人及时采取正确决策，达到增加收益的目的呢？

对于这类债权人而言，代理律师要让他们认清破产程序将会对他们产生哪些实质性的变化。比如进入破产程序后，随着参与分配的其他债权人的加入、参与分配的顺序的变化、对所控制的债务人财产处置的启动权的变化等，众多变化对这类债权人而言意味着受偿权将发生巨大的变化。一般情况下，“执转破”都会让这类债权人的期待受偿权大为受损，从而最终影响到实际受偿金额。因此代理这类债权人的律师很有必要将这些利害关系跟当事人释明，让债权人清楚其自身的处境，从而增加危机意识，并促其尽快推进执行程序，唯有跑赢时间才能让这类债权人达到更好的收益。

3. 对于享有担保权的债权人，代理律师也很有必要向其阐明“执转破”程序将会给执行案件带来哪些变化，如果能在进入“执转破”程序之前执行处置完其享有担保权的财产，将会大大节省受偿的时间，从而提高效率。

（二）对于债务人的员工如何利用“执转破”最大限度保护自身的合法权益

作为代理债务人员工的律师，债务人没有进入破产程序之前，法院执行处置债务人的财产，一般情况下是较难保护债务人员工权益的，那么如何帮助债务人员工启动“执转破”程序，特别是当债务人和债权人都没有提出且都不愿提出破产申请时，作为企业的员工该如何启动“执转破”程序？目前对律师而言还是很有挑战性的，个人认为在司法实践中还需要进一步明确启动主体，或者当债务人不愿启动时，能否规定相应的惩罚机制来敦促债务人启动或者通过法律规定赋予债务人的工会相应的启动权。

各方当事人将通过利用“执转破”程序进行利益的博弈，“执转破”程序像一把利剑，随着越来越多律师的加入，在将来不良资产处置的战场上发挥越来越重要的作用，律师作为这个战场上冲锋在前的战士，更应该磨砺好手中的利剑，时刻准备迎接战斗，为债权人争取更多合法权益。

律师视野下的执行难破解之道

——以财产保全为视角

余春明*

内容提要：由于财产线索和担保问题以及诉前保全控制的严苛性，使得财产保全的“门槛”过高，这是造成“执行难”最重要的源头原因。而降低财产保全门槛、扩大保全比例则并不会造成对被保全人权利保护的不足。应该将保全看成执行的向前延伸，加大保全力度，如此方能使有财产的债务人转移不了财产，才能为将来执行打下基础，从根源上解决执行难。

关键词：财产保全　执行难

“执行难”是一个老生常谈的话题，也是见仁见智、久议难解的问题。笔者作为一个曾经在法院一线工作十几年的前法官及从事律师工作十余年的律师，对“执行难”问题有较深的体察和发言权。对于“执行难”的原因和解决之道，各学者、实务人士以及各种文章汗牛充栋①，在此不重复赘述。本文将阐述笔者从事法官及律师工作二十余载感触最深的执行难的原因，即财产保全门槛设置过高造成“执行难”。

一、财产保全的“高门槛”

财产保全是为保障生效裁判的顺利执行、避免胜诉申请保全人权利遭受损失，

---

* 余春明，广东南国德赛律师事务所律师。

① 参见卢子娟：《“执行难”及其对策》，载《法学研究》2000 年第 5 期；汤维建：《关于破解“执行难”的理性反思——以执行体制的独立化构建为中心》，载《学习与探索》2007 年第 5 期；黄永春：《试论“执行难”的成因及破解》，载《法治研究》2008 年第 11 期；常怡：《完善被执行人财产申报制度——破解“执行难”的出口》，载《法治研究》2010 年第 8 期。

而对被保全人处分相关财产予以限制的一种诉讼保障制度。但实践中，因财产保全设置的要求偏高、执法尺度不统一、操作不规范等引发的保全难和保全乱问题比较突出，难以保障债权、有效遏制被保全人隐匿、转移财产，难以保护申请保全人合法权益，造成执行难。

首先，申请保全人难以查询财产线索。二十世纪八九十年代，法院办案讲“三千精神”，即“千辛万苦、千山万水、千言万语”。法院在经济纠纷中为了将来的生效判决得到执行，往往依职权主动保全财产，不远千里到异地，采取冻结、查封、扣押等保全措施。因为只要足额保全，案件会很快得到解决，被保全人往往主动要求调解；调解不成，判决也很快能得到执行。但到了 21 世纪，法院办案由“纠问式”向“诉辩式”转变①，法院办案也逐渐过渡到强调“谁主张、谁举证”的“坐堂问案”，随之而来的就是强调保全时首先要求申请保全人提供被保全人的准确的财产线索，如银行存款具体的支行、账户，房产具体的地址、门牌，土地的地号、证号，车辆的号牌，股权的具体公司等，无法提供法院就不主动查找保全。而这些财产信息往往是公检法等公权力才能查询，普通公民、律师是无权查询的，强求申请保全人提供具体财产线索才去保全，实际上相当于不准予申请保全人的保全申请。这是设置高门槛的第一点。

其次，担保问题。1992 年《最高人民法院关于适用〈中华人民共和国民事诉讼法〉若干问题的意见》第 98 条就规定：“人民法院依照民事诉讼法第九十二条、第九十三条规定，在采取诉前财产保全和诉讼财产保全时责令申请人提供担保的，提供担保的数额应相当于请求保全的数额。”所以在实践中法院把提供担保的数额掌握为与申请保全的数额相等。而且在前几年没有担保公司、保险公司保函的情况下，要求申请保全人提供等额现金或房屋等实物担保又阻却了诸多申请保全人的保全申请，那么实际上案件的保全比例再次被压低。这是设置高门槛的第二点。

最后，实践中诉前保全控制过于严苛。法律规定诉前保全限于紧急的情况，但具体案件中法院对此尺度掌握过严过高。法院掌握的尺度是限于正在房管局过户房产、在银行转移存款等，并把情况紧急的举证责任归于申请保全人，这样的举证责任往往也是申请保全人难以承担的。以上三点高门槛使得保全比例大大降低。

---

① 参见游劝荣：《从“纠问式”到“诉辩式”的改革》，载《中国律师》1996 年第 4 期。

凡事都有个发展演变的过程，债务纠纷也是如此。被保全人成为“老赖”也有个渐进的过程。在纠纷初起，被保全人有些是无意、有些是来不及转移名下财产，这时控制保全财产相对容易。但随着诉讼深入，责任分明，矛盾尖锐，被保全人心态往往起了变化，加之财产未被保全，被保全人往往就转移隐匿财产。而诉讼经过一审、二审，时间往往耗费数月乃至数年，到尘埃落定，判决生效后被保全人财产往往被转移得干干净净。这是造成执行难重要的源头原因，但也是法院可以通过降低财产保全门槛克服的。[①]

二、财产保全的“门槛”是否可以降低

降低财产保全门槛，扩大保全比例会不会走向另一面，造成对被保全人权利保护不足呢？答案是不会。第一，申请保全人有担保，如申请错误可以赔偿被保全人损失；第二，财产纠纷案件申请保全人败诉的比例很少；第三，偶尔部分败诉的，对因保全错误诉讼追偿又很少；第四，如法院审查认为案件风险大，可以责令申请保全人追加担保。笔者在法院工作时从未遇到一例因保全错误而索赔成功的案例。

目前各级法院也都认识到这个问题，为充分发挥保全制度应有的作用，从源头上缓解执行难，最高人民法院在总结审判执行实践经验的基础上，于 2016 年 10 月 17 日通过并于 2020 年 12 月 23 日修正了《关于人民法院办理财产保全案件若干问题的规定》（法释〔2020〕21 号，下称《财产保全规定》），这部司法解释重点包括五个方面内容：

1. 合理调整申请保全人提供财产保全的担保数额。《财产保全规定》第 5 条第 1 款规定：“人民法院依照民事诉讼法第一百条规定责令申请保全人提供财产保全担保的，担保数额不超过请求保全数额的百分之三十；申请保全的财产系争议标的的，担保数额不超过争议标的的价值的百分之三十。”这大大降低了当事人申请保全

---

① 例如，从 2005 年 10 月 31 日，北京市朝阳法院尝试降低诉前财产保全的“门槛”。明确规定：冻结机动车辆、房屋产权过户手续的；对到期应得收益采取保全措施的；对到期债权限制清偿的，担保最低限额为财产数额的 10%。冻结银行存款、债券、股票账户内的资金或股票、基金账户类的资金的，担保最低限额为 20%。查封房屋土地、机动车辆、库存货物、办公设备、生产设备等，担保最低限额为 10% 至 30%。在法院采取措施 30 天内，申请人应补齐担保费差额。这一“门槛”的降低，大大减少了被申请人隐匿财产的行为，同时也促使双方协商解决纠纷。参见黄秀丽：《降低诉前财产保全“门槛”》，载《北京日报》2007 年 2 月 7 日。

的成本，避免因担保要求过高导致保全适用比例过低。同时，为避免担保数额不足以赔偿损失，规定法院有权责令当事人追加担保，对担保数额予以调整。

2. 对近年来司法实践中出现的新的担保方式予以吸收明确。《财产保全规定》第7条第1款规定："保险人以其与申请保全人签订财产保全责任险合同的方式为财产保全提供担保的，应当向人民法院出具担保书。"第8条规定："金融监管部门批准设立的金融机构以独立保函形式为财产保全提供担保的，人民法院应当依法准许。"即当事人可以通过购买财产保全责任保险，由保险公司为其财产保全提供担保、并依照民事诉讼法规定承担保全错误的赔偿责任①。

3. 明确了可免于担保的情形。《财产保全规定》第9条规定："当事人在诉讼中申请财产保全，有下列情形之一的，人民法院可以不要求提供担保：（一）追索赡养费、扶养费、抚育费、抚恤金、医疗费用、劳动报酬、工伤赔偿、交通事故人身损害赔偿的；（二）婚姻家庭纠纷案件中遭遇家庭暴力且经济困难的；（三）人民检察院提起的公益诉讼涉及损害赔偿的……"即对于赡养费、扶养费、抚育费等涉及弱势群体以及公益诉讼等案件，规定可以不要求申请保全人提供担保，减轻当事人负担。这些对于前文论述的担保难问题提供了解决之道。

4. 明确了网络执行查控系统在保全实施阶段的应用，有利于提高查控财产效率，防止被保全人在诉讼阶段隐匿、转移财产。

5. 在依法保护被保全人产权、禁止超标的保全、解决恶意延期解保、保障权利救济等方面作出了合理安排。

但《财产保全规定》仍然有改进之处，例如，第10条第1款规定："当事人、利害关系人申请财产保全，应当向人民法院提供明确的被保全财产信息。"第10条第2款规定："当事人在诉讼中申请财产保全，确因客观原因不能提供明确的被保全财产信息，但提供了具体财产线索的，人民法院可以依法裁定采取财产保全措施。"第11条规定："人民法院依照本规定第十条第二款规定作出保全裁定的，在该裁定执行过程中，申请保全人可以向已经建立网络执行查控系统的执行法院，书面申请通过该系统查询被保全人的财产。申请保全人提出查询申请的，执行法院可

① 财产保全责任险是以保险的方式作为财产保全担保，通过分散财产保全的风险，显著降低财产保全的门槛，极大缓解了"保全难"从而得以协助解决"执行难"。参见何启豪、常鑫：《诉讼财产保全责任险何以助力解决"执行难"》，载《法律适用》2018年第23期。

以利用网络执行查控系统，对裁定保全的财产或者保全数额范围内的财产进行查询，并采取相应的查封、扣押、冻结措施……”

上述规定中，第10条第1款的规定在实践中容易走回提高保全门槛，造成执法尺度不统一，采取财产保全措施随意性大的老路上。而第10条第2款及第11条的规定也有进一步改进之处，当事人申请保全如果不能提供明确的财产信息，需要二次书面申请网络执行查控系统查询被保全人的财产，应规定由法院主动通过各种手段查询被保全人财产进行保全。

三、结论与建议

应该把保全看成执行的向前延伸。[①] 建议法院收到申请人保全申请后，凡是不能提供准确财产线索的，法院应当主动核查财产线索。主动“五查”，即查房产、查车辆、查存款、查工商、查债权。凡是在执行阶段能采取的措施，均可在保全阶段适用。对于申请人或律师提交的财产线索，法院应及时查询并将相应的结果通知申请人或律师，如有财产的，应及时采取查扣、冻结等手续。对于律师申请调查令的，应简化审查程序并制定详细指引，及时向律师发放调查令，协助律师向有关部门进行查询被保全人的财产。保全和执行是紧密相连的。只有这样加大保全力度，才能使有财产的债务人转移不了财产，才能为将来执行打下基础，才能从根源上解决执行难。

① 例如，广西横县人民法院强化对案件当事人实现权利的预见和引导，加强立案和审判阶段的财产保全措施，将执行工作向前延伸，将执行中的“四查”“两查”工作，提前到立案阶段，实现了对被执行财产的无缝隙控制，大大增强了法院内部执行合力。参见杨岱洲：《打好执行“组合拳”践行司法惠民生——广西横县人民法院反规避执行工作纪实》，载中国法院网：https：//www. chinacourt. org/article/detail/2013/11/id/1123428. shtml。

关于破解执行难问题的几点思考

——兼论变更及追加当事人的程序规定

尹　星　李鹏飞*

内容提要：对于涉及金融不良资产领域的纠纷，执行阶段则显得尤为重要。从宏观层面上看，执行难主要体现在针对外地财产执行难，各地司法环境不一导致司法权威未得到体现，有些案件过于复杂而申请执行人缺少必要的专业知识。从微观层面，执行难的一个重点在于执行案件中申请执行人向法院申请追加被执行人时，面临着程序法律规定不清晰，实体法条无法直接适用的双重困境。破解执行难问题，应分别对宏观与微观上存在的问题进行分析，提出可行的路径，综合性地应对“执行难”的困境。

关键词：不良金融资产　执行难　当事人变更

伴随着整个不良资产投资处置市场持续升温，处置不良资产的方式也在不断创新。但最终的债权受让人作为投资者是需要通过具体处置债权来实现收益，和其他一般的民事诉讼一样，所有问题的落脚点均为执行。然而，涉及金融资产管理公司的处置不良资产案件，执行难度高于普通民事案件。①

党的十八届四中全会提出，要切实解决执行难，依法保证胜诉当事人及时实现权益，将“切实解决执行难”列为全面依法治国的目标任务之一。近年来，最高人民法院便出台了多项规定，以期解决法院和当事人在执行过程中所面临的困境。《最高人民法院关于民事执行中变更、追加当事人若干问题的规定》（以下简称

---

* 尹星，广东法盛律师事务所律师；李鹏飞，广东合富律师事务所律师。

① 参见禹华初：《金融不良资产案件“执行难”问题研究》，载《宁夏大学学报（人文社会科学版）》2007年第2期。

《执行中变更、追加当事人规定》）便是其中之一。《执行中变更、追加当事人规定》已于2016年12月1日生效实施，并于2020年12月23日修正，该规定的内容主要是规范在执行程序中变更或者追加第三人为申请执行人或被执行人的一项制度，明确了变更追加法定原则。这一制度对于改变被执行人规避执行，对于申请执行人实现债权、减轻当事人讼累等方面发挥着重要的作用。

一、"执行难"的主要体现

只有成功执行，当事人的权利才会根本得到保障，纠纷才会根本解决。有些案件经过公告、一审、二审已经耗费几年时间，若执行的效率不高，当事人的权利就得不到及时保护，司法效果会显著降低。执行难的现状，主要体现在如下几个方面。

第一，针对外地财产执行难，特别是对于不动产的处置，执行法院一般会委托不动产所在地法院处置，此举本意是考虑到由不动产所在地法院处置不动产更加便利，但是现在法院的案件量多人少，同时又有结案的要求，因此法院一般会优先处理自己法院的案件，对于外地法院委托案件的执行积极性不高。

第二，由于法官每年需要处理的案件量大，需要案件的申请执行人积极配合法院的工作，但由于并不是所有的案件申请执行人都熟悉执行程序，由此造成的沟通成本也会增加执行难度，同时也会增加申请执行人的不理解。

第三，有些案件案情复杂，若单一解决某一纠纷由此可能产生新的纠纷或容易忽略其他纠纷。因此在执行的过程中需要综合考虑，案件本身的复杂程度也为执行增加了难度。

二、"执行难"的解决思路

以上现实情况，在司法实践中会经常遇到，这些问题造成了目前"执行难"的困境，针对这些问题，拟提出以下解决问题的方法以供探讨。

第一，针对位于外地法院的执行问题，因为执行法院和受委托法院是同级法院，且委托案件的执行不影响受委托法院的结案，这影响了受委托法院的积极性。此时问题的根本在于法院案多人少和对委托案件的认识。若外地法院委托的执行案件影响受委托法院的结案，将其与本法院案件处于同等地位做评估，或者给委托法院提供更多的执行便利，执行法院的法官就可以到外地法院去办理执行。同时可发挥雇员制的作用，在不扩编的情况下吸引更多的人才进入法院工作，既能使更多的人了解司法系统，也能使法院有足够的人力面对足够多的案件量。

第二，解决“执行难”也需要加强申请执行人对申请执行的理解，积极配合法院办理执行。“司法审判和执行作为法律的直接体现，亦离不开老百姓的理解。执行是诉讼实现的关键，它与审判相比具有特殊性，因为有一些执行案件是客观上不能执行的，这一特性决定了执行更离不开老百姓，尤其是申请执行人的理解。”①这是一个公民提升法治素养的过程，这一项既能提升执行效果，又能整体提升社会公民的法治素养。

第三，针对目前“执行难”中涉及“唯一住房”的问题，《最高人民法院关于人民法院办理执行异议和复议案件若干问题的规定》，其中第20条规定：“金钱债权执行中，符合下列情形之一，被执行人以执行标的系本人及所扶养家属维持生活必需的居住房屋为由提出异议的，人民法院不予支持：（一）对被执行人有扶养义务的人名下有其他能够维持生活必需的居住房屋的；（二）执行依据生效后，被执行人为逃避债务转让其名下其他房屋的；（三）申请执行人按照当地廉租住房保障面积标准为被执行人及所扶养家属提供居住房屋，或者同意参照当地房屋租赁市场平均租金标准从该房屋的变价款中扣除五至八年租金的。执行依据确定被执行人交付居住的房屋，自执行通知送达之日起，已经给予三个月的宽限期，被执行人以该房屋系本人及所扶养家属维持生活的必需品为由提出异议的，人民法院不予支持。”此规定详细但是操作难度大。法律作为解决社会纠纷最后的手段，不仅需要考虑法律效果，同时需要考虑社会效果。面对此类问题，需要在依法解决纠纷的同时考虑社会效果，才能在解决纠纷的同时有一个好的社会效果。

第四，在遇到“执行难”的问题上，律师亦能在执行过程中贡献自己的力量。律师作为法官和当事人沟通的桥梁，既需要了解当事人的诉求，也需要配合法官的工作。为了避免债务人逃避债务，隐瞒财产，一方面需要保障律师的调查取证权，另一方面需要法院为律师查询财产提供职权范围内的帮助，共同解决案件的执行问题。同时律师作为当事人权益的维护者，需要准确传达法官的意思，做一个法律践行者和纠纷解决者。

---

① 参见董如易：《如何赢得申请执行人的理解》，载《人民法院报》2017年8月12日，第2版。

三、执行程序中变更、追加当事人的难点

在《执行中变更、追加当事人规定》出台前，作为执行案件中申请执行人，向法院申请追加被执行人时，面临着程序法律规定不清晰，实体法条无法直接适用的双重困境。程序法中的法律规定不明，直接引用实体法有可能存在程序错误的现象，导致执行案件的申请执行人想要追加被执行人，难以直接在执行程序中向法院申请追加，而需要根据相关实体法另行提起诉讼。诉讼案件出具判决后，再次依据生效判决提起执行程序。另行提起诉讼耗时长，导致执行过程也显得尤为冗长，一次债权的实现甚至需要通过多次诉讼方可最终得到解决。漫长的诉讼期间和烦琐的执行程序，使得被执行人早已转移财产或出现新的执行障碍现象比比皆是，执行难的现象在司法实务中更为突出。

当被执行主体为有限责任公司时，执行难度则更为巨大。一方面，为了保护商事主体的正常经营，有限公司以其自身全部财产对所负债务进行承担是《公司法》的明文规定。另一方面，有限公司的有限责任制度客观上也为有限公司股东逃避公司债务提供了可能。在实行注册资本认缴制度后，一些公司尤其是规模较小的公司的股东并不会实际出资，发生债权债务纠纷后，这类公司股东又可以利用有限责任公司责任有限的原则在执行程序中躲避债务，此时债权人的利益则难以得到保护。此外，还有部分公司滥用公司注销制度，不经清算程序便在工商登记部门办理注销登记。上述状况在《执行中变更、追加当事人规定》出台前并无明文规定，是否可以在执行程序中直接追加相关责任人为被执行人。对于债权人而言，为维护自身权益，只得通过另行提起诉讼的方式再次申请执行。

四、“变更追加法定”原则的确立

《执行中变更、追加当事人规定》明确了有限责任公司股东及股份有限公司的控股股东和董事，在何种情况下可以追加为被执行人。主要为以下几种情形：未缴纳或未足额缴纳出资的股东、出资人或依公司法规定对该出资承担连带责任的发起人；抽逃出资的股东、出资人；未依法履行出资义务即转让股权的原股东或依公司法规定对该出资承担连带责任的发起人；未经清算即办理注销登记的有限公司股东、股份公司董事和控股股东。上述规定实际上是将《公司法》对于股东、出资人

责任的相关规定直接引入到执行程序中。申请执行人在发现公司股东、出资人或相关义务人有上述情况时，可以直接在执行程序中申请追加公司的股东、出资人、相关义务人为被执行人，无须另行提起诉讼程序，减少了申请执行人的诉讼负担，有利于申请执行人债权的实现。

《执行中变更、追加当事人规定》中还明确了管辖法院对于申请执行人提交相关追加被执行人申请后的处理原则。除了对于事实清楚、权利义务关系明确、争议不大的案件外，执行局裁决部门应组成合议庭审查并公开听证。经审查，理由成立的，裁定变更、追加；理由不成立的，裁定驳回。执行法院应当自收到书面申请之日起 60 日内作出裁定，特殊情况下，可由本院院长批准延长。

从理论上而言，《执行中变更、追加当事人规定》的出台为执行案件的申请执行人在执行程序中直接申请追加被执行人提供了便利的机会。一方面，有助于债权人实现债权，减轻诉累，降低实现债权的成本。另一方面，该规定对于事实清楚、权利义务关系明确的案件没有具体的划分标准，使得当事人对于从申请追加到追加裁定出具时间缺少预判。同时，对于院长批准延长的时间也缺乏具体的天数的规定。

我国的民事强制执行程序尚未有一部专门的法律对其进行规制，与执行程序有关的问题散见于各类司法解释、规定和《民事诉讼法》之中。在法律条文不明晰，各个法院间又缺乏统一的衡量尺度与标准时，民事执行尤其是执行程序中追加被执行人在实务办理中困难重重。而《执行中变更、追加当事人规定》的出台，无疑是对执行案件当事人申请追加被执行人提供了一种新的途径。既有利于法律适用的统一，司法权威的树立，改变了各地法院对于是否追加被执行人做法不一的现状，也有利于法院有效打击规避执行现象、充分保护债权人利益。

五、结语

案件的“执行难”并非简单是法院的人员配置问题，也不仅仅是案件数量多少的问题，而是一个综合性的问题，需要从根本上进行解决。既要解决保障法官的问题，也需要申请执行人的积极配合，还需要保障律师的合法调查取证权。与此同时，也应注意对新的法律规定所确定的执行规则进行适用。“执行难”不仅仅是一个问题，更是整个社会法治水平的综合体现，这需要法律共同体的一起努力，一起解决，共同为我国司法建设添砖加瓦。

坚持不懈，破解执行难题

——从一宗典型案例解读执行难

颜道成*

党的十八大以来，在以习近平同志为核心的党中央坚强领导下，全国法院坚决贯彻落实党的十八届四中全会关于“切实解决执行难”的重大决策部署，攻坚克难，锐意进取，如期实现“基本解决执行难”的阶段性目标，执行工作取得显著成效，人民群众获得感持续增强。

笔者作为代理律师，办理了一宗不良资产执行案件，是发生于1997年粤西某市的难执案件，用了二十多年时间才执结，委托人终于取得全数本金加30%的利息，故对执行难深有感受，案情简介如下：

广东某工业贸易公司（以下简称工贸公司）诉某市北源实业总公司（以下简称北源公司）一笔贴息借款纠纷案，已经法院一、二审裁决生效，但北源公司歇业逃债，还有多个债权人正在诉讼和寻找其财产。笔者在代理了债权人两审诉讼后，继续接受本案当事人委托，义无反顾地充当执行阶段代理人向当地法院申请执行，积极为委托人寻找北源公司财产，起初申请法院查封了被执行人北源公司名下的小岛新区的一处地产，但在申请法院拍卖时，被告知小岛新区产权早已被过户到他人名下，代理律师接着又申请冻结被执行人在银行的货款200万元，但在执行兑现时却发现实际余额只有100多元。

执行无望，工贸公司将该笔债权列入了“呆账”，也就是归属于不良资产，有人也认为案件标的本金只有100万元，不值得继续花费大力气了。

但代理律师并未放弃，终于在申请法院查控的被执行人保险柜中，发现两份

* 颜道成，广东法制盛邦律师事务所律师，广州市律师协会执行与资产处置专业委员会委员。

500 万元抵押合同，是北源公司分两笔向农信社借款的合同书，以北源公司名下的三宗土地使用权做抵押。据此，代理律师立即申请了当地法院查封该三宗不动产，以拍卖还债。

2004 年申请法院委托评估公司进行估价时，评估价只有 82 万多元，远不足以偿还抵押借款。但就是这三处相邻面积共 5 万多平方米的土地使用权，产权清楚、四至分明，有政府颁发的国有土地使用权证，并无案外人提出异议，却经历了诸多艰难曲折，才能得以受偿。

当年法院委托土地交易中心拍卖时，就遭遇挫折，招拍中心几次挂牌都无人应价。

面对这种情况，一方面，作为代理律师，当然应当积极进取、有所作为，根据最大债权人农信社当时已不可能申请以物抵债的特点，力图说服委托人，申请以物抵债，然后再进行变现，但委托人态度并不坚决；另一方面，被执行人单位职工，凭工薪欠债的几份仲裁书，到执行法院要求优先受偿，代理律师又不得不到当地法院与他们协商，签署了一份协议书，内容为执行款在扣除所有执行费用以后，再行顺序分配。

在本案执行过程中，为了委托人的利益最大化，代理律师十多年来的坚持不懈地每年申请续封和无数次向当地和上一级法院、检察院申请提级执行或执行监督，仍未能奏效，只推动了法院一次又一次的评估和裁定、拍卖的反复循环而已。先后一共有七份估价书和三次法院出具的拍卖裁定书，但都以各种原因而未能实现拍卖还债。委托单位已失去信心，不再追问案件进展。

时间过了一年又一年，代理律师却每年都不忘记到当地法院申请续封，还时常找院领导催促执行。而三处土地使用权土地证上面积合计共 54868. 7 平方米，当地国土资源部门由被执行人法定代表人重新指定划界后确定为 29435. 5 平方米，但评估价却一路飙升，从 2004 年的 82 万多元涨至 2015 年的 2880 万多元，除地价自然增长外，还因该地是未来交通枢纽和新商业区要地，规划部门还将该地块性质从“工业用地”变更为“商住”（这部分增值仍未计入其中），地价越增长，拍卖工作越难以进行，并且政府部门认为该土地为重点建设用地，需要回收，其间当地政府还以“土地闲置”为名出具通知回收土地的文件。法院又以整体不能分割为由不再处置，并要求我方不再申诉、上诉，等待政府发放土地金，但又等了几年仍未能兑现。

经过当地政府牵线，终于找到了愿意收购我方债权的买受人。经双方协商，签订了《单项债权转让书》，约定按本金加30%利息的对价买受我方债权及相应其他财产权利、从权利和附属权益所产生的全部收益，包括首封权益等。至此，我方委托人的二十多年前的债权已全数兑现。

办结了本案件，笔者对“民事执行之难及其破解”有着深刻认识：

1. 执行难，难在“人为”

关于执行难的问题，许多专家学者首先归责于法律不完善、只有原则性规定和立法滞后等原因。但笔者认为“人为”比法律更为重要。立法和执法都靠“人为”，法律是由人制定并由人执行的，人起了关键作用。民事案件的执行，法官意志尤为重要。

在有财产可供执行情况下，法院执行多少，分配多少，执行时间长短，很大程度决定于执行人员。因此需要与执行人员多沟通。

2. 执行难，难在没有财产线索

民事执行的查人找物始终是司法实践上的热点和痛点。关于民事“执行难”，有四句话：“被执行人难找、被执行财产难寻、协助执行人难求、应执行财产难动”，许多生效判决书之所以难以执行，关键是未能取得财产线索，在一审、二审诉讼过程中，预期败诉的当事人一方会设法隐蔽、转移财产而规避判决执行。本案之所以能够全部实现债权，就是寻找到了唯一剩余财产，并一直坚持查封不放松。

当事人诉讼的目的是请求判令对方当事人履行一定的债务，获得实体的权利，经过艰难诉讼而来的生效判决书所确定的金钱债权，能否从执行中兑现，很关键的一条还取决于被执行人有没有财产可供执行。

执行工作“是公平正义最后一道防线的最后一个环节”。但“执行难”同时严重困扰着人民法院而成为当代“老大难”问题。总结破解执行难的经验，解决“最后一公里”，笔者认为应当做到以下几点：

1. 贵在坚持

诚如“应执行财产难动”一说，本案十几年的土地查封而难以执行就属于“难动财产”，是需要有充分的恒心和代理人的高度责任心的。有些案件申请人往往对长期未能执结的案件产生了对代理律师的误解而“中途换将”，这并非好事，只是浪费时间而已。而律师应更多与委托人沟通，并想方设法去促使案件尽快执结。

虽然“超过六个月”的可以向上一级法院申请提级执行，但司法实践中许多案件难以做到。对于时间较长的案件一定要有耐心，还要注意在到期前申请法院续封标的物，以免失去顺位首封权。

2. 适时运用法律法规

现行民事执行案件主要法律依据是《民事诉讼法》第231条至第265条；相应的还有《最高人民法院关于适用〈中华人民共和国民事诉讼法〉的解释》以及其他经常直接引用的司法解释《关于人民法院执行工作若干问题的规定（试行）》《关于适用〈中华人民共和国民事诉讼法〉执行程序若干问题的解释》《关于人民法院民事执行中查封、扣押、冻结财产的规定》《关于人民法院民事执行中拍卖、变卖财产的规定》《关于人民法院委托评估、拍卖和变卖工作的若干规定》《关于人民法院委托评估、拍卖工作的若干规定》《关于限制被执行人高消费及有关消费的若干规定》《关于委托执行若干问题的规定》等。对于新的法律、法规和司法解释、国家政策法令等都要常学常新，及时运用，会有意想不到的效果。

如当年最高人民法院、最高人民检察院《关于民事执行活动法律监督若干问题的规定》颁布，本案代理律师立即向省检察院申诉，与其他方面形成了合力，才使坚冰能够消融，案件得以进展。

3. 建立法院有效地执行威慑联动机制

所谓执行威慑机制，是“法院在党的领导和社会各界的密切配合下，主导对非法阻却生效法律文书兑现的执行案件被执行人或案外人依法实施限制性或制裁性执行措施，从而形成心理威慑，促使其履行义务，有效兑现生效法律文书内容，借此共同营造自觉履行生效法律文书确定义务的良好氛围的法律和政策安排体系”。

要达到此制度安排，“打铁还需自身硬”。法院要首先敢于抵制来自各方面的干扰，要对被执行人形成一定的威慑。

中央纪律检查委员会、中央组织部等19部门联合印发的《关于建立和完善执行联动机制若干问题的意见》已为破解执行难提供了良好的环境条件，执行联动威慑机制的建立和完善是一项全系统的社会工程，还需要各部门协调行动、互相配合和落实，当前仍需要在思想层面和技术层面上下功夫。

4. 完善信息系统技术

当前的网络科学已为寻找被执行人财产线索，促使“老赖”自动履行义务提供强大武器，借助大数据进一步深化对解决“执行难”的理论探讨，通过信息化建设和法院执行工作的持续深入融合将为解决“执行难”提供新的技术手段。我们有理由相信“执行难”被破解的可行性，而与之有效地利用网络信息，应成为未来执行工作越来越依赖的工具和趋势。

还要完善信息系统技术与开发。查控系统核心在于实现查询、冻结、划拨、扣划一体化，针对现阶段网络查控系统出现的问题进行技术完善，支持开发批量自动查控功能，提高信息化应用水平，逐步通过网络实施查询、冻结、扣划等执行措施，提升执行效率，可以缓解、解决执行人员紧缺问题。

同时，扩大查控范围。建立互联网信息共享机制，进一步加强与公安、税务、自然资源、房产、车管等部门的联网，实现信息共享。

将失信被执行人公开上网，让社会大众公开监督，让“老赖”无所遁形。对有能力履行而不履行的，法院限制其高消费，保持一种高压态势，不失为一个好办法。

2014 年 10 月以来，最高人民法院与银行业建立网络查控系统，在全国范围内查控被执行人及其财产，该系统被称为“总对总”网络查控系统，具体与公安部、民政部、自然资源部、交通运输部、中国人民银行、中国银行保险监督管理委员会等 16 个单位和 3900 多家银行业金融机构联网，形成了覆盖全国的网络查冻扣一体化平台。这将有力维护当事人合法权益，为解决“执行难”提供强有力的数据支撑。

5. 悬赏奖励线人制度规范化

如前所述，取得实体判决的案件，执行成败关键首先取决于能否取得财产线索，在当事人和法院均未能掌握被执行人财产线索时，由申请人提出悬赏执行申请，根据线人提供的财产线索取得执行案件的有效受偿时，要及时以资奖励，这样会在社会中形成良好风尚，也能对被执行人起到一定的威慑作用。悬赏线人的金额可控制在取得财产执行数额的 20%左右。目前各地方法院大都按此比例悬赏奖励线人。现《民法典》第 499 条已单独对悬赏广告予以规范，悬赏奖励的合法性也已明确，有利于民事案件的执行。

6. 债权转让是难执案件的有效解决办法

在一些因各种原因难以直接执行的情况下，通过多个标的物的打包转让给合适受让人也是一种解决执行难的办法。在当事人自身难以物色到受让人承接债权债务情况下，或由法院举荐单项债权买家，都是很好的办法，法院对案情及适合人选有较充分的了解，为解决执行难的问题，对此可不避嫌地为当事人推荐。司法实践中已证明了这一点的可行性。

7. 强化全面媒体公开和宣传典型案例

执行案件的阳光执行是消除腐败执行和消极执行的“消毒剂”。通过上榜“失信黑名单”，促使“老赖”无所遁形，充分利用各类新闻媒体，加大执行工作宣传力度，全面展示执行工作成效、表彰优秀和公开曝光规避执行、妨碍执行、抗拒执行的正反典型案例，都将会在社会起到正面作用；营造“法律权威不容藐视、生效裁判必须履行”的诚信法治氛围，能进一步突破以实现“解决执行难”的问题。

深化执行公开。进一步优化执行信息化公开平台，将执行当事人、终本案件、限制消费、失信惩戒、财产处置、执行裁判文书等信息向社会全面公开，对依法应当公开的执行流程节点、案件进展状态通过手机短信、微信、诉讼服务热线、手机APP 等及时向案件当事人推送，实现执行案件办理过程全公开、节点全告知、程序全对接、文书全上网，保障当事人和社会公众的知情权、参与权和监督权，让执行权在阳光下运行。广泛开展“正在执行”全媒体直播等活动，凝聚全社会了解执行、理解执行、支持执行的共识。有效解决暗箱操作、权力寻租顽疾。执行信息的公开化，将“努力让人民群众在每一个司法案件中感受到公平正义”！

8. 运用《最高人民法院关于人民法院强制执行股权若干问题的规定》，执行股东资产

《最高人民法院关于人民法院强制执行股权若干问题的规定》，于 2022 年 1 月 1 日起施行，解决了除“依法设立的证券交易所上市交易以及在国务院批准的其他全国性证券交易场所交易的股份有限公司股份”外的所有股权强制执行问题，股权执行历来是司法实践上的热点、难点和争议点，该规定解决了“股权价额无法确定”的问题，使执行有限责任公司和股份有限公司的股东股权成为可行，并能规范执行。

9. “执转破”是消除资不抵债执行案件的终极办法

为解决执行难问题，根据《最高人民法院关于适用〈中华人民共和国民事诉讼法〉的解释》规定，以及《最高人民法院关于执行案件移送破产审查若干问题的指导意见》（法发〔2017〕2 号），从制度上打通了执行不能案件，通过法院移送进

入破产程序的执、破衔接的通道，有利于化解执行困局，大量被执行人资不抵债的案件将被终结。

根据《最高人民法院关于适用〈中华人民共和国民事诉讼法〉的解释》第513条规定："被执行人住所地人民法院裁定受理破产案件的……执行法院应当裁定终结对该被执行人的执行。"随着"执转破"案件受理的落实，执行法院的执结率会逐年上升。陈年积案将越来越少，移送法院作出裁定宣告被执行人破产，或裁定终止和解程序、重整程序时，执行法院相应终结执行案件数，这样一大批长期执行不能的案件，越来越趋于消灭。

结语

中央纪律检查委员会、中央组织部等19部门联合印发的《关于建立和完善执行联动机制若干问题的意见》（法发〔2010〕15号），对在全社会建立和完善执行联动机制提出若干意见；最高人民法院于2011年10月19日印发的《关于执行权合理配置和科学运行的若干意见》（法发〔2011〕15号），又旨在深化法院内部执行权与审判权分离，避免以执代审。但执行难的问题仍未能得到根本解决，涉执行异议案件"立案难""阅卷难"的问题也未完全解决，可见执行难的顽瘴痼疾难治，还需要与时俱进地不断完善法律法规、司法解释等。《民事诉讼法》作了修改以后，相应的《最高人民法院关于适用〈中华人民共和国民事诉讼法〉的解释》于2022年4月10日起实施；还有最高人民法院发布的《关于进一步完善执行权制约机制加强执行监督的意见》（法〔2021〕322号）等，相信对于系统解决执行难会取得很好的效果。

在当前，当事人虚假诉讼、恶意逃债，规避和逃避执行的现象仍存在；一些长期困扰执行工作的难点、痛点、堵点问题仍未从根本上解决，还亟须一部专门的、系统的切实符合司法规律的强制执行法，规范、统一全国法院的民事案件的执行实施和执行审查、裁决，以确保人民法院依法高效地实现申请执行人的债权，从根本上解决执行难的问题。

浅谈参与分配款的处置权

林景锋*

内容提要：关于执行过程中参与分配的法律条文不多，导致司法实践中存在部分争议，影响执行效率。本文作者将结合经办案件，浅谈参与分配款的处置权问题，在主持分配法院将分配款退至执行法院前，能否对分配款采取冻结、提取等执行措施。

关键词：强制执行　参与分配　处置权

引言

关于执行过程中参与分配的法条，主要分布在《民事诉讼法》（2021 年修正）第 506 条至第 510 条、《最高人民法院关于适用〈中华人民共和国民事诉讼法〉执行程序若干问题的解释》（2020 年修正）第 17 条和第 18 条、《最高人民法院关于人民法院执行工作若干问题的规定（试行）》（2020 年修正）第 55 条和第 56 条。从法条内容和效力来看，基本以民事诉讼法的规定为准，在参与分配的程序性问题方面，还需要细化和全面。从司法实践来看，因参与分配引发的部分纠纷，完全无法依据前述规定予以解决。本文所浅谈的参与分配款的处置权就是其中一个。

一、案情简介

A 在甲法院起诉 B 案（下称 1 号案），在诉讼过程中，A 发现 B 在乙法院有申请执行 C 一案（下称 2 号案）。A 通过 1 号案诉讼保全，冻结 B 在 2 号案的应收执

* 林景锋，北京德和衡（广州）律师事务所律师。

行款。

D在丙法院申请执行C一案（下称3号案），丙法院拍卖C房产，乙法院发函参与分配，B分得100万元分配款。

在分配款退至乙法院前，因E在丙法院申请执行B一案（下称4号案），丙法院裁定提取该分配款拟作为执行款发放给E。

此时，1号案尚未判决，A依法无权申请参与分配。若丙法院直接提取分配款，将损害A的保全利益。为此，A委托笔者对丙法院该提取行为提出执行异议。

二、观点分歧

有一种观点认为丙法院能直接提取分配款，有利于高效、便捷执行，避免浪费司法资源。

另一种观点则认为丙法院不能直接提取分配款，需先将分配款退至乙法院，交乙法院统一处置，以维护乙法院的处置权，保护A的保全利益和未来的参与分配权。

三、代理意见

1. A方意见：鉴于乙法院向丙法院发函参与分配，B在丙法院3号案的分配款的处置权应归乙法院享有，即丙法院负有将分配款交由乙法院处置的协助义务。如各方对该笔分配款主张进行再次分配，应向乙法院提出。而鉴于A对B在2号案的应收执行款保全在先，那么该笔分配款的再次分配应待A取得生效执行依据后方能启动，或者保留A的应分得份额。丙法院在4号案中对分配款径行提取并拟发放的行为，变相剥夺了乙法院对分配款的处置权，同时损害了A的合法权益，导致A已采取的保全措施形同虚设。故恳请撤销该提取裁定。

2. B、E方意见：丙法院作为4号案的执行法院，B在上述案件中未履行完毕执行义务前，该院有权对其分配款进行处置。同时，根据《最高人民法院关于人民法院执行工作若干问题的规定（试行）》（2020年修正）第56条的规定，对参与被执行人财产的具体分配，应当由首先查封、扣押或冻结的法院主持进行。丙法院系3号案C房产的首封法院，其有权利主持参与分配程序。A未取得生效执行依据，无权参与分配。故恳请驳回A的执行异议申请。

四、裁判结果

（一）执行异议结果[①]

丙法院认为，B 在 3 号案的分配款，是属于乙法院 2 号案参与分配的执行款，该款如何处置应该由乙法院作出。丙法院作出 4 号案执行裁定提取属于 B 在 3 号案的分配款的执行行为不当，应予撤销。故 A 的异议理由成立，丙法院予以支持，遂裁定 A 的异议成立，撤销丙法院 4 号案提取执行裁定。

（二）执行复议结果[②]

E 不服提出执行复议，上一级法院认为，乙法院 2 号案向丙法院发出参与分配函，请求参与分配丙法院 3 号案 C 名下房产拍卖款，丙法院 3 号案应当根据乙法院的参与分配函，将 B 应分配款项交由乙法院进行处理。至于上述分配款转至乙法院后，乙法院如何处置，属乙法院 2 号案的具体执行行为。如相关当事人对于乙法院 2 号案对分配款的处理持有异议，可循相应法律途径主张权利。丙法院 4 号案作出裁定，径行提取 B 在 3 号案的分配款，缺乏法律依据。该裁定实质上直接确认 4 号案 E 对分配款享有全部权利，超越了丙法院 4 号案处理范围，还可能影响其他当事人合法权益。故丙法院 4 号案所作执行裁定有所不当，丙法院裁定撤销上述执行行为，并无不当。E 提出的复议理由不成立，本院依法予以驳回，遂裁定驳回 E 的复议申请，维持丙法院执行异议裁定。

五、案例评析

该一审、二审执行裁定，为该争议盖棺定论，明确分配款的处置权在执行法院手中。同时，也为 A 取得生效执行依据后参与分配该笔分配款保留了机会，保障了 A 的合法权益。

六、结语和建议

除此之外，在司法实践中，还存在不少参与分配的分歧问题。比如，对于参与

① （2019）粤 0106 执异 778 号执行裁定书。
② （2020）粤 01 执复 31 号执行裁定书。

分配的截止期限——“被执行人的财产执行终结前”，适用的标准也不一致，有的以分配款发放截止日为节点，有的以分配方案送达第一个当事人为节点，有的以被处置财产的变更权属法律文书送达协助部门之日为节点。诸如此等争议，在全国法院未统一意见之前，亟须省市法院以会议纪要等形式予以明确，以减少执行分歧、提升执行效率。

积极提供财产线索，普通债权人获优先受偿

——周某申请执行广州 A 投资公司合同纠纷案

朱建芬*

一、案情简介

广州 A 投资公司系广州市内某商业中心的运营方，拥有该商业中心全部物业的使用权。2013 年 3 月，周某与广州 A 投资公司签署《租赁合同》。根据该合同约定，周某以一次性付清 20 年租金的方式，取得了该商业中心某商铺（以下简称涉案物业）的经营使用权，承租期限自 2013 年 7 月至 2033 年 6 月。

2016 年起，广州 A 投资公司因合同纠纷，被广州 B 单位诉至法院。该案经法院诉讼一审、二审两审审理，于 2019 年年底作出生效判决，判决涉案物业所在的商业中心整体项目全部交还广州 B 单位。因此，广州 A 投资公司丧失了对涉案物业的使用权（包括出租权）。

2020 年 10 月，周某向广州 G 仲裁委员会提出仲裁申请，主张解除与广州 A 投资公司的租赁合同，要求广州 A 投资公司按比例退付租金，并赔偿周某的利息损失。2021 年 6 月，广州 G 仲裁委员会作出裁决，支持了周某主张的解除租赁合同的仲裁请求，裁决广州 A 投资公司退还周某租金共约 10. 8 万元 ，并按全国银行间同业拆借中心授权公布的同期贷款市场报价利率赔偿周某的逾期付款利息损失。

裁决生效后，广州 A 投资公司未在裁决文书确定的履行期限内履行其还款义务，周某拟向法院申请强制执行。

在搜集和了解广州 A 投资公司可供执行的财产线索的过程中，周某的代理律师

* 朱建芬，广东海际明律师事务所律师，广州市律师协会执行与资产处置业务专业委员会委员。

发现：广州A投资公司涉及多个被执行案件，且部分案件标的巨大，其中某个案件的执行标的就达1亿元以上，另有被终本的一个案件执行标的也有900多万元。初步评估认为，周某的债权能够得到实现的概率很低，执行风险很大。周某的债权，相比其他债权人不仅数额过小，而且也没有任何物的担保和优先权。被执行人广州A投资公司欠债数额巨大，未被清算，亦未进入破产程序，估计相关费用的预缴和垫付也是不容小觑的制约因素。

但与此同时，周某的代理律师还发现：被执行人广州A投资公司因涉诉案件多，其中有一个作为上诉人的民间借贷纠纷，在2017年年底经二审法院审理作出重审裁定，裁定书明确，广州A投资公司预交的案件受理费11.78万元予以退回。据推测，广州A投资公司很有可能并未向法院申请退还该笔诉讼费11.78万元。

经综合考量后，周某的代理律师决定立即向法院申请执行立案。广州Z法院受理此案后，周某的代理律师第一时间书面向执行法官提供广州A投资公司的上述财产线索，即"应退还的诉讼案件受理费11.78万元"，并附中国裁判文书网下载的民事裁定书。与此同时，周某的代理律师还一并提交《冻结、提取被执行人另案应退还案件受理费117800元的申请书》，要求对被执行人广州A投资公司的这笔财产立即采取冻结措施。

广州Z法院经调查核实，确定广州A投资公司在另一诉讼案件中，确实没有向原审法院申请退还该笔诉讼费11.78万元。

二、本案的争议焦点

1. 广州A投资公司在另一诉讼案件中，向法院预交且被裁定予以退回的案件受理费（即诉讼费）11.78万元，是否属于本案被执行人可供执行的财产范围？周某能否主张执行？

2. 在广州A投资公司存在多个债权人申请执行的情况下，周某对广州A投资公司应予退回的诉讼费11.78万元，能否优先受偿？执行法院是否需启动执行分配程序？接受参与分配并制作财产分配方案。

三、双方意见

（一）申请执行人意见

1. 该笔案件受理费（即诉讼费）11.78万元已被法律文书明确予以退回，且出自该诉讼案发回重审的二审裁定书，不可能也不存在“胜诉方自愿承担或者同意败诉方迳付”的特殊情形；所以，这笔案件受理费（即诉讼费）当然属于被执行人广州A投资公司可供执行的财产范围，周某可以在其享有的债权范围内主张执行。

2. 被执行人广州A投资公司的企业类型为有限责任公司（非独资企业），经营状态正常，且并未进入清算甚至企业破产程序，据现行法律规定及司法解释、参照最高人民法院案例以及部分地方性司法文件，本案均可排除适用“参与分配”的问题。

（1）根据《最高人民法院关于适用〈中华人民共和国民事诉讼法〉的解释》（2020年修正）第508条第1款的规定：“被执行人为公民或者其他组织，在执行程序开始后，被执行人的其他已经取得执行依据的债权人发现被执行人的财产不能清偿所有债权的，可以向人民法院申请参与分配。”由此可见，参与分配，针对的仅是被执行人为自然人及其他组织的执行案件。本案中，被执行人广州A投资公司是企业法人，债权人不符合申请参与分配的适用主体条件。

（2）另据最高人民法院案例［案号：（2019）最高法执监410号］，该《执行裁定书》裁判观点显示，法院认为：《最高人民法院关于适用〈中华人民共和国民事诉讼法〉的解释》第508条明确规定当作为被执行人的公民、其他组织的财产不能清偿所有债权时，相关债权人可以申请参与分配，排除了被执行人为企业法人时适用参与分配的空间。作为被执行人的企业法人财产不能清偿所有债权的，相关债权人可以向人民法院提出对该被执行人进行破产清算，通过破产程序受偿。本案中，被执行人为企业法人，若其他债权人申请参与分配于法无据。

（3）2020年3月，江苏省高级人民法院出台实施《关于正确理解和适用参与分配制度的指导意见》，其中第1条“关于适用参与分配制度应把握的基本原则”第2款第4项明文规定：“禁止分配原则。被执行人为企业法人的，除对执行财产享有优先权、担保物权的债权人申请优先分配受偿之外，不得对其财产适用参与分配制度。其他债权人申请参与分配的，应告知其按照‘执转破’程序对执行财产申请破产清偿。否则，按照一般清偿原则予以执行，促使债权人启动‘执转破’程序。”虽然本案不属于江苏省地域管辖，但该文件对本案的操作也具有一定的参考借鉴意见。

3. 周某虽不是享有优先权、担保物权的债权人，但可依据法院采取执行措施的先后顺序优先受偿。

根据《最高人民法院关于人民法院执行工作若干问题的规定（试行）》（2020年修正，以下简称《执行工作规定》）第55条第1款的规定：“多份生效法律文书确定金钱给付内容的多个债权人分别对同一被执行人申请执行，各债权人对执行标的物均无担保物权的，按照执行法院采取执行措施的先后顺序受偿。”申请执行人周某对被执行人的财产“应予退回的案件受理费11.78万元”，虽然没有担保物权(其他债权人对该执行标的物亦无担保物权)，故因其第一顺位向法院申请采取冻结措施，可依法院采取执行措施的先后顺序，实现优先受偿，无须让其他执行案件的债权人参与分配。

（二）被执行人意见

被执行人广州A投资公司未对本案执行提出任何异议。

四、裁决结果和依据

2021年9月，广州Z法院支持周某代理律师的主张，冻结并划扣广州A投资公司在另一诉讼案件中应退还的案件受理费11.78万元，在扣除执行费后，向申请执行人周某一次性过付116101元。周某在领取该笔执行款后，对其余部分逾期付款利息予以放弃。至此，本案作执行完毕结案处理。

通过本案执行，申请执行人周某对其向广州A投资公司应收的债权本金即租金约10.8万元全部得到实现，对逾期付款利息损失，也得到了8000多元的赔偿。

综观本案，执行法院采纳了周某代理律师的绝大部分意见，依据《最高人民法院关于适用〈中华人民共和国民事诉讼法〉的解释》（2020年修正）第508条、《执行工作规定》第55条等有关规定，对被执行人广州A投资公司应退还的案件受理费11.78万元，依周某的冻结和划扣申请，最终一次性付116101元给周某结案。

五、办案小结

本案中，笔者接受当事人周某的委托，先后承办了周某与广州 A 投资公司商事仲裁和法院执行两个阶段的代理工作，对案件最终取得的结果表示欣慰。当事人周某也从最初的试试看，到最终全额拿回本金还有绝大部分利息，对本案的办理效果非常满意。通过本案，当事人周某不仅提升了对律师专业服务的认可，也感受到了司法的公平和正义。

此外，在律师办案实务中，本案也具有一定的参考和借鉴意义。主要体现在以下三个方面：

1. 对被执行人财产线索的搜集和了解，要尽可能全面，更要深度挖掘。比如本案，对涉诉案件较多的被执行人，预交垫付的诉讼费也属于可供执行的财产范围。

执行案件办案律师，对于被执行人的情况不仅要多方位了解，更要用心去分析，深度进行挖掘。笔者在办理一般执行案件中，对于被执行人的动态和财产状况，尤其是涉诉案件，均会保持关注定期更新，并适时采取相应的措施。实务中，除享有担保物权或优先权的部分债权人，还有大量的案件申请执行人其实都是普通债权人，这时，就要看对被执行人的财产线索的发掘和采取措施的效率，这将在很大程度上决定申请执行人能否及时实现债权。

2. 对被执行人可供执行的财产线索，要跟执行法院有效沟通，并“快速”采取有效的执行措施。比如本案，在向执行法院申请核实另案一笔应退回的诉讼费是否属实时，申请执行人就一并提交冻结申请，确保了本案申请执行人对执行标的物的优先受偿顺序。

实务中，存在大量需要通过法院执行去实现债权的案件，当事人及其律师均应心存“僧多粥少”的忧患意识，避免被执行人本来有财产可供执行但轮不到自己分配，或者说分配实现的债权数额很少；同时，债权人及其律师亦应积极采取有效行动，争取“先下手为强”，尽最大可能并尽快实现当事人的合法权益。当然，有些案件确实受各种客观因素影响，债权人的权益无法实现也难以避免，只要竭尽全力，对于结果也能欣然接受。

3. 关于参与分配的问题，实务中存在不同的观点、操作及应对方案。执行案件办案律师只能根据个案情况有理有据去争取，若最终得不到执行法院支持，亦可考虑其他途径去寻求救济。

（1）实务中，参与分配有广义和狭义两种理解。

广义的参与分配，是指不管被执行人是否为企业法人，只要涉及多个债权人对其财产申请分配的，执行法院按《最高人民法院关于适用〈中华人民共和国民事诉讼法〉执行程序若干问题的解释》（2020 年修正）第 17 条的规定启动分配程序、制作分配方案并进行分配的执行活动。

而狭义的参与分配，则特指被执行人为公民或者其他组织时，在其财产不能清偿所有债权的情况下，按债权比例公平清偿的分配方式。具体法律依据详见《最高人民法院关于适用〈中华人民共和国民事诉讼法〉的解释》（2022 年修正，以下简称《民诉法解释》）第 506 条至第 510 条关于“参与分配”的规定。《民诉法解释》第 508 条的规定针对的正是狭义的参与分配。

（2）司法实践中，部分办案机构或执行人员认为，即使被执行人是企业法人，执行法院也应当接受参与分配，并制作财产分配方案。甚至还有少数人认为，执行法院应当主动启动执行分配程序。

针对可能产生的类似疑问，笔者认为：

首先，现有法律规定对于执行参与分配的适用对象已有明确规定，放宽适用没有法律依据，故应按照现行法律规定依法办理。

其次，参与分配以债权人向其执行法院提交参与分配申请作为启动条件，主持分配法院一般不主动通知或公告其他已经取得执行依据而未提出申请的债权人；且参与分配有申请参与分配截止时间的限制等，否则不影响执行程序或者分配程序继续进行。

最后，基于执行案件效率优先的原则和节约司法资源的考虑，有些执行案件完全可以不制作分配方案，直接依照法律规定的顺序进行清偿。因为执行程序的功能就是运用法律强制手段，实现债权人经由生效法律文书已经确定的实体民事权利。而且，由于执行程序相较于审判程序，在效率优先上还是要有一定的倾斜，执行人员对处理实体权益方面的争议还是要保持克制为妥，不宜过多牵涉。

（3）执行案件经办律师，需根据个案情况有理有据去跟法院沟通，争取最快和最大化实现己方当事人的合法权益。若因执行法院观点和操作不同未能如愿，亦可通过提起执行异议、执行异议之诉或者通过分配方案异议和分配方案异议之诉的程序去主张权利。法律为平衡各方当事人利益，保护合法债权，已经规定了配套制度，同时防止利害关系人滥用法律规定的执行救济程序。相信通过这些法律程序，各方当事人特别是利害关系人的公平受偿权基本能得到保证；是否有优先权以及优先权的顺位、金额等实体权利义务争议也能得到公正解决。

民事执行参与分配的八个“冷知识”

潘 洁*

内容提要：这些知识点之所以称为“冷”，并不在于使用频率低，相反，这些都是常见的问题，只是在民事执行实务中容易被“冷落”、被“想当然”。其实这些“冷知识”很重要。

1982年《民事诉讼法（试行）》规定了参与分配制度，在“不足清偿同一顺序的申请人要求的”情况下，对被执行人的身份不加区分，一律“按比例分配”。随着立法的发展，对法人财产的分配从民事执行程序中剥离，并入破产法。对自然人、其他组织财产的参与分配制度则不断细化，增加了分配方案异议、诉讼等救济程序。由于参与分配规定目前还散见于各部单行司法解释，且相关规定一直处于修修补补的状态，容易让人困惑甚至无所适从。对此，笔者将执行实务中常见的八个有关参与分配的知识点进行整理，以求抛砖引玉。

关键词：执行 参与分配 其他债权人

为了更方便论述，本文虚构了一个参与分配的案例：债权人甲对债务人起诉并申请执行，负责执行的A法院已对被执行人财产实施首封，后债权人乙、丙、丁、戊、己分别依据不同的理由，在不同的时间点向执行法院申请参与分配，详见下图。

---

* 潘洁，广东盈隆律师事务所管委会副主任、资产处置与强制执行法律事务部主任、商事团队负责人，专职律师。

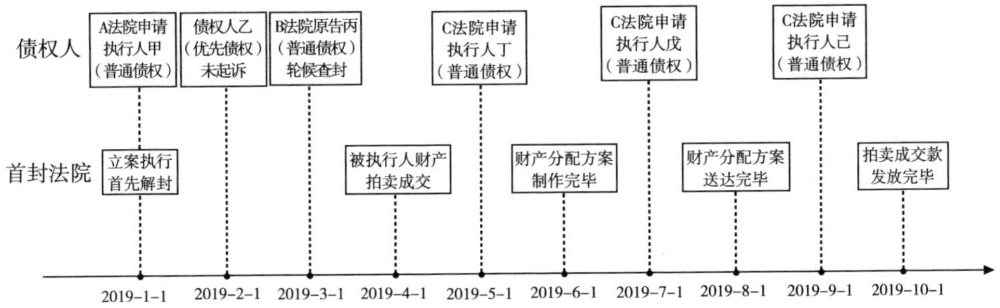

不同债权人向法院申请参与被执行人财产分配的时间

一、法院不会主动通知其他债权人参与分配

有的债权人不积极主动，向法院申请执行后就等着收钱。当执行法官经过财产调查后告知被执行人财产已被其他法院首封后，有的债权人仍然无动于衷，以为就像破产一样，所有（普通）债权均能够按照债权比例受偿，实际上这样的想法只会坐失良机。参与分配并非法院依职权作出，而是依当事人的申请启动。符合参与分配条件的债权人如果未及时提出参与分配申请，法院不会主动通知其参与分配。

结合本文案例，A 法院无义务通知 B、C 法院的债权人参与分配，B、C 法院的债权人应当自行申请参与分配。但是，A 法院在分配财产的时候，需要为债权人乙预留相应份额。

二、大部分正在打官司的债权无法参与分配

其实这方面的规定早已很明确，即“取得执行依据”是参与分配的前提条件之一，正在审理的债权不能申请参与分配。

但总有债权人误以为法院会在分配的时候对自己正在审理的债权预留份额，甚至有债权人认为自己正在审理的债权已经申请了轮候查封，所以法院在执行的时候一定会发现轮候查封的信息，从而在分配的时候预留相应份额。

究其原因，也许是因为曾经规定过“已经起诉的债权人”可以申请参与分配。需要注意的是，法律已经将参与分配的债权人重新限定为“已经取得金钱债权执行依据”范围，因此对于上述问题的误解，应当休矣。

结合本文案例，虽然 B 法院的债权人丙申请了轮候查封，但是由于其债权还在

审理期间，未能取得执行依据，故不符合参与分配的条件，除非其在参与分配截止日前取得生效判决并参与分配。与此同时，C 法院的债权人丁、戊、己由于后发先至进入执行程序（这意味着判决已经生效），故可以申请参与分配。

本段的标题，为何使用了“大部分”这一定语？请继续往下看。

三、小部分正在打官司的债权可以参与分配

是否正在诉讼的债权人一律不得参与分配呢？答案仍然是否定的，有两种情况，正在诉讼的债权人可以依据其他理由申请参与分配。

第一种情况，如果正在诉讼的债权人属于有优先权、担保物权的债权人，可以申请参与分配。这一类债权人甚至可以不经过诉讼直接申请参与分配，主张优先受偿权，只不过在这种情况下，债权数额应当得到各方当事人的认可，否则仍然需要通过诉讼、仲裁、实现担保物权、申请执行公证债权文书等方式，明确优先受偿债权的具体金额。

结合本文案例，优先债权人乙，无论其债权是否已经起诉、是否已经审理完毕，均可申请参与分配。

第二种情况，如果正在诉讼的债权是首封，且其首封的财产由于法定原因移交给其他法院处置，则该首封债权在参与分配中应当预留份额。说到这里大家可能会疑惑，为何首封财产的会移交其他法院处置？可能性有二：

一是首封债权并非优先受偿债权（优先权、担保物权），自首封之日起超过 60 日未开始处置（尚未发布拍卖公告或者进入变卖程序），且优先债权执行法院要求移送执行的。

二是首封债权超过一年仍未对财产进行处分，且在先轮候查扣冻法院商请移送执行的。

结合本文案例，如果首封法院 A 法院迟迟未对查封的财产进行处置（实务中类似的保护性查封常有发生），如出现上述两种情况之一，均有可能丧失对查封物的处置权。

四、欲向异地法院参与分配，先从本地法院启动程序

这一个知识点在执行实务中经常被忽略。

依照司法解释规定，对参与被执行人财产的具体分配，应当由首先查封、扣押或冻结的法院主持进行。因此，很多债权人以为，对于异地参与分配的申请，可以直接向异地的首先查封的法院直接提出，其实这种观点是错误的。

正确的做法，应当是向本地法院提出参与分配请求，通过本地法院向异地的首封法院发出参与分配函，并附上参与分配人的参与分配申请书及其他证明材料。如果未从本地法院启动，未经过本地法院的中转，直接向异地首封法院提出参与分配请求，属于程序不合法，异地主持分配法院很可能会不予理会。

这样的规定其实也符合常理。对于主持分配法院来说，外地参与分配的债权人不是本院的当事人，对于这样的陌生人，执行法官的心中肯定是有很多疑问的：这个人是不是债权人本人？材料中的判决书是不是真的？这个债权人在当地法院已经受偿了多少？会不会出现两家法院双重执行的情况……

因此，向异地法院参与分配，需谨记从本地法院启动程序。否则，就算向异地法院寄送再多的材料，也会被视作废纸。

结合本文案例，C 法院的债权人丁、戊、己如果申请参与分配，应当向 C 法院提出参与分配的申请。然后 C 法院向首封法院 A 法院发出参与分配函，说明丁、戊、己在 C 法院已经受偿的情况，同时附上丁、戊、己三人的参与分配申请书及相关证明材料。这样才算完成了法定的参与分配程序。

五、参与分配的截止日，各地法院做法不一致

长期以来，关于参与分配的截止日的规定一直比较笼统和模糊。

1. 1992 年《最高人民法院关于适用〈中华人民共和国民事诉讼法〉若干问题的意见》（已废止）的表述是“财产被清偿”；

2. 1998 年《最高人民法院关于人民法院执行工作若干问题的规定（试行）》（已被修改）的表述是“财产执行完毕”；

3. 2004 年《最高人民法院关于执行程序中多个债权人参与分配问题的若干规定（征求意见稿）》（未施行）的表述是“分配方案首次送达各申请执行人之前一日”；

4. 2015 年《最高人民法院关于适用〈中华人民共和国民事诉讼法〉的解释》（已被修改）的表述是“财产执行终结”。

由此可见，立法的风向标一直在变，导致在执行实务中，各地法院的做法也是

各不相同。这个问题到底有多复杂？因篇幅所限，本文不便进行详细展开，仅对网上通过公开渠道检索到的部分省高院的五种不同做法进行罗列，给读者作为参考（见下表）。

部分省高院关于参与分配截止日的规定

关于参与分配截止日的规定	司法文件名称及发布年份
①（未启动参与分配程序的）执行价款支付给申请执行人的前一工作日，或以物抵债财产转移给承受人的前一工作日； ②（已启动参与分配程序的）分配方案送达第一个当事人的前一工作日。	《浙江省高级人民法院执行局关于多个债权人对同一被执行人申请执行和执行异议处理中若干疑难问题的解答》（2012年）
①（扣划的款项）款项到达主持分配法院账户之日； ②（拍卖变卖）成交裁定送达买受人之日； ③（以物抵债）以物抵债裁定送达申请人之日。	《北京市高、中级法院执行局（庭）长座谈会（第五次会议）纪要——关于案款分配及参与分配若干问题的意见》（2013年）
①（扣划的款项）案款支付给申请执行人的前一日； ②（拍卖变卖）动产是交付的前一日，不动产或其他财产权益是过户裁定送达给权属登记机关的前一日； ③（以物抵债）动产是交付的前一日，不动产或其他财产权益是过户裁定送达给权属登记机关的前一日。	《重庆市高级人民法院关于执行工作适用法律若干问题的解答（一）》（2016年）
执行财产实际支付给争议财产分配方案中确定的债权之日。	《广东省高级人民法院关于执行案件法律适用疑难问题的解答意见》（2016年）
①（未启动参与分配程序或未发送参与分配方案的，执行案款发放的前一日； ②（已启动参与分配程序的）当次分配方案已发送任一相关当事人的前一日或以物抵债裁定送达的前一日。	《江苏省高级人民法院关于正确理解和适用参与分配制度的指导意见》（2020年）

六、分配方案异议的程序设计

当事人在执行程序中提起的异议，一般都由执行法官进行审查，如果合理则支持，不合理则驳回。但是有两类异议例外：一类是对财产处置过程中评估价格的异议，执行法官不作审查，而是交评估机构予以说明或责令补正，不作驳回。另一类是对参与分配的异议。法院作出财产分配方案后，如分配方案中的当事人不服提起异议，执行法官一般也不审查、不驳回，而是会将异议内容告知当事人，由当事人自行启动救济程序。具体过程是这样的：

某当事人对分配方案提出异议，执行法官首先会作形式审查。

如果当事人提出的是程序性异议，通常会按照执行行为异议的方式来处理。程序性异议是指当事人认为执行分配程序中存在不当的执行行为，因此而提出的异议，包括分配资格的认定、可供分配金额的确定、分配方案的送达、异议通知、权利告知、款项提存等。这类异议不属于对分配方案的异议，而是属于执行行为异议，因此会采用“异议加复议”的模式进行救济，不会作为分配方案异议来处理。

如果当事人提出的异议属于实体性异议，则适用于分配方案异议的救济程序。实体性异议一般包括债权是否已过时效、债权是否已获全部或部分清偿、债权受偿顺序、债权受偿数额等。这类异议属于“对方案的异议”，应该结合实体法律规定进行审查。然而，分配方案异议程序的特别之处在于，对于这种异议，执行法官的做法是“通知而不审查”，首先需要依法通知所有未提出异议的当事人，包括债权人和被执行人，将异议人的意见通知他们。

收到通知的当事人可以提出反对意见或选择保持沉默。如果他们选择保持沉默，执行法官将直接采纳分配方案异议的意见，并按照该意见对分配方案进行审查修正，然后按照修正后的分配方案进行分配。

如果当事人不保持沉默并提出反对意见，那么接下来的程序就和一般的执行异议不同了。执行法官仍然是“通知而不审查”，首先需要通知的是最先提出分配方案异议的人，通知的内容是“异议人可以自收到通知之日起十五日内，以提出反对意见的债权人、被执行人为被告，向执行法院提起诉讼；异议人逾期未提起诉讼的，执行法院依原分配方案进行分配”。

这意味着，对于分配方案异议，最终将通过分配方案异议诉讼进行审查。审查的期限即诉讼的审理期限，如果对一审结果不服还可以提起二审。因此，在某些情况下，为了避免诉讼带来的麻烦和时间损耗，当事人可能更倾向于通过协商解决分配争议，以免因此产生不必要的纠纷和争端。

七、分多少走诉讼，分不分走异议

对分配方案有异议的，其救济措施是分配方案异议之诉，其审查范围主要包括以下六个方面：

1. 债权是否真实；
2. 债权是否已过申请执行期间；
3. 债权的具体金额；
4. 债权人主张的优先权、担保物权是否有依据；
5. 参与分配顺位是否合法；
6. 债权受偿比例、数额。

总的来看，分配方案异议之诉解决的，主要是“分多少”的问题。而这只是参与分配实务问题的其中一方面，另一方面是“分不分”。当事人如果认为自己该分却未分，或者认为他人不该分却能分，能否提起参与分配异议？答案是否定的。

《人民法院报》2014 年 12 月 25 日第 6 版就曾刊登过这方面的案例分析，案情如下：

法院在执行被执行人康某涉及的数件执行案件过程中，制作财产分配方案，内容是将康某的被冻结存款 41 万元按债权比例分配给申请执行人张某、李某、高某。

张某是上述存款的申请冻结人，故对分配方案不服提起异议，认为财产应当由自己一人单独受偿，李某、高某二人提出反对意见。张某遂向法院提起执行分配方案异议之诉，要求确认被告李某、高某二人无权参与分配 41 万元冻结款。

法院审理认为，虽然原告张某对本院制作的分配方案提出了书面异议，但该异议名为分配方案异议，实为执行行为异议……决定是否适用参与分配程序属于执行实施权范畴，若当事人认为执行法院适用该程序违法或不当的，应当依照《民事诉讼法》第 225 条之规定，提出执行行为异议，由执行法院进行审查并作出裁定，遂裁定驳回起诉。

从各地省院的司法实践来看，均支持上述案例的观点，认为关于参与分配资格的认定，属于执行事实行为，应当根据《民事诉讼法》第 225 条的规定提起执行行为异议。

八、被执行人为企业法人的，是否适用分配方案异议之诉救济

对此，各地法院观点并不完全一致，但是最高人民法院在2019年作出的一份执行分配方案异议之诉再审民事裁定，对该问题进行了肯定的回答。该案观点我们稍后再分析，首先搞清楚这个问题的背景。

适用分配方案异议之诉救济的前提，是制作了财产分配方案。需要特别说明的是，制作财产分配方案和适用参与分配制度，是两个不同的概念。前者指的是以书面方式确定受偿债权人名单、受偿顺位、受偿比例、具体金额等，后者指的是依照司法解释的规定，对符合特定条件的多宗执行案件按照优先顺序或债权比例分配。

如果被执行人为企业法人，未进入破产或“执转破”程序，且执行到位财产不足以清偿全部债务，法院会按照财产保全和执行中查封、扣押、冻结财产的先后顺序清偿。这个决定本身就是一个财产分配方案，只不过该方案可能是通过财产分配方案形式作出，也可能是通过执行情况告知书或执行笔录等形式告知其他债权人。

那么，当被执行人是企业法人时，对于法院制作的财产分配方案，是否适用分配方案异议之诉进行救济？针对这一争议焦点，我们再来看上述最高人民法院案例的审理经过。

重庆四中院一审认为，不应当制作财产分配方案。“作为被执行人的企业法人不能清偿到期债务……如果被执行人或者申请执行人之一同意进入破产程序，本院就应当将有关材料移送对破产案件有管辖权的法院，以启动破产程序，而不是作出执行分配方案，故本院作出的（2014）渝四中法民执字第00025-15号执行分配方案应予撤销。”判决结果是撤销了执行分配方案。

重庆高院二审认为，不应当启动分配方案异议之诉。“《最高人民法院关于适用〈中华人民共和国民事诉讼法〉的解释》明确规定了被执行人为企业法人的，不适用执行分配方案异议之诉。……被执行人为企业法人时不适用执行分配方案异议之诉。”判决结果是撤销了一审判决，驳回异议人的起诉。

最高人民法院再审认为，应当启动分配方案异议之诉。“《最高人民法院关于适用〈中华人民共和国民事诉讼法〉的解释》第五百一十三条并未限制被执行人为企业法人时申请执行人提起执行分配方案异议之诉的诉权，对于执行法院作出的执行分配方案，债权人有异议时应当赋予其提起异议之诉的权利，以维护其合法权

益。”……重庆市高级人民法院认为“被执行人为企业法人时不适用执行分配方案异议之诉”没有法律依据，以此为由裁定驳回中集物流公司的起诉，适用法律错误，应当予以纠正。判决结果是撤销了二审判决，由重庆市高级人民法院按照二审程序审理上诉请求。

该案例由最高人民法院于 2019 年 5 月 21 日作出。在此之前，除广东省高级人民法院的指导文件与该案观点一致外，其他高级人民法院的指导文件多认为被执行人为企业法人的案件不适用参与分配异议之诉。在此之后，或许多个高级人民法院会对这些指导文件进行调整。因此各位律师同行在检索的时候，需要特别留意上述实务新观点。

终结本次执行与恢复执行的法律问题探究

史泽锐*

内容提要：终结本次执行程序主要是指对确无财产可供执行的案件，法院暂时终结执行程序并作结案处理的一项制度。民事司法裁判中，法院应明确对于因无可供执行财产而导致的终结本次执行程序，穷尽财产查控是必要的前提条件，且需明确财产调查的责任分配，将被执行人申报财产的制度落到实处。法院应依职权对已裁定终结本次执行的案件进行动态管理，定期主动、集中对终结本次执行案件的被执行人的财产进行查控，做到及时发现、及时恢复执行。

关键词：终结本次执行程序　财产调查　听证　恢复执行

作为一个以民商事特别是不良资产和不良债权为方向的律师，代理执行是工作的主要内容之一，而在代理执行过程中，执行案件被人民法院要求终结本次执行（以下简称终本）之后又希冀实现恢复执行是经常面对的问题。笔者在实践过程中，对终本（主要是因被执行人无财产可供执行而终本的情形）及恢复执行中的问题进行了观察，故拟此文对实践中问题的出路以及困境的破解进行探讨，以期最大程度维护申请执行人的合法权益。

一、我国相关立法的梳理

《民事诉讼法》第264条规定："有下列情形之一的，人民法院裁定终结执行：（一）申请人撤销申请的……（三）作为被执行人的公民死亡，无遗产可供执行，又无义务承担人的……（五）作为被执行人的公民因生活困难无力偿还借款，无收

* 史泽锐，北京观韬中茂（广州）律师事务所律师。

入来源，又丧失劳动能力的……”

2009 年 3 月 19 日，中央政法委、最高人民法院发布了《关于规范集中清理执行积案结案标准的通知》（法发〔2009〕15 号），其在“三、对有财产可供执行的案件，应依法按规定结案；对无财产可供执行的案件，可按下列条件和方式结案”部分，第 8 项规定：“无财产可供执行的案件，执行程序在一定期间无法继续进行，且有下列情形之一的，经合议庭评议，可裁定终结本次执行程序后结案：(1) 被执行人确无财产可供执行，申请执行人书面同意人民法院终结本次执行程序的……(3) 申请执行人明确表示提供不出被执行人的财产或财产线索，并在人民法院穷尽财产调查措施之后对人民法院认定被执行人无财产可供执行书面表示认可的；(4) 被执行人的财产无法拍卖变卖，或者动产经两次拍卖、不动产或其他财产权经三次拍卖仍然流拍，申请执行人拒绝接受或者依法不能交付其抵债，经人民法院穷尽财产调查措施，被执行人确无其他财产可供执行的；(5) 作为被执行人的企业法人被撤销、注销、吊销营业执照或者歇业后既无财产可供执行，又无义务承受人，也没有能够依法追加变更执行主体的……”。第 9 项规定了裁定终结本次执行程序的应当符合的程序要求。第 10 项规定：“裁定终结本次执行程序后，如发现被执行人有财产可供执行的，申请执行人可以再次提出执行申请。申请执行人再次提出执行申请不受申请执行期间的限制……”

此外，还有《最高人民法院关于适用〈中华人民共和国民事诉讼法〉的解释》（法释〔2022〕11 号，以下简称《民事诉讼法司法解释》）以及《最高人民法院关于执行案件立案、结案若干问题的意见》（法发〔2014〕26 号）等规定，构成对终结本次执行及申请恢复执行的基本法律架构，是人民法院和执行案件当事人（包括代理人）进行相关工作的主要依据。

二、司法实践中的问题分析

终本程序在实践中出现了一些问题，主要包括：(1) 法院执行系统内部未就终本程序达成统一认识和做法；(2) 部分法院将不具备终本条件的案件以终本程序结案，以提高执结率；(3) 终本程序穷尽查控、强制措施的标准不一致，或标准过低；(4) 终本程序未严格进行听证，“隐形结案”；(5) 恢复执行的条件和程序不明确，对申请执行人要求过于苛刻。

三、终结本次执行程序的适用

终结本次执行程序不仅是法院系统化解执行积案的方法，更是法院向当事人转移执行不能风险的过程。[①] 因此，在适用终结本次执行程序的过程中，不仅要考虑法院结案和化解执行积案的需要，更要考虑将执行不能的风险向当事人转移的公正性。在财产调查权限和信息、资源尚集中在法院手中，申请执行人缺乏查明被执行人财产的有效手段，被执行人披露财产制度尚不完备的情况下，终本程序的作出要慎重再慎重。

对于因无可供执行财产而导致的终本，穷尽财产查控是必要的前提条件，应包括已经实施了以下调查措施：（1）通过最高人民法院网络执行查控系统和其他相关部门、机构的信息平台，对银行存款、土地使用权、房产、车辆、股票、证券、商标专利著作权等进行调查；（2）通过相关企业和信用机构等主体的信息平台对支付宝余额、网络虚拟财产等财产信息和资金往来等情况进行调查；（3）到被执行人居住地及工作单位进行调查；（4）对是否存在追加和变更被执行人的情况进行调查；（5）对被执行人是否有未实现但可实现的债权进行调查；（6）在合法的范围内且有正当理由的，将查控延伸至被执行人的配偶或者近期与之发生可疑交易的第三人。

同时，明确财产调查的责任分配甚为重要。现行法律和司法解释就财产调查设定的途径是申请人提供线索（请注意，只是“提供线索”）、被执行人申报、法院调查三种方式。不能单纯依赖任何一种方式，而是需要根据个案的具体情况决定调查的方式，三种相互结合。被执行人有财产申报的，必须进行核实。除被执行人申报外，穷尽调查措施应当以当事人和法院相结合进行，不能完全依靠法院进行调查，更不能将责任完全推给申请执行人。

在案件可能以终本程序结案的情况下，公开是对申请执行人程序保障的最基础最有效的保障。若当事人在审判胜诉之后最终却要以终结本次执行结案，其将极为失望。《民事诉讼法司法解释》第 517 条第 1 款规定：“经过财产调查未发现可供执

---

① 参见百晓锋：《程序变革视角下的终结本次执行程序制度——以〈民诉法解释〉第 519 条为中心》，载《华东政法大学学报》2015 年第 6 期。

行的财产，在申请执行人签字确认或者执行法院组成合议庭审查核实并经院长批准后，可以裁定终结本次执行程序。”在实际中，公开对于终本程序的意义尤为重大。公开终本程序主要体现在：公开被执行人的财产申报；公开财产查控结果以及与被执行人的财产申报是否吻合；公开对被执行人的实地调查结果；对申请执行人不同意终结本次执行的，对异议进行公开听证；公开对被执行人作出的限制高消费的命令和载入失信人黑名单的决定；公开对失信被执行人采取强制拘留、搜查等措施；公开悬赏报告被执行人的财产；等等。[①]

同时，应将被执行人申报财产的制度落到实处，对于不申报或申报不实的，应进行必要的处罚，视情节轻重程度处以训诫、罚款、拘留等，让被执行人清楚不申报、不如实申报的严重后果，主动如实申报，提高执行的力度和效率。

四、恢复执行的困境与建议

在执行案件被终止本次执行后，作为申请执行人，唯一期待的就是恢复执行。这是“救活”案件，使申请执行人的权益能得到实现的途径，甚至是唯一途径。但在司法实践中，对于恢复执行，大部分法院比较慎重，要求申请执行人提供“看得见、摸得着”的充分、明确的证据，或者设定较多的审查程序。而在我国现行的司法实际环境中，作为普通的当事人，包括律师，是没有足够的机会和能力去对被执行人进行财产调查的。

在这种困境下，法院依职权对已裁定终本案件进行动态管理，是必要的，又是具备可操作性的。因为，现实中，法院和当事人所掌握的信息和资源是严重不对称的，财产调查能力也是存在较大差异的。按照法院系统在银行体系、房产地产体系中的查询能力，完全能做到及时有效地发现被执行人是否在终本后又再次拥有新的财产。所以，法院执行经办人可以依职权定期（比如每6个月）主动、集中对终本案件的被执行人的财产进行查控，做到及时发现、及时恢复执行，以最大限度维护申请执行人的合法权益，彰显司法为民、司法公正。

---

① 参见刘静：《终结本次执行程序的反思》，载《首都师范大学学报（社会科学版）》2016年第6期。

论外国（破产）企业内地可执行财产的参与分配问题

胡　东　王晓盈*

内容提要：民事执行程序中确立的“执行案件移送破产审查”制度理顺了执行程序与破产程序的衔接问题，而当被执行人系外国（破产）企业时，因其无法在我国进入破产清算程序，若其内地可执行财产不足以满足所有债权人的执行请求，对该类企业的内地可执行财产的参与分配及分配顺序问题，均无相应明确规定。在现行法律体系下，对其适用《民诉法解释》第514条以及《最高人民法院关于人民法院执行工作若干问题的规定（试行）》第88条第1款规定，按“采取执行措施的先后顺序”分配被执行财产为最佳选择。

关键词：外国（破产）企业　“执转破”制度　内地可执行财产　参与分配

引言

《最高人民法院关于适用〈中华人民共和国民事诉讼法〉的解释》（法释〔2022〕11号，以下简称《民诉法解释》）第511条至第514条对“执行案件移送破产审查”（即“执转破”）制度作出了明确规定。《最高人民法院关于执行案件移送破产审查若干问题的指导意见》（法发〔2017〕2号，以下简称《执行移送破产审查意见》）出台，就“执转破”制度的实施落地作出了更为细致的规定，从而在民事执行程序中完全确立了“执转破”制度。

然而，笔者发现，我国“执转破”制度的规定有待进一步完善。例如，若被执

* 胡东、王晓盈，广东诺臣律师事务所律师。

行人为境外企业（包括在我国香港、澳门、台湾地区注册成立的企业）或外国破产企业时，因该类企业在我国无法进入破产清算程序，当其内地可执行财产不足以满足所有债权人的执行请求时，对该类企业的内地可执行财产的参与分配及分配顺序问题，上述两部司法解释却均无相应明确规定，留下了一个法律空白。但是外国企业或外国破产企业在内地成为案件被执行人，于司法实务中却并不少见，对该类企业的内地可执行财产的参与分配及分配顺序问题亟待统一司法尺度。

笔者近年办理了一件涉及外国（破产）企业为被执行人的、关于其内地可执行财产的执行分配方案异议之诉案，案件所涉及的外国（破产）企业在内地可执行财产的参与分配及分配顺序问题如何处理在各债权人之间、律师与法官之间争议甚大，律师与法官均遍查国内案例数据库，却无先例可以参照。案例如下：

Y公司是外国企业。Y公司因经营不善欠下了N银行人民币5000万元和A公司500万元的债务。2013年A公司将Y公司诉至一审法院，要求Y公司偿还借款，Y公司因不予履行还款义务，随后被A公司申请强制执行。在执行期间，A公司首先找到并查封了Y公司在内地的财产，后顺利拍卖该财产，拍卖所得款为人民币200万元。正当A公司前往法院领取拍卖款时，N银行向一审法院提出对执行款项参与分配的申请。后才得知，N银行此前也于当地另一法院起诉Y公司要求其偿还借款，N银行此前已执行Y公司的部分财产，但因后续没有找到Y公司的其他财产，故中止执行。而且，N银行称Y公司在澳门已申请破产，故其在内地可执行财产应当由N银行与A公司按债权比例分配。但是，A公司认为其是最先找到被执行财产并采取查封、拍卖措施的债权人，且被执行人Y公司为企业法人，其被执行财产无法参与分配，故被执行财产应按采取执行措施的先后顺序分配给Y公司。法院出具了《执行款分配方案》，支持A公司的观点，将涉案被执行财产全数分配给A公司，N银行不服，向法院提起执行分配方案异议之诉，遂成讼。

该案似可称为国内第一例涉及外国（破产）企业内地可执行财产的执行分配方案异议之诉案，显然具有代表性，故笔者即以该案为例，展开本文，以抛砖引玉。

一、"执转破"制度对外国（破产）企业的适用问题分析

我国"执转破"制度的确立给了那些资不抵债的被执行企业的债权人一次公

平参与分配、债务得以受偿的机会。但当被执行人是外国企业或外国破产企业时，“执转破”制度对其是否适用呢？

（一）我国关于“执转破”制度的规定

《民诉法解释》第511条规定：“在执行中，作为被执行人的企业法人符合企业破产法第二条第一款规定情形的，执行法院经申请执行人之一或者被执行人同意，应当裁定中止对该被执行人的执行，将执行案件相关材料移送被执行人住所地人民法院。”其第512条、第513条则是执行案件移送进入破产程序的进一步规定。

《执行移送破产审查意见》第2条规定：“执行案件移送破产审查，应同时符合下列条件：（1）被执行人为企业法人；（2）被执行人或者有关被执行人的任何一个执行案件的申请执行人书面同意将执行案件移送破产审查；（3）被执行人不能清偿到期债务，并且资产不足以清偿全部债务或者明显缺乏清偿能力。”第3条规定：“执行案件移送破产审查，由被执行人住所地人民法院管辖。在级别管辖上，为适应破产审判专业化建设的要求，合理分配审判任务，实行以中级人民法院管辖为原则、基层人民法院管辖为例外的管辖制度。中级人民法院经高级人民法院批准，也可以将案件交由具备审理条件的基层人民法院审理。”

从上述两部司法解释的内容来看，最高人民法院一直试图从制度上解决执行程序移送破产程序的问题，颁布的司法解释亦从较原则转为可指导司法具体实践、具有可操作性的规定，可谓正式将“执转破”制度从理论落到实地。“执转破”制度的建立是为了保护债权人的权益，避免被执行企业在资不抵债时，却无法进入破产程序进行破产清算，而致债务人财产分配不均，债权人利益受损。

（二）外国（破产）企业难以从执行程序转入破产程序的困境

那么对被执行人系外国（破产）企业的执行案件，若该外国（破产）企业内地可执行财产不足以满足所有债权人的执行请求时，能否进入我国的“执转破”程序？或者说“执转破”制度对其是否适用？

《企业破产法》第3条规定：“破产案件由债务人住所地人民法院管辖。”《最高人民法院关于审理企业破产案件若干问题的规定》（法释〔2002〕23号）第1条规定：“企业破产案件由债务人住所地人民法院管辖。债务人住所地指债务人的主要办事机构所在地。债务人无办事机构的，由其注册地人民法院管辖。”《民诉法解释》第511条规定：“在执行中，作为被执行人的企业法人符合企业破产法第二条第一款规定情形的，执行法院经申请执行人之一或者被执行人同意，应当裁定中止对该被执行人的执行，将执行案件相关材料移送被执行人住所地人民法院。”

而从本文开篇所举案例来看，被执行人 Y 公司是典型的外国企业法人，其注册地在我国澳门地区，在我国内地并无进行注册，即我国内地并无其住所地，所以被执行人若要申请破产，也仅可在澳门地区申请，在我国内地是无法申请破产的。所以，即使申请执行人之一向我国内地的法院提出被执行人 Y 公司的破产申请或 Y 公司同意破产，那么案件应移送至何地的法院受理破产？哪个法院拥有受理本案被执行人破产申请的管辖权？显然，在我国的司法实践中，以外国破产企业为被执行人的执行案件是无法从执行程序转入破产程序的，此时执、破无法衔接；即使申请执行人之一申请外国企业破产或外国企业同意破产，我国内地法院亦无法受理该类企业在内地依照我国法律进入破产程序。

（三）外国破产企业在境外的破产效力的认定

既然“执转破”制度对外国企业不适用，那么能否通过司法认定途径认定该外国破产企业在我国亦为破产企业，并以破产企业身份解决其在内地可执行财产的分配问题呢？

我国《民事诉讼法》第 288 条规定：“外国法院作出的发生法律效力的判决、裁定，需要中华人民共和国人民法院承认和执行的，可以由当事人直接向中华人民共和国有管辖权的中级人民法院申请承认和执行，也可以由外国法院依照该国与中华人民共和国缔结或者参加的国际条约的规定，或者按照互惠原则，请求人民法院承认和执行。”第 289 条规定：“人民法院对申请或者请求承认和执行的外国法院作出的发生法律效力的判决、裁定，依照中华人民共和国缔结或者参加的国际条约，或者按照互惠原则进行审查后，认为不违反中华人民共和国法律的基本原则或者国家主权、安全、社会公共利益的，裁定承认其效力，需要执行的，发出执行令，依照本法的有关规定执行。违反中华人民共和国法律的基本原则或者国家主权、安全、社会公共利益的，不予承认和执行。”

《企业破产法》第 5 条规定：“依照本法开始的破产程序，对债务人在中华人民共和国领域外的财产发生效力。对外国法院作出的发生法律效力的破产案件的判决、裁定，涉及债务人在中华人民共和国领域内的财产，申请或者请求人民法院承认和执行的，人民法院依照中华人民共和国缔结或者参加的国际条约，或者按照互惠原则进行审查，认为不违反中华人民共和国法律的基本原则，不损害国家主权、安全和社会公共利益，不损害中华人民共和国领域内债权人的合法权益的，裁定承认和执行。”

可见，根据上述法律规定及相关国际私法理论，非经司法认定途径，境外法院作出的关于外国企业破产的判决或裁定仅具有域内效力，对我国不具有域外效力，对中国任何法院、个人和公司均不具有法律效力和约束力。[①] 因此，涉及外国破产企业的判决或裁定如需在国内获得认可，那么必须向我国有管辖权的中级人民法院申请承认。但是，对该破产法律文书的认定，是否就能视为该外国企业系我国《企业破产法》意义上的破产企业呢？司法界也未有定论。因为《企业破产法》既是程序法又是实体法，我国法律和外国（境外）法律关于破产程序的规定、关于“破产”概念的内涵及外延的界定差别甚大，根本就不能将外国（境外）法律中的“破产”等同于我国《企业破产法》所规定的“破产”。而且，即使其破产法律文书的司法效力被我国内地法院认定，也不必然意味着外国破产企业就能适用我国的《企业破产法》处理其在我国内地的财产，因为我国《企业破产法》的适用对象并不包括外国企业，外国企业在内地进入破产程序实无法可依。

再加之，在司法实践上对外国（境外）判决、裁定的司法认定费事费力费时，且我国对不同地域的判决、裁定的认定又有不同要求，司法认定途径走下去并不容易。因此，极少有外国破产企业会愿意在我国内地认定其破产效力。故司法实践中，对外国企业，即便其在外国（境外）已进入或已完成破产程序，但在我国内地仍然视其为一个具有完全民事行为能力的、处于正常经营状态的企业法人。

二、我国关于外国（破产）企业内地可执行财产分配问题的规定

从上述可知，外国（破产）企业因无法被我国内地法院认定为破产企业，不能适用我国的“执转破”制度，故其在内地的可执行财产只可在执行程序中继续执行。若外国（破产）企业在内地的可执行财产足以满足所有债权人的请求，那直接按债权数额清偿债务即可；但若不足以满足所有债权人的请求时，应当如何向债权

① 各国在承认与执行外国法院判决方面都规定了一定的条件，只有在满足特定条件的情况下，才会对外国法院判决给予承认与执行。参见刘冰：《外国法院判决承认与执行条件问题研究》，载《广西政法管理干部学院学报》2007 年第 1 期。

人分配该可执行财产呢？

（一）我国在执行程序中关于被执行财产分配的法律规定

其一，《民诉法解释》第506条至第510条的规定。第506条第1款规定："被执行人为公民或者其他组织，在执行程序开始后，被执行人的其他已经取得执行依据的债权人发现被执行人的财产不能清偿所有债权的，可以向人民法院申请参与分配。"其后第507条至第510条均是对第506条的扩展、补充和细化。同时，第514条明确规定："当事人不同意移送破产或者被执行人住所地人民法院不受理破产案件的，执行法院就执行变价所得财产，在扣除执行费用及清偿优先受偿的债权后，对于普通债权，按照财产保全和执行中查封、扣押、冻结财产的先后顺序清偿。"

其二，2020年12月23日公布的《最高人民法院关于人民法院执行工作若干问题的规定（试行）》（以下简称为《执行规定》）第55条及第56条规定。其中第55条规定："多份生效法律文书确定金钱给付内容的多个债权人分别对同一被执行人申请执行，各债权人对执行标的物均无担保物权的，按照执行法院采取执行措施的先后顺序受偿。多个债权人的债权种类不同的，基于所有权和担保物权而享有的债权，优先于金钱债权受偿。有多个担保物权的，按照各担保物权成立的先后顺序清偿。一份生效法律文书确定金钱给付内容的多个债权人对同一被执行人申请执行，执行的财产不足清偿全部债务的，各债权人对执行标的物均无担保物权的，按照各债权比例受偿。"第56规定："对参与被执行人财产的具体分配，应当由首先查封、扣押或冻结的法院主持进行。首先查封、扣押、冻结的法院所采取的执行措施如系为执行财产保全裁定，具体分配应当在该院案件审理终结后进行。"

（二）我国对被执行财产适用的分配原则

从上文列举的条文总结可得，我国对被执行财产的分配主要有以下三种方式：(1) 如被执行人为我国企业法人且被宣告破产或被债权人申请破产，则执行程序中止转入破产程序，被执行财产通过破产清算分配给债权人；(2) 如被执行人为公民或其他组织，被执行财产按债权比例分配给债权人；(3) 如被执行人为非公民、其他组织，即企业法人及学校、机关、医院等其他法人则按采取执行措施的先后顺序将被执行财产分配给债权人。

由于外国（破产）企业无法适用我国的"执转破"制度，故在本小节中，重点探讨被执行财产"按债权比例分配"和"按采取执行措施的先后顺序分配"两大主要分配原则，以探求能否解决外国（破产）企业在内地可执行财产的分配问题。

其一，“按债权比例分配”的分配原则。根据1998年7月8日颁布的《执行规定》第90条以及《民诉法解释》第506条的规定，可得知参与“按债权比例分配”的前提为“被执行人为公民或其他组织”，即被执行人的主体性质必须为“公民或其他组织”才可进入执行程序中参与“按债权比例分配”的大门。

其二，“按采取执行措施的先后顺序分配”的分配原则。1998年7月8日颁布的《执行规定》第88条第1款规定自始定下了在我国执行程序中“按照执行法院采取执行措施的先后顺序受偿”的分配原则。其后，《民诉法解释》第514条规定若“当事人不同意移送破产或者被执行人住所地人民法院不受理破产案件的”执行案件的被执行财产就按采取执行措施的先后顺序分配。

可见，我国法律对于参与分配的被执行人主体有严格的规定，即必须是“被执行人为公民或其他组织”。如果被执行人不满足这一条件，且在处理无优先权的普通债权时，则通常使用“按采取执行措施的先后顺序分配”的分配原则。而且，在《民诉法解释》出台后，“按采取执行措施的先后顺序分配”的分配原则已成为常态、普遍的司法实践。

三、外国（破产）企业在内地可执行财产的分配路径

在我国现行的法律体系之下，对于外国（破产）企业的内地可执行财产分配问题虽存在法律空白，但笔者认为，仍可以灵活使用现行法律法规，妥善解决该实践难题。

（一）《执行规定》第55条及《民诉法解释》第514条规定的适用

根据上文分析，因外国企业无法进入我国“执转破”制度中，如其在内地可执行财产无法满足所有债权人的请求时，则应当将该被执行财产“按采取执行措施的先后顺序”分配给最先采取执行措施的债权人；那么如果外国企业在境外已进入或已完成破产程序，属于破产企业，此时应如何适用法律呢？

首先，因外国企业法人无法在我国申请破产，我国法院亦无法受理、管辖该破产申请，这虽与《民诉法解释》第514条规定中的“当事人不同意移送破产或者被执行人住所地人民法院不受理破产案件的”之条件不是十分契合，但两种情形均系“不破产情形”或“不移送破产情形”，该情形与《民诉法解释》第514条属于最

相类似的情形。因此，笔者认为在外国破产企业无法进入我国破产程序时，参照适用《民诉法解释》第514条解决其在内地可执行财产的分配问题为最佳选择，即应当“按采取执行措施的先后顺序”向债权人分配外国破产企业在内地可执行财产。

其次，《执行规定》第55条第1款明确规定了“多份生效法律文书确定金钱给付内容的多个债权人分别对同一被执行人申请执行，各债权人对执行标的物均无担保物权的，按照执行法院采取执行措施的先后顺序受偿”。该规定未对债务人的主体身份、执行标的的类别等情况作出任何限定，故外国破产企业在内地可执行财产的分配问题完全可适用前述规定。

最后，适用法律有个逻辑先后顺序问题。当外国破产企业为被执行人时，根本进不了“参与分配”制度的大门，自然“按债权比例”分配外国破产企业的内地可执行财产即不可行。而《民诉法解释》第506条至第510条明确规定了参与分配的适用对象是被执行人为公民或其他组织的情形，那么结合本文所举案例而言，被执行人Y公司是典型的境外公司法人，绝不是公民或其他组织，故不可对其境内可执行财产参与分配。

而司法实践中，对外国企业，即便其在外国（境外）已进入或已完成破产程序，但在我国内地仍然视其为一个具有完全民事行为能力的、处于正常经营状态的企业法人。故因外国破产企业作为被执行人时不符合“参与分配”的适用条件和适用对象，故此时进不了“参与分配”的大门，既然“进不了门”，那就更无从谈起按债权比例分配外国破产企业内地可执行财产了。

（二）《民诉法解释》第514条与《执行规定》第55条第1款规定的适用

《民诉法解释》第514条与《执行规定》第55条第1款规定均是关于“按采取执行措施的先后顺序”分配财产的规定，很明显前者属于旧法，后者属于新法，后者实际上是对前者的进一步认可、明确及在此基础上的发展。根据我国“新法优于旧法”“后法优于先法”的法律适用原则，原则上应该先适用新法，新法内容上没有规定的，则应适用旧法。对此，《立法法》第92条规定得很清楚。

具体而言，对于按采取执行措施的先后顺序受偿问题，《民诉法解释》第514条规定“当事人不同意移送破产或者被执行人住所地人民法院不受理破产案件的”为适用条件，而《执行规定》第55条第1款规定并未限定“当事人不同意移送破产或者被执行人住所地人民法院不受理破产案件的”这一适用条件，显然《执行规定》第 55 条第 1 款规定的适用范围明显宽于《民诉法解释》第 514 条之规定。或者说，在出现“当事人不同意移送破产或者被执行人住所地人民法院不受理破产案件的”情形后，此时《民诉法解释》第 514 条规定对该适用情形的规定上比《执行规定》第 55 条第 1 款的规定更具体，此时可优先适用《民诉法解释》第 514 条规定；但在出现了超出“当事人不同意移送破产或者被执行人住所地人民法院不受理破产案件的”这一条件之外情形后，此时可适用《执行规定》第 55 条第 1 款之规定。比如就本文所举案例中因被执行人 Y 公司系境外公司法人，其不可能在内地申请破产或内地法院不能受理该公司的破产案件，故不属于《民诉法解释》第 514 条规定的“当事人不同意移送破产或者被执行人住所地人民法院不受理破产案件的”这一情形，亦即《民诉法解释》第 514 条对外国（境外）公司不能在内地申请破产或内地法院不能受理该公司的破产这一情形未作规定，那么此时，就应当适用《执行规定》第 55 条第 1 款的规定。

（三）“按采取执行措施的先后顺序”的适用

首先，基于执行程序之“先来先得”的优先主义，应当给予在先保全债务人财产的债权人适当优先。[①] 而在我国，财产保全制度控制得较严格，先采取执行措施的债权人比其他债权人承担着更大的风险，且比其他债权人付出了更多的时间、精力和费用。

其次，执行措施的目的是防止债务人不当转移或隐匿财产，逃避债务，保证债权人债权的有效实现和满足；债权人及早地对债务人的财产采取措施，让先采取执行措施的债权人优先受偿符合“权利与义务相一致”和“期限利益”[②] 的原理。先采取执行措施的债权人申请各项执行措施的目的是自己的利益，多劳多得是我国重要的社会价值观，法律很有必要对这种付出、劳动给予鼓励和支持。因此而受惠的其他债权人，更应对优先采取执行措施的债权人作出的贡献予以充分的肯定。所以在整体平等主义的基础上，对于先采取执行措施的债权人给予优先受偿的对待，不仅可实现司法公平和正义，还能保证执行效率，倡导债权人及时行使权力，最大限

---

① 参见江必新主编：《执行规范理解与适用：最新民事诉讼法与民诉法解释保全、执行条文关联解读》，中国法制出版社 2015 年版，第 257 页。

② 期限利益，是指债务人提前清偿或者债权人请求提前清偿，使对方失去的利益。参见刘心稳：《债权法总论》，中国政法大学出版社 2015 年版，第 246 页。

度地实现效率和公平。

最后，法律的适用应具有良好的裁判导向、道德导向及良好的社会效果，一味地考虑平均主义或绝对的公平，将会无视先申请采取执行措施的债权人对执行成果的获得所付出的工作量、风险及贡献，也会违背“有劳有得、多劳多得、不劳不得”这一最朴素的真理和道德风尚，亦将变相鼓励“下山摘桃子”“搭便车”“不劳而获”“投机取巧”这些不良行为，最终不利于案件的执行及债权人利益的保护。

四、结语

由于我国“执转破”制度对解决外国（破产）企业的内地可执行财产的分配问题暂无明确的法律规定，实践中不免会产生争议，但在《民诉法解释》第514条规定出台后，对普通债权按采取执行措施先后顺序受偿已逐渐成为常态，成为普遍的司法实践，因此在应对外国（破产）企业的内地可执行财产的分配问题时，适用《民诉法解释》第514条以及《执行规定》第88条第1款规定按“采取执行措施的先后顺序”分配被执行财产为最佳选择，是完全符合最新立法趋势及立法精神的。但同时，我国立法机关、司法机关仍要尽快出台相关的法律法规或司法解释，以统一司法尺度，给司法实践以明确的指引。

论首封债权人的优先受偿

刘玉国*

内容提要：根据我国现行的法律法规，对于多个债权执行，在被执行人财产不足以清偿所有债权时，首封债权人相对其他普通债权人在被执行人财产分配上并无多少优势，只有当被执行人为企业法人，且被执行人与所有申请执行人都不同意移送破产时，首封债权人才可以优先受偿。过于追求表面上的平等，而不根据实际情况作出衡量，反而导致了实质上的不公平。应在查封优先原则与债权平等保护原则中取得平衡，更公平、合理地保护各方当事人的合法权益。

关键词：财产保全　首封债权人　轮候查封　优先受偿

在金钱给付类的诉讼案件中，律师经常建议债权人采取财产保全措施，以求在胜诉之后债权的受偿有所保证。从 2016 年 12 月 1 日起，《最高人民法院关于人民法院办理财产保全案件若干问题的规定》（法释〔2016〕22 号，2020 年修正）正式施行，对财产保全作出了许多更为细致、可行的规定，势必会让越来越多的债权人，尤其是没有优先债权的普通债权人，更倾向于先向法院申请财产保全。但是，许多案件中往往有多个债权人分别对同一债务人向不同法院申请采取查封、扣押、冻结（以下简称查封）等措施，那么查封的先后顺序是否对胜诉后债权的受偿有所

* 刘玉国，广东海际明律师事务所律师。

影响？又如何保障首封债权人能够得到公平、合理的优先受偿？① 本文将对上述问题进行梳理和讨论。

一、规范层面的变迁

1992 年，《最高人民法院关于适用〈中华人民共和国民事诉讼法〉若干问题的意见》（法发〔1992〕22 号）② 第 297 条规定："被执行人为公民或者其他组织，在执行程序开始后，被执行人的其他已经取得执行依据的或者已经起诉的债权人发现被执行人的财产不能清偿所有债权的，可以向人民法院申请参与分配。"这是我国首次以司法解释的形式确立了对被执行人财产不足以清偿所有债权的分配方式，但此司法解释仅针对被执行人为公民或者其他组织，对于被执行人为法人的情形则不适用。

1998 年，《最高人民法院关于人民法院执行工作若干问题的规定（试行）》（法释〔1998〕15 号，2020 年修正）针对性地规定了第十一章"多个债权人对一个债务人申请执行和参与分配"，对本章多个条文进行梳理和归纳，可发现法院开始对"被执行人财产是否足以清偿所有债权"的不同情形采用了不同的分配方式，当被执行人财产足以清偿所有债权时，"按照执行法院采取执行措施的先后顺序受偿"，这在一定程度上保障了首封债权人的优先受偿。并且，还针对被执行人为企业法人的情形提出了"执转破"这一概念；对未经清理或清算而撤销、注销或歇业的企业法人，参照参与分配的原则对各债权人的债权按比例清偿。

2004 年，《最高人民法院关于人民法院民事执行中查封、扣押、冻结财产的规定》（法释〔2004〕15 号，2020 年修正），以及 2007 年《最高人民法院关于查封法院全部处分标的物后轮候查封的效力问题的批复》（法函〔2007〕100 号）明确了轮候查封的概念，对轮候查封的效力和程序作出了规定，与首封有所区分。

---

① "根据我国相关法律法规，轮候查封的多个债权执行时，除法定优先债权优先受偿外，对于并存的多个普通债权，当被执行人财产足以清偿全部债务时适用查封优先原则，根据查封顺序先后受偿；当被查封财产不足以清偿全部债务时，应根据被执行人的主体分别适用破产和参与分配制度，按各债权的比例平等分配。因此，在案件执行中，给予首封普通债权人优于轮候查封债权人的特殊分配权益的分配方案，在立法尚无明文规定的情况下，不应得到支持。"参见李剑：《首封债权人不必然比轮候查封债权人优先受偿》，载《人民司法（案例）》2015 年第 18 期。

② 已于 2007 年因《民事诉讼法》修改而失效。

2008年，《最高人民法院关于适用〈中华人民共和国民事诉讼法〉执行程序若干问题的解释》（法释〔2008〕13号，2020年修正）第25条和第26条对参与分配的程序、参与分配的方案确定，以及对参与分配方案的异议如何处理等问题作出了具有可操作性的规定。

2015年，《最高人民法院关于适用〈中华人民共和国民事诉讼法〉的解释》（法释〔2015〕5号，2022年修正）第508条至第512条再次确认了在被执行人为公民或者其他组织且财产不能清偿所有债权的情形下采取参与分配的方式，并"原则上按照其占全部申请参与分配债权数额的比例受偿"；第513条至第516条则明确规定了被执行人为企业法人时其财产应采取何种分配方式：当被执行人符合企业破产法规定的破产申请条件时，经申请执行人之一或者被执行人的同意，执行程序即告中止并转入破产程序，对于同一顺位的普通债权，自然要根据企业破产法的相关规定按债权比例清偿；而当事人不同意移送破产或者被执行人住所地人民法院不受理破产案件的，对于普通债权，按照财产保全和执行中查封的先后顺序清偿。

2016年，《最高人民法院关于首先查封法院与优先债权执行法院处分查封财产有关问题的批复》（法释〔2016〕6号）第1条规定："执行过程中，应当由首先查封、扣押、冻结（以下简称查封）法院负责处分查封财产……"确立了首封法院的执行财产处分主导地位。

2017年，《最高人民法院关于执行案件移送破产审查若干问题的指导意见》（法发〔2017〕2号）第4条进一步明确规定："……申请执行人、被执行人均不同意移送且无人申请破产的，执行法院应当按照《最高人民法院关于适用〈中华人民共和国民事诉讼法〉的解释》第五百一十六条的规定处理，企业法人的其他已经取得执行依据的债权人申请参与分配的，人民法院不予支持。"再次重申了只有当执行中的所有当事人都同意移送破产时，执行程序才能转为破产程序，且不再参照适用参与分配的相关规定对被执行人的财产进行分配。

二、首封债权人优先受偿的分析与思考

对上述法规进行梳理、归纳、分析之后，我们可以发现，对于被执行人的财产不足以清偿所有债权时的财产分配原则，最高人民法院的观点从被执行人为公民或其他组织时适用参与分配方式，到被执行人为企业法人时有条件地适用参与分配的

方式，最后到目前区分被执行人为公民、其他组织还是企业法人这两种不同情形分别适用不同的财产分配原则。笔者根据上述法规制作了流程图：

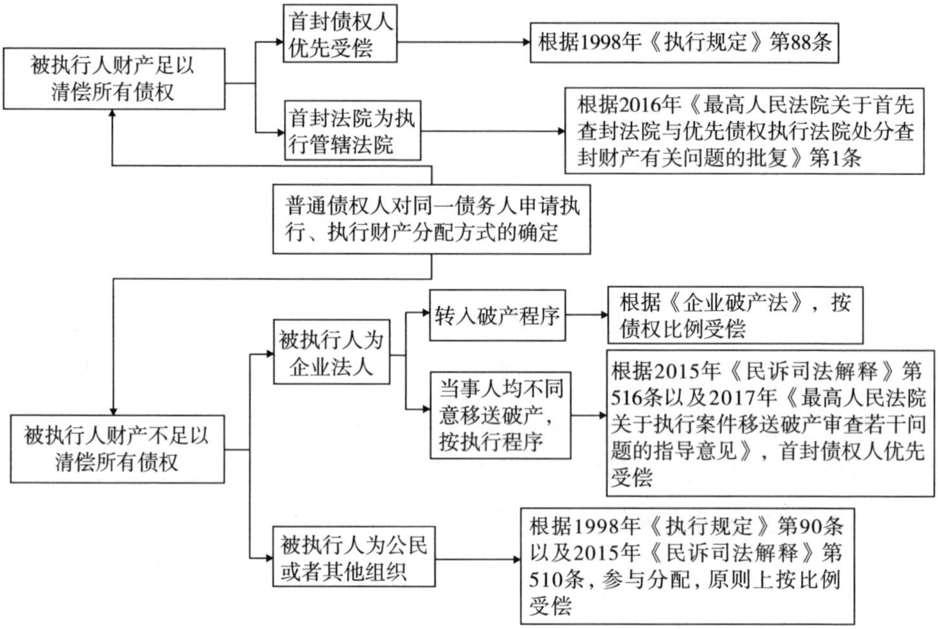

债权人对债务人申请执行财产分配流程

可见，在被执行人财产不足以清偿所有债权时，首封债权人相对其他普通债权人在被执行人财产分配上并无多少优势，只有当被执行人为企业法人，且被执行人与所有申请执行人都不同意移送破产时，首封债权人才可以优先受偿。首封债权人通常需要花费大量的时间、精力才能调查获取被执行人的财产线索，且申请查封被执行人财产还经常需要向法院交纳保全费用、保证金，提供一定的财产作为担保，如果不能在一定程度上优先受偿，首封债权人相比其他普通债权人的维权成本会超出许多，这无疑是不公平的。而现行规定对于首封债权人的优先受偿规定比较苛刻，笔者认为过多地体现了债权平等保护的原则，而一定程度上忽视了查封优先原则，导致了实质上的不公平。

其实在各地的司法实践中，已经有法院对于查封优先采取了更为积极的做法。例如，《浙江省高级人民法院关于在立案和审判中兼顾案件执行问题座谈会纪要》（浙高法〔2009〕116号）、《浙江省高级人民法院执行局关于印发〈关于多个债权人对同一被执行人申请执行和执行异议处理中若干疑难问题的解答〉的通知》（浙高法执〔2012〕5号）规定了首封债权人在参与分配时可以适当多分，但最高不得超过20%。①《重庆市高级人民法院关于执行工作适用法律若干问题的解答（一）》（渝高法〔2016〕63号）也规定了首封债权人在保证参与分配债权都有受偿的前提下，可以适当予以多分。②

笔者认为，当被执行人是企业法人时，如执行程序转为破产程序，在对于同一顺位的普通债权进行破产分配清偿时，也应当参照上述两法院的做法，规定首封债权人可以适当多分，以更好地平衡各普通债权人的利益。③

只有在一定程度上平衡查封优先原则与债券平等保护原则，才能激励债权人积极行使诉权，激励执行法院尽快执行，提高执行的效率，更好地保护双方当事人的合法权益。

---

① 《浙江省高级人民法院关于在立案和审判中兼顾案件执行问题座谈会纪要》（浙高法〔2009〕116号）第三条第（四）项规定首先申请财产保全并成功保全债务人财产的债权人在参与该财产变价所得价款的分配时，可适当多分，但最高不得超过20%（即1∶1.2的系数）。具体如何确定分配比例？

答：举例说明如下：

甲、乙、丙均申请执行丁，申请执行标的额分别为200万元、300万元和100万元，符合参与分配条件。在诉讼中，甲首先申请财产保全并成功保全丁的全部财产，后拍卖得款300万元。主持分配的法院决定给甲多分20%（即增加0.2的系数）。分配时，先计算出乙、丙的受偿比例（以A指代），确定系数1，再乘以（1+20%）得出甲的受偿比例。乙、丙受偿比例的计算方法为：甲债权200万元×A×（1+20%）+（乙债权300万元+丙债权100万元）×A=可分配金额300万元，由此计算出A=46.875%。则甲的受偿比例为46.875%×1.2=56.25%。

需要注意的是，当首先申请财产保全并成功保全债务人财产的债权人的申请执行标的额远大于可分配金额，或者其他债权人的受偿比例已经较高（达到83.34%以上）时，奖励的系数应视情降低，以免出现首先申请财产保全并成功保全债务人财产的债权人分走全部款项或超额受偿的情况。

② 参与分配程序中，普通债权的受偿比例，如何确定？

参与分配程序中，执行所得价款扣除执行费用，并清偿应当优先受偿的债权后，普通债权原则上按照其占全部申请参与分配债权数额的比例受偿。

但有以下情形之一的普通债权，人民法院应根据案件具体情况，在保证参与分配债权都有受偿的前提下，可适当予以多分，多分部分的金额不得超过待分配财产的20%且不高于该债权总额，未受偿部分的债权按普通债权比例受偿。

1. 依债权人提供的财产线索，首先申请查封、扣押、冻结并有效采取措施的债权，但人民法院依职权查封的除外；

2. 依债权人申请采取追加被执行人、行使撤销权、悬赏执行、司法审计等行为而发现被执行人财产的债权。

③ 参见胡建发、王思敏：《对司法判决中首封债权人优先受偿保全财产的分析》，载《中国石油大学胜利学院学报》2018年第1期。

试论不良资产处理中的财产保全及执行主体变更的若干问题

唐 明*

内容提要：诉讼方式处置是资产回收的主要手段，如果每一项诉中保全均要求资产管理公司提供担保而不能免于担保，则会影响诉讼保全效率，增加时间和经济成本，需有专门的司法解释或其他规范性文件明确对于金融资产公司在处理不良资产的诉讼过程中申请的诉中财产保全原则上免于提供担保；对于确有必要提供担保的诉中财产保全或是应提供担保的诉前财产保全，原则上允许金融资产公司以自身企业信用提供担保。在诉讼执行主体变更中，由于规定过于概括，不同法院对此处理方式各不相同，需有专门的司法解释或其他规范性文件明确各级法院对于金融资产管理公司依法变更诉讼、执行主体的具体流程及应提交的文件。

关键词：不良资产 诉讼处置 财产保全 执行主体变更

近年来，国内银行不良资产率有所提升，资产管理公司收购的不良资产规模随之增多。对于已收购的不良资产包，资产管理公司根据项目具体情况，采取包括债转股、公开拍卖、协议转让、诉讼处置等各种方式进行处置以实现债权回收最大化和效益最优化，其中诉讼处置一直以来都是资产管理公司实现债权回收的主要方式之一。为有效实现债权回收，在以诉讼方式处置不良资产的过程中，资产管理公司会因地制宜采取各种法律手段，多措并举，最大限度促使诉讼执行高效有序地推进。但在诉讼执行的过程中，资产管理公司也常常会遇到一些直接关乎债权回收工作效率和成效的法律问题，比较突出的表现在诉讼保全、诉讼执行主体变更及诉讼

* 唐明，广东岭南律师事务所律师。

执行。如何更好地解决这些问题，成为资产管理公司在以诉讼方式处置不良资产工作中重点关注、思考和解决的事项。

一、诉讼保全中的法律问题及解决方案思考

（一）法律问题简述

对于以诉讼方式处置的不良资产，为确保或提高债权回收率，在提起诉讼之前或是之后，资产管理公司会申请法院对债务人的财产特别是抵押物进行查封、扣押或是冻结，即申请财产保全。在财产保全过程中，银行传统类不良资产项目依据《最高人民法院关于审理涉及金融资产管理公司收购、管理、处置国有银行不良贷款形成的资产的案件适用法律若干问题的规定》（法释〔2001〕12 号，已失效）第 5 条规定："人民法院对金融资产管理公司申请财产保全的，如金融资产管理公司与债务人之间债权债务关系明确，根据《中华人民共和国民事诉讼法》第九十二条第二款的规定，可以不要求金融资产管理公司提供担保。"法院一般不需要资产管理公司提供财产保全担保，财产保全比较顺畅。但随着公司附重组条件类业务的快速发展，在附重组条件项目诉讼过程中，由于原始债权标的具有非金融资产的特征，无法适用上述规定的"优惠政策"，法院一般都要求资产管理公司提供财产保全担保。由于法院在实践中对财产保全担保问题的处理意见不统一，资产管理公司时常遭遇财产保全难问题。具体情况如下：

根据现行《民事诉讼法》第 103 条规定："人民法院对于可能因当事人一方的行为或者其他原因，使判决难以执行或者造成当事人其他损害的案件，根据对方当事人的申请，可以裁定对其财产进行保全、责令其作出一定行为或者禁止其作出一定行为；当事人没有提出申请的，人民法院在必要时也可以裁定采取保全措施。人民法院采取保全措施，可以责令申请人提供担保，申请人不提供担保的，裁定驳回申请……"第 104 条第 1 款规定："利害关系人因情况紧急，不立即申请保全将会使其合法权益受到难以弥补的损害的，可以在提起诉讼或者申请仲裁前向被保全财产所在地、被申请人住所地或者对案件有管辖权的人民法院申请采取保全措施。申请人应当提供担保，不提供担保的，裁定驳回申请。"即对于诉前财产保全，法律规定申请人应当提供担保；对于诉中财产保全，申请人是否需要提供担保，法院享有自由裁量权。另外，对于申请人提供担保的具体形式，法律未予以明确规定，法

院对此享有较大的自由裁量权。

正因如此，资产管理公司在附重组条件类项目诉讼财产保全的过程中时常因受诉法院不同而出现以下问题：（1）在诉中财产保全中，资产管理公司能否免于提供担保；（2）在诉前财产保全或诉中财产保全中，若要提供担保，资产管理公司能否以自有信用担保。以资产管理公司所在地广东省各级法院为例，对于诉中财产保全，法院原则上均要求资产管理公司提供担保，鲜有免于担保的情形；对于担保类型，部分法院要求提供房产、现金等保值的财产作为担保物或是第三方诉讼保全公司提供担保，部分法院接受资产管理公司以自有信用或以总公司名义提供担保。

由于诉讼方式处置是资产回收的主要手段，因此不可避免会涉及大量的、数额巨大的诉讼中保全及诉前保全。如果每一项诉中保全均要求资产管理公司提供担保而不能免于担保，则必将影响资产管理公司的诉讼保全效率；如果法院拒不接受资产管理公司以自有信用担保而要求提供房产、现金等保值的财产或是第三方诉讼保全担保，则必然增加资产管理公司申请财产保全的时间和经济成本，给资产管理公司造成巨大的压力，明显不利于资产管理公司不良资产处置工作的顺利进行。

（二）解决方案思考

为解决资产管理公司在诉讼保全过程中的上述法律问题，根据《民事诉讼法》的规定，结合国有金融资产管理公司收购处置不良资产的特殊性及自身优良的企业信用和经济实力，资产管理公司认为可依法建议由最高人民法院作出专门的司法解释或其他规范性文件明确对于金融资产公司在处理不良资产的诉讼过程中申请的诉中财产保全原则上免于提供担保；对于确有必要提供担保的诉中财产保全或是应提供担保的诉前财产保全，原则上允许金融资产公司以自身企业信用提供担保。此种做法不违反《民事诉讼法》关于诉讼保全的规定，具有充分的合理性和可行性，应当予以法定化。事实上，全国不少地方性法院已经通过制定规范性文件对此进行了探索和实践。例如，重庆市高级人民法院制定的《关于财产保全担保法律适用问题的解答》、浙江省高级人民法院制定的《关于财产保全担保若干问题的意见（试行）》等规范性文件已明确银行、金融资产管理公司、保险公司等金融机构申请诉中财产保全可免于提供担保；湖南省高级人民法院制定的《关于财产保全案件的办案规程》、江苏省高级人民法院制定的《关于财产保全担保审查、处置若干问题的暂行规定》、苏州市中级人民法院制定的《关于规范保全担保审查的意见（试行）》、武汉市中级人民法院制定的《财产保全担保审查管理办法》等规范性文件则认为已明确银行、金融资产管理公司、保险公司等金融机构在诉讼保全中可以提供自身企业信用作为担保。值得一提的是，2016 年 12 月 1 日起施行的最高人民法院《关于人民法院办理财产保全案件若干问题的规定》（法释〔2016〕22 号，2020 年修正）吸收了各地的经验，对金融机构、保险公司财产保全做了一些进步性的规定，但对于金融资产管理公司财产保全的担保未明确规定，仍存在不足。

二、诉讼执行主体变更中的法律问题及解决方案思考

（一）法律问题简述

在资产管理公司接收的银行不良资产债权中，有较大一部分已由原债权银行通过诉讼方式正在处置；有的尚在诉讼程序之中；有的诉讼程序已结束但尚未进入执行程序；有的则已进入执行程序尚未执行终结。对于该类债权，为提高资产处置效率和处置收益，维护资产管理公司合法权益，资产管理公司须及时通过法律程序申请变更资产管理公司为诉讼主体或执行主体，继承原债权银行的权利和义务。

根据《最高人民法院关于适用〈中华人民共和国民事诉讼法〉的解释》（法释〔2022〕11 号）第 249 条第 2 款规定："受让人申请以无独立请求权的第三人身份参加诉讼的，人民法院可予准许。受让人申请替代当事人承担诉讼的，人民法院可以根据案件的具体情况决定是否准许；不予准许的，可以追加其为无独立请求权的第三人。"第 250 条第 1 款规定："依照本解释第二百四十九条规定，人民法院准许受让人替代当事人承担诉讼的，裁定变更当事人。"《最高人民法院关于金融资产管理公司收购、处置银行不良资产有关问题的补充通知》（法发〔2005〕62 号）第 3 条规定："金融资产管理公司转让、处置已经涉及诉讼、执行或者破产等程序的不良债权时，人民法院应当根据债权转让协议和转让人或者受让人的申请，裁定变更诉讼或者执行主体。"资产管理公司受让银行的不良资产债权后可以向法院申请变更诉讼、执行主体。

但是由于上述规定过于概括，未明确规定申请变更诉讼、执行主体的具体程序及应当提交的文件资料，同时还赋予了法院决定是否同意变更诉讼、执行主体的自由裁量权，以至于在司法实践中不同法院对此处理方式各不相同：对已经起诉尚未审结的案件，有的法院要求原债权银行（原告）撤诉后由资产管理公司重新起诉；

有的法院要求资产管理公司依法申请变更诉讼主体；有的法院则直接不接受资产管理公司要求变更诉讼主体的申请。对于已出生效判决但尚未执行的案件，有的法院允许资产管理公司依据债权转让协议直接申请强制执行；有的法院要求先由原债权银行申请强制执行再由资产管理公司以执行异议的方式要求变更执行主体；有的法院还要求资产管理公司先通过诉讼确认债权受让人的主体资格后再申请强制执行。对已经进入执行程序的案件，有的法院要求资产管理公司重新申请执行；有的法院要求资产管理公司申请变更“申请执行人”。各地法院上述的做法，给资产管理公司在申请变更诉讼、执行主体时造成了困扰，影响着资产管理公司以诉讼方式处置不良资产的效率和成果。

（二）解决方案思考

如上所述可知，造成上述法律问题的原因在于对金融资产管理公司申请变更诉讼、执行主体的问题，现行法律法规的规定较为概括，缺乏较为明确、规范、细化的操作程序。鉴于金融资产管理公司处置不良资产的特殊性，为保障金融资产管理公司依法变更诉讼、执行主体程序的顺畅性和统一性，可依法建议由最高人民法院作出专门的司法解释或其他规范性文件明确各级法院对于金融资产管理公司依法变更诉讼、执行主体的具体流程及应提交的文件。同时应明确各级法院应当依金融资产管理公司的申请而裁定予以变更诉讼或执行主体。

第三编

《关于审理涉及金融不良债权转让案件工作座谈会纪要》的适用问题

论《关于审理涉及金融不良债权转让案件工作座谈会纪要》的适用范围

杜称华　颜　珍*

内容提要：最高人民法院《关于审理涉及金融不良债权转让案件工作座谈会纪要》第12条规定了《纪要》的适用范围，但《纪要》发布之后，最高人民法院又以答复函、批复的形式扩大了《纪要》的适用范围。在司法实践中，存在着各种不良资产案件能否适用《纪要》的争议。《纪要》应严格限定其适用范围为特定时期的政策性不良资产转让纠纷，将实践中存在的不良资产转让纠纷都纳入《纪要》不符合《纪要》目的，且不具有可行性。

关键词：不良资产转让　《纪要》　适用范围

不良资产转让是处置不良资产的重要手段，我国国有银行对不良资产的处置方式主要是将不良资产“打包”转让给金融资产管理公司，再由金融资产管理公司进行处置，这类纠纷的司法裁判主要适用最高人民法院《关于审理涉及金融不良债权转让案件工作座谈会纪要》（法发〔2009〕19号，以下简称《纪要》）的规定。《纪要》发布的目的主要是解决不良债权转让过程中国有资产流失问题，然而随着不良资产市场不断发展，实践中的纠纷也日益增加，最高人民法院通过不断扩大《纪要》的适用范围以适应市场化的不良资产转让案件。对于这些纠纷能否纳入《纪要》的适用范围以及《纪要》的适用范围应如何确定，实践中产生了许多争议，如何认定《纪要》的适用范围已成为不良资产转让纠纷中亟待厘定的问题。

* 杜称华，法学博士，广东瀛真律师事务所主任、创始合伙人，首届广州市律师协会不良资产处置法律专业委员会主任；颜珍，法学硕士，执业律师。

一、《纪要》适用范围的相关规定

（一）《纪要》中规定的适用范围

《纪要》第12条第1款、第2款是对其适用范围的规定："会议认为，在《纪要》中，国有银行包括国有独资商业银行、国有控股商业银行以及国有政策性银行；金融资产管理公司包括华融、长城、东方和信达等金融资产管理公司和资产管理公司通过组建或参股等方式成立的资产处置联合体。国有企业债务人包括国有独资和国有控股的企业法人。受让人是指非金融资产管理公司法人、自然人。不良债权转让包括金融资产管理公司政策性和商业性不良债权的转让。政策性不良债权是指1999年至2000年上述四家金融资产管理公司在国家统一安排下通过再贷款或者财政担保的商业票据形式支付收购成本从中国银行、中国农业银行、中国建设银行、中国工商银行以及国家开发银行收购的不良债权；商业性不良债权是指2004年至2005年上述四家金融资产管理公司在政府主管部门主导下从交通银行、中国银行、中国建设银行和中国工商银行收购的不良债权。《纪要》的内容和精神仅适用于在《纪要》发布之后尚在一审或者二审阶段的涉及最初转让方为国有银行、金融资产管理公司通过债权转让方式处置不良资产形成的相关案件。人民法院依照审判监督程序决定再审的案件，不适用《纪要》。"

依据《纪要》的规定，笔者将其适用的范围归纳为两类：第一，中国银行、中国农业银行、中国建设银行、中国工商银行以及国家开发银行在1999年至2000年，向四家金融资产管理公司转让其对国有企业债务人所有的政策性不良债权，四家金融资产管理公司受让债权后，再通过债权转让方式处置不良资产；第二，交通银行、中国银行、中国建设银行和中国工商银行在2004年至2005年，向四家金融资产管理公司转让其对国有企业债务人所有的商业性不良债权，四家金融资产管理公司受让债权后，再通过债权转让方式处置不良资产。以上转让纠纷仅适用于《纪要》发布后，尚在一审或二审阶段的案件。

（二）《纪要》适用范围的扩大

《纪要》发布之后，最高人民法院又以答复函、批复的形式扩大了《纪要》的适用范围。

2009年9月25日，最高人民法院作出《关于如何理解最高人民法院法发

〔2009〕19号〈会议纪要〉若干问题的请示之答复》（〔2009〕民二他字第21号）："根据《纪要》的精神和目的，涉及非国有企业债务人的金融不良债权转让纠纷案件，亦应参照适用《纪要》的规定。"该规定将非国有企业债务人的金融不良债权转让纠纷也纳入适用《纪要》。

2011年11月14日，最高人民法院作出〔2011〕执他字第7号答复："在执行程序中，涉及金融不良债权转让的案件，应当参照适用最高人民法院《关于审理涉及金融不良债权转让案件工作座谈会纪要》的相关规定。非国有金融机构受让人向国有企业债务人主张已发生转让的金融债权利息，应当按照第九条的规定执行，即以借款合同本金为计算基数，利息计算至金融不良债权转让之日止，不能计收复利。"该规定将执行阶段的不良债权转让案件，也纳入《纪要》适用范围。

2013年11月26日，最高人民法院以《关于非金融机构受让金融不良债权后能否向非国有企业债务人主张全额债权的请示的答复》（〔2013〕执他字第4号）答复湖北省高级人民法院："一、非金融机构受让经生效法律文书确定的金融不良债权能否在执行程序中向非国有企业债务人主张受让日后利息的问题，应当参照我院2009年3月30日《关于审理涉及金融不良债权转让案件工作座谈会纪要》（法发〔2009〕19号，以下简称《海南座谈会纪要》）的精神处理。二、根据《海南座谈会纪要》第十二条的规定，《海南座谈会纪要》不具有溯及力。《海南座谈会纪要》发布前，非金融资产管理公司的机构或个人受让经生效法律文书确定的金融不良债权，或者受让的金融不良债权经生效法律文书确定的，发布日之前的利息按照相关法律规定计算；发布日之后不再计付利息。《海南座谈会纪要》发布后，非金融资产管理公司的机构或个人受让经生效法律文书确定的金融不良债权的，受让日之前的利息按照相关法律规定计算；受让日之后不再计付利息。"即《纪要》既适用于未经生效法律文书确定的金融不良债权转让，也适用于经生效法律文书确定的金融不良债权转让。《纪要》发布前，非金融资产管理公司的机构或个人受让经生效法律文书确定的金融不良债权，或者受让的金融不良债权经生效法律文书确定的，发布日之前的利息按照相关法律规定计算，发布日之后不再计付利息。

二、司法审判中的争议

能否适用《纪要》对案件的审判有着重大的影响，不同的法律适用可能导致完全不同的裁判结果，分析下文案例裁判结果，法官在对某一纠纷是否应适用《纪要》甚至有着截然不同的看法。

（一）非国有银行能否适用《纪要》的争议

对于《纪要》的适用，不良债权最初转让方是否仅限于《纪要》中规定的中国银行、中国农业银行、中国建设银行、中国工商银行、国家开发银行及交通银行之一？能否将“国有银行”作扩大解释？司法审判中对此有着不同的看法。

经过对相关案例搜索发现，大多数适用《纪要》作为判决依据的案例中，债权的最初转让方为《纪要》中所限定的几大国有银行之一，即大多数法院认定可以适用《纪要》的案件中，最初债权转让方必须为中国银行、中国农业银行、中国建设银行、中国工商银行、国家开发银行及交通银行之一。例如，浙江某控股有限公司与北京某担保服务有限公司一案①，本案的最初债权转让方为北京农村商业银行股份有限公司怀柔支行，其于 2010 年 12 月 29 日与中国信达资产管理股份有限公司北京市分公司签订了《债权转让协议》。北京市第三中级人民法院认为：“信达天津分公司收购的系农商行杨宋支行贷款合同之债，非特定时期特指的政策性不良贷款或商业性不良债权，原始债权人农商行杨宋支行也不是相关司法解释明确列明的国有银行……”本案法院认为农商行非《纪要》中规定的国有银行之一，不适用《纪要》规定。又如，招商银行股份有限公司广州增城支行与曹某春、潘某顺等执行一案②，广州市中级人民法院认定招商银行非国有银行，不能使用《纪要》的相关规定。

但是，有一些法院判决对于其他国有银行的债权转让纠纷也适用了《纪要》。例如，中企信用融资担保有限公司与浙江某有限公司等借款合同纠纷一案③，本案最初债权转让方为农商行某支行，其于 2010 年 12 月 29 日与信达北京分公司签订《债权转让协议》。本案农商行非《纪要》中所规定的几种国有银行之一，但是，北京市第一中级人民法院认为，根据《纪要》第 2 条中“凡符合民事诉讼法规定的受理条件及《纪要》有关规定精神涉及的此类案件，人民法院应予受理”的表述，对于《纪要》发布后新产生的上述类型的案件，适用《纪要》的精神内容进

① 参见北京市第三中级人民法院（2014）三中民（商）终字第 15644 号民事判决书。
② 参见广东省广州市中级人民法院（2016）粤 01 执复 42 号执行裁定书。
③ 参见北京市第一中级人民法院（2014）一中民（商）终字第 7677 号民事判决书。

行审理，系《纪要》的当然之意。又如，中国长城资产管理公司上海办事处与上海某容器有限公司金融借款合同纠纷一案[①]，本案最初债权转让方为华夏银行，其于2008年4月29日与长城资产管理股份有限公司签订《债权转让协议》。上海市第一中级人民法院认为："华夏银行虽非完全国有股份，但国有控股则毫无异议。"即华夏银行为国有控股银行，为《纪要》中规定的国有银行，应当适用《纪要》的相关规定。

（二）非特定时期的不良资产转让能否适用《纪要》的争议

依据《纪要》对不良债权的定义，只限定于1999年至2000年、2004年至2005年，四家金融资产管理公司收购的政策性、商业性不良债权，能否将不良债权的转让期间作扩大解释，司法审判中也有着不同判决。

在烟台某实业有限公司与中国信达资产管理股份有限公司山东省分公司、烟台市国有资产经营有限公司确认合同效力纠纷一案[②]中，中国信达资产管理公司济南办事处，于2009年向中国建设银行股份有限公司烟台分行收购本案不良债权。烟台市中级人民法院认定，本案不良债权的转让在《纪要》中规定的期间之后，不能适用《纪要》。

然而，在瑞华国银投资管理有限公司与宜宾某建材科技开发有限公司等借款合同纠纷一案[③]中，华融资产管理股份有限公司于2015年9月25日，与工商银行某分行签订《债权转让协议》，四川省宜宾市南溪区人民法院依据《纪要》《关于如何理解最高人民法院法发〔2009〕19号〈会议纪要〉若干问题的请示之答复》规定对相关争议问题进行阐释并作出判决。

（三）《纪要》发布前已经进入执行程序的案件能否适用《纪要》的争议

依据〔2011〕执他字第7号内容规定："在执行程序中，涉金融不良债权转让的案件，应当参照适用最高人民法院《关于审理涉及金融不良债权转让案件工作座谈会纪要》的相关规定。"对于《纪要》发布前已经进入执行程序的案件能否适用《纪要》，司法实践中有较大争议，在执行阶段，是否适用《纪要》在司法实践中各法院仍有不同的认识。

---

① 参见上海市第一中级人民法院（2008）沪一中民三（商）初字第82号民事判决书。
② 参见山东省烟台市中级人民法院（2014）烟商二终字第247号民事裁定书。
③ 参见四川省宜宾市南溪区人民法院（2015）南溪民初字第1146号民事判决书。

依据广东省高级人民法院（2013）粤高法执复字第121号民事裁定书显示，中国银行于2003年11月28日申请执行本案，但是广东省高院认为《纪要》的适用范围仅适用于2009年3月30日（发布日）之后尚在一审或二审阶段的案件，不包括再审程序的案件，更不包括发布前已经发生法律效力处于强制执行阶段的案件。本案属于执行案件，而且执行依据于2003年6月已经发生法律效力。因此，《纪要》相关规定不适用本案执行。相似裁定的还有（2014）佛中法执异字第20号、（2016）冀0682执异第9号、（2015）郑执复字第84号，其执行的依据也早于《纪要》发布前生效，且在《纪要》发布前进入执行程序，佛山市中级人民法院、定州市人民法院、郑州市中级人民法院都认为，认定案件早已于《纪要》发布前进入执行阶段，并不适用《纪要》的规定。

在（2016）粤03执复113号、（2015）鄂华容执异字第00005号裁定书中，都适用了《纪要》规定。依据各裁定书显示，案件都是早于《纪要》发布前进入执行程序，但是深圳市中级人民法院、湖北省鄂州市华容区人民法院则仍依据《纪要》作出了裁定。

（四）非国有企业债务人能否适用《纪要》的争议

最高人民法院〔2009〕民二他字第21号答复规定非国有企业债务人也可以适用《纪要》。然而在中国长城资产管理公司郑州办事处与林州市某有限责任公司借款合同纠纷一案①中，工商银行河南省分行于2005年7月19日将本案债权转让给长城资产管理公司，后长城资产管理公司转让给林州市某有限责任公司，安阳市中级人民法院认定，本案林州市某有限责任公司非国有企业，不适用《纪要》相关内容规定。

（五）受让人转让不良债权的能否适用《纪要》的争议

《纪要》第11条"关于既有规定的适用"部分规定："会议认为，国有银行向金融资产管理公司转让不良债权，或者金融资产管理公司受让不良债权后，通过债权转让方式处置不良资产的，可以适用最高人民法院《关于审理金融资产管理公司收购、管理、处置国有银行不良贷款形成的资产的案件适用法律若干问题的规定》、《关于贯彻执行最高人民法院"十二条"司法解释有关问题的函的答复》、《关于金

① 参见河南省安阳市中级人民法院（2010）安民二初字第1号民事判决书。

融资产管理公司收购、管理、处置银行不良资产有关问题的补充通知》、《关于国有金融资产管理公司处置国有商业银行不良资产案件交纳诉讼费用的通知》。受让人受让不良债权后再行转让的，不适用上述规定……”即受让人受让金融资产管理公司的不良债权后，再将不良债权转让的，不适用以上规定，但能否适用《纪要》并没有予以明确。

在钟某锋、邱某玉等与韶关市浈江区乐园镇新村村民委员会债权纠纷一案①中，受让人某投资有限公司受让不良债权后，将不良债权转让给自然人周某，后周某转让给某投资咨询有限公司。韶关市中级人民法院认为，某投资有限公司、周某及某投资咨询有限公司在某日报联合刊登《债权转让、债权催收公告》不可适用《纪要》，不能引起诉讼时效中断的效果。而在罗定市某物资总公司、李某与广东某投资有限公司借款合同纠纷一案②中，此案案情与上述案例几乎相同，云浮市中级人民法院却作出了不同的判决。

三、《纪要》在适用中存在的问题

实践中，法院在司法判决、执行中对《纪要》的适用范围有着不同的理解，造成这些不同理解的原因，笔者认为主要有以下几点：

第一，《纪要》适用范围狭窄与不良资产市场化的矛盾。《纪要》的发布主要为防止国有资产流失，其仅仅适用于特定时期内的政策性与商业性不良债权转让纠纷。但是，随着不良资产市场不断地发展及多元化主体的加入，实践中的一些新问题逐渐显现，鉴于目前立法中没有市场化的不良资产转让纠纷可直接适用的法律法规，现行立法中相关的不良资产转让规定都大多具有严格的适用范围，如《关于审理金融资产管理公司收购、管理、处置国有银行不良贷款形成的资产的案件适用法律若干问题的规定》仅适用于审理涉及金融资产管理公司收购、管理、处置国有银行不良贷款形成的资产的有关案件。然而实践中存在着此范围以外的不良资产转让主体，包括非国有银行、非金融资产管理公司、自然人，对于非国有银行转让不良债权、国有银行将不良债权直接转让给非金融资产管理公司等现实存在的转让方

① 参见广东省韶关市中级人民法院（2014）韶中法民二终字第4号民事判决书。
② 参见广东省云浮市中级人民法院（2015）云中法民二终字第32号民事判决书。

式，没有可直接适用的法律。实践中这些案件的纠纷与争议也较多，如申请变更主体问题、债权转让通知方式问题等，对于这些“无法可依”的纠纷能否适用《纪要》，争议较大。

第二，《纪要》的性质并不明确，其由最高人民法院以会议纪要的形式发布，是否为司法解释仍存有争议。有的法院以最高人民法院的答复、批复等并非司法解释范畴，不具有普遍适用的性质，不能对执行完全适用为由①，没有适用《纪要》。有的法院认为符合《纪要》精神的可以适用《纪要》，如判决书中认定“根据《纪要》第二条中‘凡符合民事诉讼法规定的受理条件及《纪要》有关规定精神涉及的此类案件，人民法院应予受理’的表述，对于《纪要》发布后新产生的上述类型的案件，适用该《纪要》的精神内容进行审理，系《纪要》的当然之意”。②

第三，最高人民法院以批复及回复函的形式将一部分纠纷纳入《纪要》的适用范围，不但导致《纪要》适用范围更加不清晰，而且其内容本身也引起了不少争议。例如，是否应将非国有企业债务人纳入《纪要》适用范围？是否应将执行程序纳入《纪要》适用范围？这些在理论界都有着不同的看法，亦引起了司法审判的争议。

四、《纪要》适用范围的厘定及展望

（一）《纪要》适用范围的重新明确

笔者认为，《纪要》的适用范围应严格限定为其最初规定的特定时期内的政策性不良债权转让纠纷，不适用已经商业化、市场化的不良资产转让，上述案例中的情形是否适用于《纪要》有待斟酌。

首先，这是由《纪要》的目的所决定的。国家设立东方、华融、信达、长城四家全国性金融资产管理公司，成立初衷是剥离、处置当时中国银行、工商银行、建设银行、农业银行这四大国有银行的政策性不良资产，目的是防范化解金融风险。“由于此类案件的审理事关金融不良资产处置工作的顺利进行，事关职工利益保障和社会稳定，事关国有资产保护和社会公共利益维护，因此并非一个单纯的法律问

---

① 参见广东省高级人民法院（2013）粤高法执复字第121号执行裁定书。
② 参见北京市第一中级人民法院（2014）一中民（商）终字第7677号民事判决书。

题，而是一个以政策性为主、法律性为辅的社会经济问题。”① “法发〔2009〕19号文则是以会议纪要的形式进行公布，并不是一部可以具体运用的法规。”② 因此，《纪要》的特殊性决定了其适用范围的狭窄化，这从《纪要》发布之初的规定可见一斑，这是“政策性”的不良资产转让市场所决定的，因此应当严格限定《纪要》适用范围，不能将市场化范围内的不良资产转让纠纷都扩大适用《纪要》。

其次，最高人民法院以批复及回复函的形式将非国有企业债务人及执行程序纳入《纪要》适用范围，与《纪要》的目的及法理不一致。《纪要》发布之初仅规定债务人为国有企业，其规定大多利于国有企业债务人，如优先购买权、利息计算至转让之日等，这些规定都符合“保护国有资产”的目的。然而将非国有企业债务人也纳入《纪要》适用范围中，其利息计算方式也算至不良债权转让之日，不但改变了《纪要》目的，而且不利于不良债权接收方（四大金融资产管理公司）。另，不应将执行程序归入《纪要》适用范围，法院执行的依据为已生效的法律文书，不良债权的利息计算方式应严格依照生效法律文书中的规定执行，而最高人民法院的回复函却规定不良债权的利息计算方式应计至《纪要》发布日或不良债权转让日。生效法律文书不得任意撤销或变更，其对当事人、法院、社会都有强制拘束力，因此，将执行程序归入《纪要》适用范围有待考虑。

最后，由于当今不良资产转让更趋于市场化，实践中大量存在《纪要》适用范围以外的不良资产转让，有学者建议修改《纪要》，并将市场中的所有不良资产转让纠纷纳入其适用范围，以符合市场需求。对此笔者并不赞同，能否将《纪要》普遍适用性化，取决于《纪要》中规定的特定时期内的不良资产转让与实践中市场化的不良资产转让是否相同。通过对比，两者存在以下区别：第一，不良资产形成的原因不同。政策性贷款是国家指定范围、对象与用途的贷款业务，以完成国家指定的经济目标，这部分贷款是由国家出面做担保，国有银行大量的放贷国有企业，以致形成大量不良资产，是政府的行政干预及计划经济的产物；而当今银行以利润最大化原则决定是否放贷，贷款的对象也是不确定的主体，不良资产的产生是市场经济的产物。第二，不良资产转让的过程不同。“我国政策性不良资产处置具有社会

① 高民尚：《〈关于审理涉及金融不良债权转让案件工作座谈会纪要〉的理解与适用》，载《人民司法（应用）》2009年第9期，第29页。

② 郑怀勇：《论我国银行不良资产转让的规范化》，华南理工大学2010年硕士学位论文。

主义初级阶段的基本属性和中国特色”[①]，四大金融资产管理公司依据各种政策文件，分别对口接收来自四大国有银行及国家开发银行剥离的政策性不良资产，这些过程都是由政府干预；而市场化下的不良资产转让充分体现了双方的意思自治，市场竞争机制得到有力发挥。第三，利息计算方式不可等同计算。政策性不良资产的债务人为国有企业，对其转让后的利息应计算至转让之日，这是保护国有资产的政策性需求；而市场化下的不良资产转让不能适用这一规定，其利息应计算至还款之日，否则不利于保护债权人利益。因此，特定时期的不良资产转让与市场化下的不良资产转让不能等同对待，《纪要》中有一些特殊的规定是符合当时实践需求而作出的特殊规定，但不符合现在的实际，故将两者共同适用于《纪要》不具备可行性。

（二）对新立法的展望

《纪要》是处置转型时期不良资产的过渡性政策，具有特定适用范围，对于市场化的不良资产的产生及转让，不应适用《纪要》。然而，实践中仍大量存在着《纪要》适用范围之外的不良资产转让纠纷，目前也没有可直接适用的法律法规，由于金融不良债权转让案件的复杂性，而《纪要》的出台又有特殊的背景，故其不可能将审判实践中所有的问题均囊括其中一揽子解决。[②] 现行法律的规定不能解决不良资产转让纠纷中的问题，如银行向非金融资产管理公司转让不良资产问题、主体变更问题、有效债权转让通知方式如何认定问题等，现行立法并没有可直接适用的依据，出台新的适用性强的立法有其必要性。而实践中，随着国家金融体制改革的进行和金融形势的变化，四大国有金融资产管理公司股份制改革全部完成、国有银行的股份制改造及银行主体的不断多元化、地方资产管理公司的设立，不良资产的市场化也为新立法的制定提供了可行性。当然，新立法的制定需要法律人的共同努力，而最高人民法院也关注到不良资产市场化的问题，适时将出台统一适用的司法政策。笔者期待新立法或司法解释的出台能为不良资产市场化中各种争议问题的解决提供依据。

---

① 左汉琼：《政策性不良资产处置的价值判断》，载《财政监督》2013 年第 2 期。

② 参见王富博、都星羽：《金融不良债权转让若干审判实务问题》，载《人民司法（应用）》2010 年第 21 期。

五、结语

自《纪要》发布以来，其对不良债权纠纷的解决及防止国有资产流失起到了积极作用，但是在不良资产处置日益市场化的情况下，新的不良资产转让纠纷能否适用《纪要》，各地法院有着不同的看法。在审判、执行中，就是否适用《纪要》产生了不少争议。笔者认为，《纪要》应严格限定其适用范围为特定时期的政策性不良资产转让纠纷，将实践中存在的不良资产转让纠纷都纳入《纪要》不符合《纪要》目的且不具有可行性，而不良资产市场化是必然趋势，不良资产处置如何能发挥最大效益，与法律环境的完善程度有着重要关联，而制定规范的、可操作的新法律的机遇期也正在来临。

非金融机构受让债务人为非国有企业的金融不良债权后的迟延履行利息问题探析

王立挺*

内容提要：非金融机构从金融资产管理公司收购金融不良债权后，能否向非国有企业债务人主张利息的问题，在2009年《最高人民法院关于审理涉及金融不良债权转让案件工作座谈会纪要》发布后曾存有争议。最高人民法院〔2013〕执他字第4号函给出了明确答案，即在《最高人民法院关于审理涉及金融不良债权转让案件工作座谈会纪要》发布后，非金融机构收购金融不良债权后不得向非国有企业债务人主张利息，包括迟延履行利息。但随着我国金融体制、经济环境的发展，尤其是关于迟延履行利息、民间借贷等司法解释的出台，非金融机构收购不良债权后应当可以向非国有企业债务人主张加倍支付部分债务利息。

关键词：非金融机构　非国有企业债务人　金融不良债权　迟延履行利息

自从金融不良债权在我国出现之后，经过生效法律文书确认的金融不良债权的迟延履行利息计算最初并无争议，人民法院按照《民事诉讼法》关于加倍支付迟延履行生效法律文书期间债务利息的规定执行，只是人民法院在具体案例实施过程中具体标准有所不同。但在最高人民法院2009年发布《关于审理涉及金融不良债权转让案件工作座谈会纪要》（法发〔2009〕19号，以下简称《纪要》）后，法院对于非金融机构受让了债务人为非国有企业的金融不良债权后能否继续计算迟延履行利息产生了不同看法，直到2013年11月26日最高人民法院针对湖北省高级人民法院所作的《关于非金融机构受让金融不良债权后能否向非国有企业债务人主张

* 王立挺，广东君信经纶君厚律师事务所律师。

全额债权的请示的答复》（〔2013〕执他字第 4 号，以下简称《执他第 4 号函》）给予了明确的答复。但笔者认为，有必要对该答复作进一步的分析和探讨，重新回答非金融机构受让债务人为非国有企业的金融不良债权后能否继续计算迟延履行利息这一问题。

一、相关的案例

（一）基本案情①

2003 年，广州市中级人民法院（以下简称广州中院）及广东省增城市（现为增城区）人民法院（以下简称增城法院）分别作出 13 份判决，判决债务人广州长远实业有限公司（以下简称长远公司）偿还中国工商银行增城市支行（以下简称增城工行）13 笔借款的本金及利息，增城工行于同年分别向广州中院、增城法院申请 13 个案件的强制执行。2005 年，增城工行将该 13 份判决确定的金融不良债权转让给了中国东方资产管理公司广州办事处，2011 年中国东方资产管理公司广州办事处又将前述金融不良债权转让给了中国华融资产管理公司深圳办事处（以下简称华融深圳办）。2013 年 6 月 17 日，华融深圳办将前述债权中的 12 笔债权转让给了广州兆恒实业有限公司（以下简称兆恒公司），2013 年 8 月 30 日将前述债权中的 1 笔债权转让给了广州市盈衍贸易有限公司（以下简称盈衍公司）。随后增城法院根据兆恒公司、盈衍公司的申请依法分别变更了有关执行案件的申请执行人。

2015 年增城法院拍卖处置了长远公司名下的一宗土地，并收齐了全部拍卖价款。2015 年 7 月 2 日，增城法院作出了《执行案件债务利息计算结果通知》并送达给各方当事人，该利息计算结果通知对 13 笔债权的迟延履行利息计至 2015 年土地拍卖成交款项付清之日止。被执行人长远公司认为利息计算有误提出了异议，主张应计至 2005 年增城工行转让债权之日。其异议的主要理由是根据最高人民法院于 2009 年 3 月 30 日《纪要》，该笔债务属于不良资产，不良资产转让给非金融机构后不应计算利息，包括迟延履行利息。兆恒公司答辩称《纪要》第 9 条规定只适用于国有企业债务人，而长远公司并非国有企业，故本案不适用《纪要》，盈衍公司则答辩认为本案不属于不良债权。

---

① 本文案例选自广州市中级人民法院（2015）穗中法执复议字第 162 号执行裁定书。

（二）法院的裁决结果

增城法院认为，依据最高人民法院《执他第4号函》的答复，《纪要》发布后，非金融资产管理公司的机构或个人受让经生效法律文书确定的金融不良债权的，受让日之前的利息按照相关法律规定，受让日之后不再计付利息，包括迟延履行的利息。《纪要》在2009年发布，华融深圳办于2013年6月17日将前述债权中的12件转让给了兆恒公司，2013年8月30日将其中1个案件的债权转让给盈衍公司，故兆恒公司应从2013年6月17日起，盈衍公司应从2013年8月30日起不得主张不良债权的利息和迟延履行金。

上述裁决作出后，兆恒公司、盈衍公司分别向广州中院提出了复议。广州中院认为，《执他第4号函》虽然是最高人民法院针对法院请示的答复，但是对全国各级法院就此类问题的处理有指导意义，故原审法院适用该函处理并无不妥，故驳回复议申请，维护原审裁定。

二、关于案例的分析

虽然被执行人长远公司还提出了其他的主张，但本案的焦点在于是非金融机构受让不良债权后能否向非国有企业债务人主张受让日之后的迟延履行利息问题，而这一问题又包含了两个具体问题：第一，《纪要》第9条规定的“利息”是否包括迟延履行利息；第二，《纪要》第9条的规定是否适用于非国有企业债务人。对此，主要有两种不同意见：

第一种意见认为，非金融机构受让金融不良债权后不能向非国有企业债务人主张受让日之后的迟延履行利息。主要理由是：第一，金融不良债权是一种特殊的债权，根据《纪要》减轻债务人责任的精神，基于特殊政策，应当免除一切利息，包括《民事诉讼法》第253条（现为第260条）规定的迟延履行利息，从而给予金融不良债权的债务人以特殊的保护；第二，对于非国有企业债务人的不良债权，应当对不同所有制的企业给予平等保护①；第三，根据《合同法》第81条（现为《民法典》第547条）关于债权转让，专属于债权人自身的从权利不跟随主债权转让的

① 参见葛洪涛：《非金融机构受让金融不良债权后能否向非国有企业债务人主张利息的请示与答复》，载《执行工作指导》（总第50辑），人民法院出版社2014年版，第84页。

规定，受让人只能受让金融不良债权之日前产生的利息[①]。

第二种意见认为，非金融机构受让金融不良债权后可以向非国有企业债务人主张受让日之后的迟延履行利息。主要理由是：第一，迟延履行利息是对债务人不履行生效判决的一种惩罚措施，是一种执行措施，不是判决的内容，不应受《纪要》的约束；第二，《纪要》第 9 条是一种有违法理的政策规定，应尽量限制其适用范围[②]。

对此，最高人民法院就湖北省高级人民法院的请示于 2013 年 11 月 26 日所作的《执他第 4 号函》采纳了第一种意见，即《纪要》发布后，非金融机构受让金融不良债权后，受让日之后不再计付利息，这一利息包括《民事诉讼法》第 253 条（现为第 260 条）规定的迟延履行利息。最高人民法院作出此答复之后，各地法院遇到同类案件时均进行了参照适用。

最高人民法院作出上述答复的主要理由是[③]："《纪要》是在落实中央关于研究解决金融不良债权转让过程中国有资产流失问题精神的历史背景下出台的，对依法妥善公正审理涉及金融不良债权转让案件，防止国有资产流失以及保障金融不良债权处置工作的顺利开展发挥了积极作用。本案涉及的生效法律文书迟延履行利息在执行程序中如何处理的问题，《纪要》虽未明确，但亦应按照《纪要》精神处理。"

实际上，在最高人民法院的上述答复作出之前，无论是法院内部还是相关单位、专家学者对前述两个问题的意见是存有分歧的。[④] 笔者认为，随着我国金融体制改革的不断深化，尤其是最高人民法院陆续出台了《关于执行程序中计算迟延履行期间的债务利息适用法律若干问题的解释》（以下简称《迟延履行债务利息的若干解释》）、《关于审理民间借贷案件适用法律若干问题的规定》等规定，不应简单地直接适用《执他第 4 号函》，而应当区别对待迟延履行利息的计算问题，笔者

① 参见马桂荣：《金融资产公司向非金融机构转让不良债权，受让人能否主张受让日后的利息——兆恒公司申请执行长远公司等抵押借款合同纠纷案》，广东执行微信公众号（2016 年 4 月 25 日）。

② 参见葛洪涛：《非金融机构受让金融不良债权后能否向非国有企业债务人主张利息的请示与答复》，载《执行工作指导》（总第 50 辑），人民法院出版社 2014 年版，第 82 页。

③ 参见葛洪涛：《非金融机构受让金融不良债权后能否向非国有企业债务人主张利息的请示与答复》，载《执行工作指导》（总第 50 辑），人民法院出版社 2014 年版，第 87 页。

④ 葛洪涛法官在《非金融机构受让金融不良债权后能否向非国有企业债务人主张利息的请示与答复》中曾说明，最高人民法院在答复之前曾向参加《纪要》座谈会的相关单位、院外专家学者及院内各民事审判庭及研究室对相关问题征求意见。

建议非金融机构受让金融不良债权后可以向非国有企业债务人主张受让日之后的加倍部分债务利息，这更符合我国《民事诉讼法》的法律精神以及《纪要》的指导思想，符合市场经济的发展规律。

第一，迟延履行利息是一种特殊的利息制度，是我国《民事诉讼法》对怠于履行生效裁判文书当事人的一种执行措施，具有显著的惩罚性、法定性。现行《民事诉讼法》第260条规定："被执行人未按判决、裁定和其他法律文书指定的期间履行给付金钱义务的，应当加倍支付迟延履行期间的债务利息。被执行人未按判决、裁定和其他法律文书指定的期间履行其他义务的，应当支付迟延履行金。"因此，从法理上讲，迟延履行利息是因当事人怠于履行生效法律文书确定的义务时产生，并非基于任何当事人之间的约定，其利率也并非由当事人自行约定，而是法定利率。也正因为迟延履行利息的这一特殊性，"无论申请执行人是否申请，法院都应当依职权计算迟延履行期间的债务利息"。[①] 如果仅因申请执行人主体发生变化，就免除被执行人的迟延履行利息责任，有违《民事诉讼法》的规定。

第二，基于政策的特殊性，《纪要》第9条应当只适用于"一般债务利息"，而非"加倍部分债务利息"，即非金融机构受让金融不良债权之后不再计算受让日之后的"一般债务利息"。《纪要》第9条规定："受让人向国有企业债务人主张利息的计算基数应以原借款合同本金为准；受让人向国有企业债务人主张不良债权受让日之后发生的利息的，人民法院不予支持……"从其文义上理解，这不予支持的受让日之后发生的"利息"是指借款合同本金所产生的利息，该利息是源自当事人合意所形成的合同。而迟延履行利息如前所述是基于法律规定而产生，具体的利率标准也是法定，其性质明显不同于基于借款合同的利息。可能正是基于两种利息性质不同的考虑，2014年公布实施的《迟延履行债务利息的若干解释》就创新地将迟延履行利息分成了"一般债务利息"和"加倍部分债务利息"，所谓"一般债务利息"是指在生效法律文书中，根据实体法规定所确定的利息，"加倍部分债务利息"则是指在强制执行程序中，被执行人因迟延履行，根据《民事诉讼法》第260

---

① 参见安克明：《发挥迟延履行利息制度作用，积极推动执行工作有效开展——最高人民法院执行局负责人答记者问》，载《人民法院报》2014年7月31日，第3版。

条的规定而应多支付的利息。[1] 据此，金融不良债权中的一般债务利息计算取决于原借款合同对本金、利率、借款期限等的约定，而加倍部分债务利息则根据司法解释规定的方法，即以本金余额为基数按每日万分之一点七五的标准来计算。因此，“一般债务利息”的概念更符合《纪要》第 9 条的规定。而且，允许非金融机构在受让不良债权之后仍有权向债务人主张加倍部分债务利息也有利于维护《民事诉讼法》第 260 条的规定，平衡司法解释与法律之间的关系。

第三，金融不良债权的迟延履行利息不应是专属于金融机构的从权利，而应当随着主债权的转让一并转让。利息不是金融机构的“专利”，既然国家政策层面允许民间资本进入金融不良资产处置的领域之后，那么利息作为不良贷款债权必不可少的组织部分就不应该是一个“雷区”，更不能视为金融机构的一项“特权”。如果说，在过去谈及民间借贷尤其是企业之间的借贷，无论是金融界还是法律界多少还存在着模糊不清、难以正视的情形，那么随着国家经济尤其是金融体制改革的不断深化、P2P 等网络借贷新生事物的出现，尤其是《最高人民法院关于审理民间借贷案件适用法律若干问题的规定》的出台，更没有理由再将金融不良债权的利息限定金融机构的专属权利，这样的观点既缺乏法律依据，也不符合当下的经济现实。笔者认为，《纪要》第 9 条之所以不支持受让之后的利息，只是为了减轻国有企业债务人的负担，而不是从性质上确认“利息”的专属特性。

第四，非国有企业债务人的金融不良债权转让纠纷案件应当参照《纪要》，但不应参照全部规定，而应根据具体实际情况依法、合理地参照。最高人民法院民二庭于 2009 年 9 月 25 日作出的《关于如何理解最高人民法院法发〔2009〕19 号〈会议纪要〉若干问题的请示之答复》（以下简称《2009 民二他字第 21 号答复》）规定，涉及非国有企业债务人的金融不良债权转让纠纷案件，亦应参照适用《纪要》的规定。笔者认为，这种参照不应是参照全部规定，而应当结合《纪要》的核心精神以及我国现行法律规定，根据案件实际情况进行适用，而不是无差别的适用。众所周知，《纪要》的核心精神是为了防止国有资产流失，整个纪要为了这一核心精神，对涉及国有企业债务人的不良资产给予了一些特殊的保护，如第 4 条地

---

① 参见安克明：《发挥迟延履行利息制度作用，积极推动执行工作有效开展——最高人民法院执行局负责人答记者问》，载《人民法院报》2014 年 7 月 31 日，第 3 版。

方政府等的优先购买权、第 9 条的利息。既然是给予国有企业债务人特别保护的，那么这种特殊保护就应只属于国有企业债务人，而不能给予非国有企业债务人，否则便将特殊性规定一般化，就失去了保护的应有之义。因此，笔者认为，在理解《2009 民二他字第 21 号答复》时，只应参照与所有制形式无关的规定，如果与所有制形式有关的，理应区别对待。

三、结语

综上，由于《纪要》是最高人民法院在 2009 年为了落实中央研究解决金融不良债权转让过程中国有资产流失问题的精神而制定发布的，有其特殊的历史背景和目的，因此，在理解和适用这一纪要过程中，不应当以平等保护为由，在对待非国有企业债务人的不良资产时一律无差别地适用整个纪要的规定，对于一些对国有企业债务人给予特殊保护的规定应当是限制其适用范围。既然最高人民法院于 2014 年 7 月公布实施了《迟延履行债务利息的若干解释》，将迟延履行利息分成一般债务利息和加倍部分债务利息，因此，在遵循上位法优先于下位法、新法优先于旧法的基本法理前提下，为了平衡债权人、债务人的利益以及维护司法的权威性，非金融机构受让金融不良债权之后仍有权向非国有企业债务人主张加倍部分的债务利息，这样更符合我国目前金融、经济和司法环境。

《关于审理涉及金融不良债权转让案件工作座谈会纪要》适用范围探究

杨慧杰*

内容提要： 最高人民法院《关于审理涉及金融不良债权转让案件工作座谈会纪要》虽然针对审理涉及金融不良债权转让案件的主要问题进行了回应，但其规范效力较弱，与相关批复的效力位阶存在争议，在非国有企业债务人追索债权以及执行阶段的适用上也没有明确规定。鉴于此，应着力健全与完善金融不良资产处置的法律体系，与此同时，金融资产管理公司应加强与法院和金融监管机构信息沟通与交流，建立一个长期稳定的法院、金融监管机构、商业银行、管理公司、企业之间关于涉及不良金融资产转让纠纷相关信息的交流机制和平台，及时沟通、掌握涉及不良金融资产处置、诉讼的法律规范和相关信息，为不良资产处置提供良好的外部法律环境。

关键词： 金融不良资产　债权转让　规范效力　政策

近年来，随着我国金融体制改革的不断深入，金融不良资产处置工作也进入了新阶段，金融不良债权转让及追偿的相关纠纷呈现出不断增多的势头。各类金融不良债权迫切需要得到依法合规的处置。因此，在司法实践中如何确定相关法律规范的适用范围，具有迫切而重要意义。明确最高人民法院《关于审理涉及金融不良债权转让案件工作座谈会纪要》（以下简称《纪要》）的适用范围，将对实务操作中更好地处理金融不良债权案件发挥积极的指导作用。

---

* 杨慧杰，国信信扬律师事务所高级合伙人，最高人民检察院“民事行政检察专家咨询网”专家，广东省律师协会建筑工程委员会副主任，广州仲裁委员会仲裁员。

一、《纪要》的产生及主要内容

以打包出售、拍卖、招标等债权转让方式处置不良资产是金融资产管理公司的常用手段，为规范日益频繁的金融不良债权转让中出现的法律问题，我国对不良资产管理行业的相关法律规范一直在进行不断完善，通过以最高人民法院司法解释及最高人民法院批复为主、以案例为辅助的模式，逐步确立了不良资产管理行业的基本规则。其中，《纪要》无疑是不良资产领域中一个重要的规定。

2008 年 10 月 14 日，最高人民法院在海口主持召开了全国法院审理金融不良债权转让案件工作座谈会，目的在于落实中央关于研究解决金融不良债权转让过程中国有资产流失问题的精神，依法妥善公正地审理涉及金融不良债权转让案件，防止国有资产流失，保障金融不良债权处置工作的顺利进行，维护和促进社会和谐稳定，并根据座谈会的内容形成了《纪要》。

《纪要》主要规定了审理金融不良债权转让案件应遵循的原则、案件的受理、债权转让生效条件的法律适用和自行约定的效力、地方政府等优先购买权、国有企业的诉权及相关诉讼程序、不良债权转让合同无效和可撤销事由的认定、不良债权转让无效合同的处理、举证责任分配和相关证据审查、受让人收取利息、诉讼或执行主体变更、既有规定的适用以及纪要的适用范围等问题。

全国法院审理金融不良债权转让案件工作座谈会的召开具有一定的时代背景，因此根据座谈会形成的《纪要》有其特殊性。在司法实践中，有意见认为该会议纪要是特殊时期国家为处置不良债权而出台的政策性文件，现在转让的债权已经不能适用。而今《纪要》的适用范围问题，已经到了一个通过“缝缝补补”无法解决而又必须解决的关键节点。《纪要》适用范围的边界的确定，无疑将对不良资产管理行业产生巨大的影响。

二、《纪要》文本中确定的适用范围

《纪要》在第 12 条先界定了会议纪要中“国有银行、金融资产管理公司、国有企业债务人、受让人、不良债权转让、政策性不良债权和商业性不良债权”等概念的范围：

1. 国有银行包括国有独资商业银行、国有控股商业银行以及国有政策性银行；

2. 金融资产管理公司包括华融、长城、东方和信达等金融资产管理公司和资产管理公司通过组建或参股等方式成立的资产处置联合体；

3. 国有企业债务人包括国有独资和国有控股的企业法人；

4. 受让人是指非金融资产管理公司法人、自然人；

5. 政策性不良债权是指 1999 年至 2000 年上述四家金融资产管理公司在国家统一安排下通过再贷款或者财政担保的商业票据形式支付收购成本从中国银行、中国农业银行、中国建设银行、中国工商银行以及国家开发银行收购的不良债权；

6. 商业性不良债权是指 2004 年至 2005 年上述四家金融资产管理公司在政府主管部门主导下从交通银行、中国银行、中国建设银行和中国工商银行收购的不良债权。

若相关主体不符合上述解释范围的，即不能适用《纪要》的相关精神处理。同时规定，《纪要》的内容和精神仅适用于在《纪要》发布之日（即 2009 年 3 月 30 日）后尚在一审或者二审阶段的涉及最初转让方为国有银行、金融资产管理公司通过债权转让方式处置不良资产形成的相关案件。人民法院依照审判监督程序决定再审的案件，不适用《纪要》。

三、《纪要》适用范围在实践中的争议

（一）向非国有企业债务人追索债权的适用问题

2009 年 9 月 25 日，最高人民法院答复云南省高级人民法院的《关于如何理解最高人民法院法发〔2009〕19 号〈会议纪要〉若干问题的请示之答复》（〔2009〕民二他字第 21 号）中明确："根据《纪要》的精神和目的，涉及非国有企业债务人的金融不良债权转让纠纷案件，亦应参照适用《纪要》的规定。"也即将《纪要》的适用范围加以扩张，当债务人为非国有企业的金融不良债权转让的案件，在诉讼阶段，也应参照《纪要》的规定执行。

最高人民法院在"河南新乡华丹电子有限责任公司诉新乡市长远实业集团绿色食品发展有限公司借款合同纠纷案"① 执行裁定书中对此也认为，该答复虽然是本院针对云南省高级人民法院的请示作出的个案答复，但答复中对《纪要》的精神和

① 参见最高人民法院（2015）执申字第 108 号执行裁定书。

目的进行了充分的阐述。因此，根据《纪要》的精神和目的，非国有企业的金融不良债权转让纠纷案件，亦应参照适用《纪要》。本案中，北京一中院和北京高院仅以河南华丹为非国有制企业为由驳回其关于适用《纪要》计算利息的请求，不符合《纪要》的精神和目的，应当予以纠正。

可见，最高人民法院的答复及案例均支持对涉及非国有企业债务人的金融不良债权转让纠纷案件，应参照适用《纪要》的规定。

（二）在执行阶段是否适用《纪要》的问题

1. 对国有企业债务人的规定

2011 年最高人民法院以〔2011〕执他字第 7 号批复的形式，明确将《纪要》的适用范围扩展到不良资产转让案件的执行阶段。

答复函的主要内容为："在执行程序中，涉及金融不良债权转让的案件，应当参照适用最高人民法院《关于审理涉及金融不良债权转让案件工作座谈会纪要》的相关规定。非国有金融机构受让人向国有企业债务人主张已发生转让的金融债权利息，应当按照第九条的规定执行，即以借款合同本金为计算基数，利息计算至金融不良债权转让之日止，不能计收复利。"即当非国有金融机构受让人在执行程序中向国有企业债务人主张权利的不良债权转让案件中，应适用《纪要》的规定。

2. 对非国有企业债务人的规定

2013 年 11 月 26 日，最高人民法院通过《关于非金融机构受让金融不良债权后能否向非国有企业债务人主张全额债权的请示的答复》（〔2013〕执他字第 4 号）的形式，将《纪要》的适用范围进行了再次扩展。该答复函的具体内容如下：

（1）非金融机构受让经生效法律文书确定的金融不良债权能否在执行程序中向非国有企业债务人主张受让日后利息的问题，应当参照我院 2009 年 3 月 30 日《关于审理涉及金融不良债权转让案件工作座谈会纪要》的精神处理。

（2）根据《纪要》第 12 条的规定，《纪要》不具有溯及力。《纪要》发布前，非金融资产管理公司的机构或个人受让经生效法律文书确定的金融不良债权，或者受让的金融不良债权经生效法律文书确定的，发布日之前的利息按照相关法律规定计算；发布日之后不再计付利息。《纪要》发布后，非金融资产管理公司的机构或个人受让经生效法律文书确定的金融不良债权的，受让日之前的利息按照相关法律规定计算；受让日之后不再计付利息。

最高人民法院通过该答复确立了在不良债权转让执行案件中非金融机构向非国有企业主张权利的，利息计算也应适用《纪要》。

四、《纪要》在适用范围方面存在的不足

（一）《纪要》的历史局限性明显

《纪要》第 12 条中规定，其所规范的不良债权转让仅包括“金融资产管理公司政策性和商业性不良债权的转让。政策性不良债权是指 1999 年至 2000 年上述四家金融资产管理公司在国家统一安排下通过再贷款或者财政担保的商业票据形式支付收购成本从中国银行、中国农业银行、中国建设银行、中国工商银行以及国家开发银行收购的不良债权；商业性不良债权是指 2004 年至 2005 年上述四家金融资产管理公司在政府主管部门主导下从交通银行、中国银行、中国建设银行和中国工商银行收购的不良债权”。

但不良资产的主要供给方已经从四大行转变成为股份行和城商行，资产管理公司收购范围更广泛，也开始搭建综合性金融服务平台。此后，地方性资产管理公司相继成立，越来越多的民营不良资产投资者和线上平台进入不良资产管理行业，使得《纪要》原有的适用范围难以用于应对不良资产管理行业日新月异的发展变化。

（二）《纪要》的规范效力较弱

《纪要》第 12 条针对适用范围所作出规定的方式与制定法律、司法解释的方式存在明显不同，其并非以标准的法律、司法解释的方式对不良债权转让问题进行规范。该条款先就“国有银行、金融资产管理公司、国有企业债务人、受让人、不良债权转让、政策性不良债权和商业性不良债权”的范围作出了界定，然后才出现了常见的适用范围。但第 12 条第一段的定义和第二段适用范围的表述存在差异化。比如在第一段中“国有银行”的指向并不明确，且在第一段关于“政策性不良债权”和“商业性不良债权”的表述中列明的具体银行是否与第一段中“国有银行”的范围一致也存在争议。

究其原因，《纪要》并不仅仅是体现法律的思维和精神，更重要的是政策方针，是对特定时段解决金融不良债权转让中国有资产流失等问题的处理办法。这也就使《纪要》的内容不是真正意义上的法律框架性表述，而更多的是政策性的语言和表

达方式，与法律、司法解释相比其逻辑和层次存在较大差距。由于《纪要》适用的原则及语言多义性较强，必然导致在司法实践过程中会出现对其内容解读不统一等问题。

（三）《纪要》及其相关批复的效力位阶存在争议

虽然一直以来在司法实践中都将《纪要》的效力视为等同于司法解释，但从法理上而言，《纪要》并非正式的规范性法律文件①，仅对相关事项具有指导性意义。最高人民法院《关于司法解释工作的规定》（法发〔2021〕20号），对司法解释进一步进行规范，将司法解释分为“解释”“规定”“规则”“批复”和“决定”五种形式，除此五种形式外，最高人民法院的其他各种文件均不得作为司法解释使用。因此，《纪要》的法律性质一直处于比较尴尬的境地。

对于《纪要》相关批复的适用，在司法实践中也存在分歧。例如，广东省高院在（2013）粤高法执复字第121号民事裁定书中就认为：“关于最高人民法院〔2011〕执他字第7号批复的问题。经查，上述批复属于最高人民法院对具体执行案件的处理意见，并非司法解释范畴，并不具有普遍适用的性质。”

因此，在司法实践中，各地法院对于如何适用《纪要》仍存在不同的认识。

五、对《纪要》适用问题的展望

一方面，虽然金融资产管理公司转让债权已得到法律的肯定，但司法机关对不良债权转让的规范和法律适用一直在法律性和政策性之间摇摆，其更多的是不良资产处置领域长期缺失正式法律制度的表现。现有的《纪要》及其相关的一系列批复均为应急之需。因此，金融不良资产债权转让的法律文件呈现为零星、分散，缺乏坚实的理论支撑，政策性强、应时性强，法律规范性不足。因此，有必要从制度层面做一些有益的努力，形成金融不良资产处置的完善法律体系。

另一方面，金融不良资产的处置作为一种特殊的法律形态，具有很强的政策性，因此，金融资产管理公司应加强与法院和金融监管机构信息沟通和交流，建

---

① 根据最高人民法院2012年发布的《人民法院公文处理办法》第9条、第38条之规定，纪要适用于记载会议主要情况和议定事项；诉讼文书、司法解释等人民法院特定法律公文，依照法律、法规、司法解释的相关规定处理。从这两条规定分析，纪要并不属于司法解释的特殊形式。参见安晨曦：《最高人民法院如何统一法律适用——非正规释法技艺的考察》，载《法律科学（西北政法大学学报）》2016年第3期。

立一个长期稳定的法院、金融监管机构、商业银行、管理公司、企业之间关于涉及不良金融资产转让纠纷相关信息的交流机制和平台，及时沟通、掌握涉及不良金融资产处置、诉讼的法律规范和相关信息，为不良资产处置提供良好的外部法律环境。

《关于审理涉及金融不良债权转让案件工作座谈会纪要》争议问题的理解

吴庆宝*

内容提要：最高人民法院《关于审理涉及金融不良债权转让案件工作座谈会纪要》是对解决金融不良债权转让中国有资产流失等问题的处理办法，有着特定的适用范围。随着最高人民法院的相关批复，《纪要》的适用范围逐渐扩张。在实践中《纪要》的适用主要有以下新问题：一是国有银行的界定导致《纪要》诉讼时效的争议，二是《纪要》是否仅适用于第12条所述的政策性不良债权和商业性不良债权的争议，三是农业银行不良债权处置的争议。

关键词：《纪要》　金融不良债权　国有资产

中国不良资产管理行业从1999年开始至今，经过多年的发展，出现了诸多争议问题。通过以最高人民法院司法解释及最高人民法院批复为主、以案例为辅助的模式，不良资产管理行业的基本规则已经确立。其中，最高人民法院《关于审理涉及金融不良债权转让案件工作座谈会纪要》（法发〔2009〕19号，以下简称《纪要》）是不良资产领域中一个重要的规定，也是争议最大的一个规定。通过研读该规定的适用范围问题，可以非常清楚地看到上述不良资产管理行业中规定的发展路径。有关《纪要》适用范围的边界的问题，将对不良资产管理行业从业者产生巨大的影响。

---

* 吴庆宝，上海期货交易所法律事务部总监、上海国际能源交易中心首席法律专家，曾任最高人民法院民二庭金融合议庭审判长。

一、《纪要》的法律价值

2008年10月14日，最高人民法院在海口主持召开的全国法院审理金融不良债权转让案件工作座谈会具有一定的时代背景，因此根据座谈会形成的《纪要》有其特殊性，这在《纪要》的前文中做了明确的说明。《纪要》是为了落实中央关于研究解决金融不良债权转让过程中国有资产流失问题的精神。依法妥善公正地审理涉及金融不良债权转让案件，防止国有资产流失，保障金融不良债权处置工作的顺利进行，维护和促进社会和谐稳定。出席《纪要》的单位包括全国人大常委会法制工作委员会、中共中央政法委员会、原国务院法制办公室、财政部、国务院国有资产监督管理委员会、中国银行业监督管理委员会、中国人民银行、审计署和最高人民法院。各省、自治区、直辖市高级人民法院和解放军军事法院以及新疆维吾尔自治区高级人民法院生产建设兵团分院主管民商审判工作的副院长、相关审判庭的负责同志也参加了座谈会。

正是基于上述精神和目的，《纪要》并不仅仅是体现法律的思维和精神，更重要的是治国方略，是对解决金融不良债权转让中国有资产流失等问题的处理办法。这也就使《纪要》的内容不是真正意义上的法律框架性表述，而更多的是政策性的语言组织和表达。由于《纪要》适用的原则及语言多义性较强，必然导致在实际操作过程中会出现对内容解读不统一等诸多问题。其中对于《纪要》的适用范围问题一直是争议较大的核心问题。

《纪要》不是司法解释，① 是司法文件，具有司法解释的作用。《纪要》发文用“法发”而非“法释”。《纪要》解读强调法院不是纯粹的“守夜人”，要对社会经济生活进行适度调整，公平保护各类主体参与市场的正当权益和积极性。尽管征求了多个部委意见，上了最高法院审判委员会，但也没有成为司法解释。正是因为《纪要》是解决阶段性金融问题，不是解决具有普适性的金融、商事问题，所以，不能称其为司法解释。但其确实起到了司法解释的作用，具有明确的方向性和规范性，是2009年以来处置金融不良资产所依据的主要司法规定。

---

① 根据《最高人民法院关于司法解释工作的规定》第6条，司法解释的形式分为“解释”“规定”“规则”“批复”和“决定”五种。

二、《纪要》的适用范围

（一）已形成不良债权

在《纪要》第12条列明了适用范围：

会议认为，在《纪要》中，国有银行包括国有独资商业银行、国有控股商业银行以及国有政策性银行；金融资产管理公司包括华融、长城、东方和信达等金融资产管理公司和资产管理公司通过组建或参股等方式成立的资产处置联合体。国有企业债务人包括国有独资和国有控股的企业法人。受让人是指非金融资产管理公司法人、自然人。不良债权转让包括金融资产管理公司政策性和商业性不良债权的转让。政策性不良债权是指1999年至2000年上述四家金融资产管理公司在国家统一安排下通过再贷款或者财政担保的商业票据形式支付收购成本从中国银行、中国农业银行、中国建设银行、中国工商银行以及国家开发银行收购的不良债权；商业性不良债权是指2004年至2005年上述四家金融资产管理公司在政府主管部门主导下从交通银行、中国银行、中国建设银行和中国工商银行收购的不良债权。

《纪要》的内容和精神仅适用于在《纪要》发布之后尚在一审或者二审阶段的涉及最初转让方为国有银行、金融资产管理公司通过债权转让方式处置不良资产形成的相关案件。人民法院依照审判监督程序决定再审的案件，不适用《纪要》。

（二）适用范围

1. 特殊适用范围。《纪要》第12条针对适用范围所作出规定的方式与制定法律、司法解释的方式存在明显不同。该条款先就“国有银行、金融资产管理公司、国有企业债务人、受让人、不良债权转让、政策性不良债权和商业性不良债权”的范围作出了界定。

2. 国有银行。国有银行是指国有全资银行、国有控股银行、股份制银行，不包括地方股份制银行。国有银行包括工商银行、农业银行、中国银行、建设银行、交通银行，以及国家开发银行、中国进出口银行、中国农业发展银行等。

3. 适用排除规则。根据法无明文规定无溯及力①的基本法治原则，《纪要》仅应适用于发布之日起（2009 年 3 月 30 日），尚在一审或者二审阶段的涉及最初转让方为国有银行、金融资产管理公司通过债权转让方式处置不良资产形成的相关案件。人民法院依照审判监督程序决定再审的案件，不适用《纪要》。

4. 适用扩大解释。（1）已形成不良债权。《纪要》实施之前，国有银行、其他商业银行集中处置的不良金融债权，已经形成的到期不良金融债权，以 2009 年 3 月 30 日为截止日，日后集中处置的，均可适用或者参照适用《纪要》规定精神。（2）未形成不良债权。《纪要》实施前签订，《纪要》实施后仍在履行中的借款合同，其债权债务清理不适用《纪要》之规定。但参考《纪要》需要补正的，应当及时加以修补修正，比如担保人和方式的落实，法定登记、内部程序、保单仓单质押等。借款人和担保人不愿意补正的，金融机构有权提前终止合同。具体包括借款人不愿意补正的；担保人不愿意补正，借款人消极对待的；借款人不能落实新担保的；连续三期不能偿还本息的。（3）绝对不适用。2009 年 3 月 30 日之后签订的借款合同，应当依据《民法典》《公司法》等法律和金融行业规定签订和履行，与《纪要》规定完全无关，不能再适用《纪要》规定。

三、《纪要》适用范围的扩张

（一）债务人为非国有企业

参照适用《纪要》，引入平等保护的理念，不能保护国有企业利益，反而让非国有企业利益受损。

2009 年 9 月 25 日，最高人民法院作出《关于如何理解最高人民法院法发〔2009〕19 号〈会议纪要〉若干问题的请示之答复》（〔2009〕民二他字第 21 号），其中明确规定：“《纪要》的精神和目的，涉及非国有企业债务人的金融不良债权

---

① 所谓法的溯及力，是指新法对它生效以前的行为和事件可否予以适用，即是否溯及既往的问题。如果适用，则该法有溯及力，反之则没有溯及力。法律是指导人们行为的准则，因此，一般只应适用于它生效后发生的行为、事件和形成的关系。国家不能用今天的法律规范指导人们昨天的行为，命令人们昨天应该做这或做那，亦不能因人们先前的某种行为现在看来是违法的而制裁他们。但在现代社会，法不溯及既往的原则不是绝对的，在有些情况下，立法者可以把新法溯及既往地适用于过去的行为、事件和关系，以补充法不溯及既往原则的不足。但这样做应遵循有利追溯的原则。参见张文显主编：《法理学》（第 5 版），高等教育出版社 2018 年版，第 95 页。

转让纠纷案件，亦应参照适用《纪要》的规定。债务人未对不良债权转让合同的效力提出异议，但案件的事实和相关证据情况能够引发人民法院对不良债权转让合同效力产生合理怀疑的，人民法院可以依职权主动审查不良债权转让合同的效力。”也即当债务人为非国有企业的金融不良债权转让的案件，在诉讼阶段，应参照《纪要》的规定执行。

（二）利息与复利

1. 当非国有金融机构受让人在执行程序中向国有企业债务人主张权利的不良债权转让案件中，应适用《纪要》的规定，利息只能计算至金融不良债权转让之日，且不能计收复利。

2. 复利需要明确约定，没有在借款合同中明确约定的，不能依据金融行业规章强行收取复利，债权人提出相关请求的，人民法院应当予以驳回。

2011 年，最高人民法院通过〔2011〕执他字第 7 号文，明确将《纪要》的适用范围扩展到不良资产转让案件的执行阶段。答复函的主要内容为：“在执行程序中，涉及金融不良债权转让的案件，应当参照适用最高人民法院《关于审理涉及金融不良债权转让案件工作座谈会纪要》的相关规定。非国有金融机构受让人向国有企业债务人主张已发生转让的金融债权利息，应当按照第九条的规定执行，即以借款合同本金为计算基数，利息计算至金融不良债权转让之日止，不能计收复利。”

3.《纪要》发布之前裁判文书已经明确的利息依照法律规定，但《纪要》发布之日起的利息不再计付。2013 年 11 月 26 日，最高人民法院作出《关于非金融机构受让金融不良债权后能否向非国有企业债务人主张全额债权的请示的答复》（〔2013〕执他字第 4 号），将《纪要》的适用范围进行了再次扩展。该答复的具体内容如下：

（1）非金融机构受让经生效法律文书确定的金融不良债权能否在执行程序中向非国有企业债务人主张受让日后利息的问题，应当参照我院 2009 年 3 月 30 日《关于审理涉及金融不良债权转让案件工作座谈会纪要》的精神处理。

（2）根据《纪要》第 12 条的规定，《纪要》不具有溯及力。《纪要》发布前，非金融资产管理公司的机构或个人受让经生效法律文书确定的金融不良债权，或者受让的金融不良债权经生效法律文书确定的，发布日之前的利息按照相关法律规定计算；发布日之后不再计付利息。《纪要》发布后，非金融资产管理公司的机构或个人受让经生效法律文书确定的金融不良债权的，受让日之前的利息按照相关法律规定计算；受让日之后不再计付利息。

最高人民法院通过该答复确立了在非金融机构向非国有企业主张权利的不良债权转让执行案件中，利息计算适用《纪要》。由于《纪要》不具有溯及力，因此涉及跨越《纪要》发布日期的不良资产转让案件，其利息计算至《纪要》发布之日；在《纪要》发布后受让的不良资产转让案件不再计付利息。

在最高人民法院 2014 年 1 月 15 日自身审查的执行复议案件（〔2013〕执复字第 7 号执行裁定书）中，也已明确将〔2013〕执他字第 4 号答复确立的原则进行充分的适用。①

四、《纪要》适用中的新问题

（一）国有银行界定导致《纪要》诉讼时效适用争议

现实中很多不良资产从银行通过四大资产管理公司转让到非金融机构或个人手中，而大多转让都是通过报纸公告送达方式进行的债权转让通知。根据《纪要》第 11 条第 2 款规定："国有银行或者金融资产管理公司根据《关于贯彻执行最高人民法院"十二条"司法解释有关问题的函的答复》的规定，在全国或省级有影响的报纸上发布有催收内容的债权转让通知或公告的，该公告或通知之日应为诉讼时效的实际中断日，新的诉讼时效应自此起算。上述公告或者通知对保证合同诉讼时效发生同等效力。"若最初不良资产的转出银行非《纪要》中所规定的国有银行，则通过报纸公告送达的债权转让通知将无效，无法起到诉讼时效中断的效果；反之，则报纸公告送达的债权转让通知有效，能够起到诉讼时效中断的效果。

---

① 最高人民法院认为："……《纪要》第九条规定，债权受让人向国有企业债务人主张不良债权受让日之后发生的利息的，人民法院不予支持。本案债权转让行为发生在 2004 年 11 月，即《纪要》发布之前；本院（2005）民二终字第 147 号民事判决系《纪要》发布前作出，因无法参照《纪要》内容与精神，故判令：逾期罚息自 2000 年 6 月 21 日起至实际给付之日止按照中国人民银行同期逾期贷款利率分段计付。为确保审判与执行程序的有效衔接与协调统一，人民法院应参照《纪要》办理涉及金融不良债权转让的执行案件。根据《纪要》平衡当事人权利，减轻债务人责任的司法原则，《纪要》发布后，已转让金融不良债权产生的原判债务利息与迟延履行债务利息，人民法院不予保护，因此，福建高院将案涉利息计付期间截止于债权转让之日欠当。申请复议人佳盛公司在《纪要》发布前受让金融不良债权，原判债务利息与迟延履行期间债务利息的计息期间应截止于《纪要》发布日；福建高院办理本案过程中，应参照《纪要》，将债务利息计算至 2009 年 3 月 30 日，其后均不再计付。"

在北京市第一中级人民法院作为终审法院作出的（2014）一中民（商）终字第7677号民事判决书中，认定北京农村商业银行为《纪要》中所规定的国有银行，可以以报纸公告送达方式实现诉讼时效中断。[①] 但在北京市高级人民法院审理的同类型案件（2017）京民再48号民事判决书中，则认定北京农村商业银行非《纪要》中所规定的国有银行，以报纸公告送达方式不能实现诉讼时效中断。[②]

《最高人民法院关于审理民事案件适用诉讼时效制度若干问题的规定》（法释〔2020〕17号）第8条规定："具有下列情形之一的，应当认定为民法典第一百九十五条规定的'权利人向义务人提出履行请求'，产生诉讼时效中断的效力：（一）当事人一方直接向对方当事人送交主张权利文书，对方当事人在文书上签名、盖章、按指印或者虽未签名、盖章、按指印但能够以其他方式证明该文书到达对方当事人的；（二）当事人一方以发送信件或者数据电文方式主张权利，信件或者数据电文到达或者应当到达对方当事人的；（三）当事人一方为金融机构，依照法律规定或者当事人约定从对方当事人账户中扣收欠款本息的；（四）当事人一方下落不明，

---

① 法院认为："国有商业银行（包括国有控股银行）向金融资产管理公司转让不良贷款，或者金融资产管理公司受让不良贷款后，通过债权转让方式处置不良资产的，可以通过公告的方式履行债权转让通知以及债务催收的义务，并达到诉讼时效中断的效果。根据中企融资公司二审诉讼期间提交的北京农商银行工商查询信息的记载，北京农商银行的发起人包括北京国有资本经营管理中心、北京市国有资产经营有限责任公司；同时，中企融资公司亦认可北京农商银行属于北京市的国资控股银行，据此能够证明北京农商银行为国有控股银行。农商行石景山支行将该债权转让给信达北京市分公司，以及信达天津分公司将债权转让给浙江文华公司的转让程序符合上述规定。中企融资公司虽主张仅国家级国有控股银行适用上述规定，但上述规定的内容并未区分国有控股银行的类型，亦未对此作出规定或限制，故对于中企融资公司该主张，本院不予支持。中企融资公司上诉主张浙江文华公司的起诉超过诉讼时效，缺乏事实依据和法律依据，不能成立。"参见北京市第一中级人民法院（2014）一中民（商）终字第7677号民事判决书。

② 法院认为："'国有银行包括国有独资商业银行、国有控股商业银行以及国有政策性银行；金融资产管理公司包括华融、长城、东方和信达等金融资产管理公司和资产管理公司通过组建或参股等方式成立的资产处置联合体'，'不良债权转让包括金融资产管理公司政策性和商业性不良债权的转让。政策性不良债权是指1999年、2000年上述四家金融资产管理公司在国家统一安排下通过再贷款或者财政担保的商业票据形式支付收购成本从中国银行、中国农业银行、中国建设银行、中国工商银行以及国家开发银行收购的不良债权；商业性不良债权是指2004年至2005年上述四家金融资产管理公司在政府主管部门主导下从交通银行、中国银行、中国建设银行和中国工商银行收购的不良债权。'本案中，信达天津分公司收购的系农商行双桥支行2008年贷款合同之债，非特定时期特指的政策性不良债权或商业性不良债权，故信达北京分公司、信达天津分公司仅以报纸上刊登公告的形式催收债权的行为不产生诉讼时效中断的法律后果。现没有其他证据证实文华公司受让债权前的各债权人曾在金基亚公司最后一次2011年6月28日还款之后的两年时间内，另以其他形式向金基亚公司主张过权利。故文华公司要求金基亚公司偿还借款本息的起诉，已经超过诉讼时效。综上，文华公司的上诉请求，缺乏事实和法律依据，本院不予支持。"参见北京市高级人民法院（2017）京民再48号民事判决书。

对方当事人在国家级或者下落不明的当事人一方住所地的省级有影响的媒体上刊登具有主张权利内容的公告的，但法律和司法解释另有特别规定的，适用其规定。前款第（一）项情形中，对方当事人为法人或者其他组织的，签收人可以是其法定代表人、主要负责人、负责收发信件的部门或者被授权主体；对方当事人为自然人的，签收人可以是自然人本人、同住的具有完全行为能力的亲属或者被授权主体。”

《民法典》第195条规定：“有下列情形之一的，诉讼时效中断，从中断、有关程序终结时起，诉讼时效期间重新计算：（一）权利人向义务人提出履行请求；（二）义务人同意履行义务；（三）权利人提起诉讼或者申请仲裁；（四）与提起诉讼或者申请仲裁具有同等效力的其他情形。”

实践中，金融机构集中以登报方式主张债权的，应当视为主张权利的一种形式，与上述《关于审理民事案件适用诉讼时效制度若干问题的规定》第10条第4款类似。当司法文件规定不甚清晰时，或者存有两种以上解释时，应当作出有利于债权人的解释，而非作出有利于债务人的解释。

为防止产生理解上的歧义，合同可以约定集中公告催收的内容，可以视为符合法律规定的诉讼时效中断情形。

（二）《纪要》是否仅适用于第12条所述的政策性不良债权和商业性不良债权存在争议

根据《纪要》第12条规定，其中政策性不良债权是指：“1999年至2000年上述四家金融资产管理公司在国家统一安排下通过再贷款或者财政担保的商业票据形式支付收购成本从中国银行、中国农业银行、中国建设银行、中国工商银行以及国家开发银行收购的不良债权”；商业性不良债权是指：“2004年至2005年上述四家金融资产管理公司在政府主管部门主导下从交通银行、中国银行、中国建设银行和中国工商银行收购的不良债权。”其中对政策性不良债权和商业性不良债权从时间段和具体的银行等各方面均作出了明确的规定。

在北京市高级人民法院作出的（2017）京民再48号民事判决书中，未支持不良资产二级市场中的买受人的债权请求的原因除第一个争议中所涉及的上述诉讼时效问题外，还有一个逻辑原点即审理法院认为：北京农村商业银行2008年贷款合同之债，非特定时期特指的政策性不良债权或商业性不良债权，即不属于《纪要》第12条所规定的政策性不良债权和商业性不良债权的范围，所以不能适用《纪要》。然而，在北京市第一中级人民法院作出的（2014）一中民（商）终字第 7677 号民事判决书中，对北京农村商业银行 2008 年贷款合同之债是否属于《纪要》中所述的政策性不良债权或商业性不良债权的问题，未发表任何意见。

实践中，在《纪要》发布前后，商业银行集中转让不良资产，都是参照《纪要》执行的。针对转让不良债权情况的不断变化，转让程序更趋严谨，如通过招投标方式，严格招投标的程序性规定，压缩了司法政策的扩大适用。

如果参照适用《纪要》规定可以更妥善解决债务纠纷，不失为一种好的处置办法；但如果是按照《民法典》《公司法》等签订的借款合同，程序更加严格规范，就应当适用签订合同时所依据的法律规定办理，不应当再套用《纪要》的规定处理。

集中清理和处置不良资产，毕竟是特定历史时期发生的金融和法治事件，是配合国有银行上市、实现现代企业制度的重大举措，与此重大历史事件无关的清理债权债务，不应再搭便车，应当严格依法依规处理。

论金融不良债权案件利息的计算

段戎伦*

内容提要：关于金融不良债权案件利息的计算，兼具法律性和政策性。目前规范金融不良债权利息计算的法律规定繁多，既有最高人民法院发布的司法解释，也有地方法院的特别规定，在适用上均存在一定的不足。广州市中级人民法院于2016年4月12日发布《关于迟延履行利息计算的规定（试行）》对于迟延履行利息日利率的计算上也应有所完善。此外，最高人民法院于2013年针对湖北省高级人民法院作出的《关于非金融机构受让金融不良债权后能否向非国有企业债务人主张全额债权的请示的答复》，在迟延利息计算上的规定亦存在一定局限，应予以完善。

关键词：金融不良债权　利息计算　迟延履行期间的债务利息

金融不良债权案件利息的计算是执行案件中常见又复杂的问题。最高人民法院历年来发布关于利率、计息方法的通知、司法解释等规范文件多而杂，加上各地方法院又有自己的规定，使得计息问题仍存在较多争议。① 为规范计算迟延履行利息，广州市中级人民法院于2016年4月12日发布《关于迟延履行利息计算的规定（试行）》（以下简称《利息计算规定》）。结合上述规定及相关的法律法规，笔者根据自身的执业经验，特撰此文，共同探讨。

一、金融不良债权利息的计算方法

一项完整（进入执行程序）的债权计息通常会涉及三部分，即合同期内的利

---

* 段戎伦，广东源通律师事务所律师。

① 参见马桂容：《受让金融不良债权的利息计算》，载《人民司法（案例）》2016年第29期。

息、逾期利息、迟延履行期间的债务利息的计算。

1. 合同期内的利息

（1）在不计复利的情形下无须分段，可以根据借款合同约定的或生效法律文书确认的“借款本金”“借款期限”和“利率”一次计算。若中途有提前归还本金的，在还款之日扣减相应本金。

（2）在计复利（判决确认）的情形下，需根据结息时间分段计息。

复利=欠付利息×利率（合同约定或生效法律文书确定，后者优先）×借款期限。

复利：根据中国人民银行《人民币利率管理规定》，对贷款期内不能按期支付的利息按贷款合同利率按季或按月计收复利；中国人民银行允许金融机构在贷款时收取复利。但在司法实践中，最高人民法院限制对金融不良债权计收复利。但笔者认为应支持金融不良债权转让前计收复利，银行作为金融机构在金融不良债权转让前理应有权收取复利。若金融不良债权转让后的受让人为非金融机构，根据最高人民法院《关于审理涉及金融不良债权转让案件工作座谈会纪要》（以下简称《纪要》）第 9 条及第 12 条的规定，无权要求国有企业债务人给付转让后的利息，并且因非金融机构无金融许可证，金融不良债权转让后的受让人亦无权向国有企业债务人收取复利。生效法律文书等已明确计收复利的，应依判决计息。

2. 逾期利息（罚息）

这里的“逾期”特指借款到期日的次日至生效法律文书确定的履行期间届满日这段期限，不包含生效法律文书确定的履行期间届满后的“迟延履行期间”，“逾期”期间依照中国人民银行调息区间分段计息。

逾期利息=借款本金×逾期利率（合同约定或生效法律文书确定，后者优先适用）×逾期期间。

3. 迟延履行期间的债务利息

为统一迟延履行利息的计算方法，规范执行行为，广州市中级人民法院（以下简称广州中院）根据《民事诉讼法》以及相关司法解释，制定了《利息计算规定》并于 2016 年 4 月 12 日发布。

二、《利息计算规定》存在的不足

广州中院及时推出《利息计算规定》，对指导执行实践中迟延履行利息的计算具有重要意义。笔者认为，计算迟延履行期间的债务利息参照《利息计算规定》即可，但对于《利息计算规定》在2009年5月17日前的迟延履行利息的计算公式和迟延履行期间还款的冲减方式、日利率的计算公式三个方面有异议。

首先，《利息计算规定》对2009年5月17日前迟延履行利息的计算不应采用“一刀切”的方式，2004年1月1日前后利率应有别。

《利息计算规定》中2009年5月17日前的计算公式为：（生效法律文书确定的本金+生效法律文书确定的履行期间内的利息+其他给付金钱的义务）×中国人民银行广州分行公布的广东省（不含深圳）各年各月份市场利率水平的通知中的5年-6个月（根据不同年限确定，最高是5年以上）贷款最高利率（人民银行公布的基准利率上浮50%）×2×迟延履行期间。

事实上，2004年1月1日起执行的中国人民银行《关于人民币贷款利率有关问题的通知》（银发〔2003〕251号，以下简称《贷款利率通知》）第3条中关于罚息利率规定：关于罚息利率问题。逾期贷款（借款人未按合同约定日期还款的借款）罚息利率由现行按日万分之二点一计收利息，改为在借款合同载明的贷款利率水平上加收30%~50%；借款人未按合同约定用途使用借款的罚息利率，由现行按日万分之五计收利息，改为在借款合同载明的贷款利率水平上加收50%~100%。对逾期或未按合同约定用途使用借款的贷款，从逾期或未按合同约定用途使用贷款之日起，按罚息利率计收利息，直至清偿本息为止。对不能按时支付的利息，按罚息利率计收复利。

由此可见，2009年5月17日前迟延履行利息的计算应分为2004年1月1日至2009年5月17日、2004年1月1日以前两个部分。2004年1月1日至2009年5月17日迟延履行利息的计算适用该规定2009年5月17日前的计算公式，2004年1月1日以前的逾期贷款（借款人未按合同约定日期还款的借款）罚息利率按日万分之二点一计收利息，借款人未按合同约定用途使用借款的罚息利率按日万分之五计收利息。

其次，《利息计算规定》中对2009年5月17日前迟延履行期间还款的冲减方式为：2009 年 5 月 17 日前还款的，还款不足以清偿全部债务的，先冲减本金，再冲减利息。

《利息计算规定》采纳先本后息的原则，按照此方式兑现执行款，在计算上显然对被执行人有利。如果按此方式操作，在仅剩迟延履行期间的债务利息未执行时，容易造成迟延履行期间的债务利息多年不变，被执行人没有压力，以致无法对被执行人造成威慑力。

笔者认为，采纳本息并还原则对双方当事人来说更为公平。本息并还原则适用该规定中 2009 年 5 月 18 日至 2014 年 7 月 31 日前还款的迟延履行期间还款的冲减方式，此方式按照利随本清原则进行，使得执行到位的执行款包含部分法律文书确定的金钱债务及该部分金钱债务履行期间的债务利息。本息并还原则能使被执行人真切地感受到迟延履行金制度的存在，从而想方设法尽快履行，同时也避免日后单独为迟延履行金而采取执行措施。本息并还的缺点是不便于实际操作和计算，但笔者认为，计算复杂不应成为否定并还原则的理由，本息并还是对债权人和债务人都较为公平的计算方法。

最后，《利息计算规定》中对日利率的计算公式为：年利率÷365＝日利率。笔者认为此日利率的计算公式错误。

根据中国人民银行《关于人民币存贷款计结息问题的通知》（银发〔2005〕129 号）第 3 条的规定：人民币业务的利率换算公式为：日利率（‰）＝年利率（%）÷360；月利率（‰）＝年利率（%）÷12。因此，关于贷款期限中的年月日换算，按上述规定，足年的按 360 天（非 365 天或 366 天）计，足月的按 30 天（非当月的实际天数）计，不足月的按实际天数计。

三、《答复》在适用中的局限

《答复》的主要内容是针对非金融机构受让经生效法律文书确定的金融不良债权能否在执行程序中向非国有企业债务人主张受让日后利息的问题，应当参照《纪要》的精神处理。

事实上，根据《纪要》第 12 条第 1 款、第 2 款的明确规定："不良债权转让包括金融资产管理公司政策性和商业性不良债权的转让。政策性不良债权是指 1999 年至 2000 年上述四家金融资产管理公司在国家统一安排下通过再贷款或者财政担保的商业票据形式支付收购成本从中国银行、中国农业银行、中国建设银行、中国工商银行以及国家开发银行收购的不良债权；商业性不良债权是指 2004 年至 2005 年上述四家金融资产管理公司在政府主管部门主导下从交通银行、中国银行、中国建设银行和中国工商银行等收购的不良债权。《纪要》的内容和精神仅适用于在《纪要》发布之后尚在一审或者二审阶段的涉及最初转让方为国有银行、金融资产管理公司通过债权转让方式处置不良资产形成的相关案件。人民法院依照审判监督程序决定再审的案件，不适用《纪要》。”《纪要》针对的“不良债权转让”有特定范围，不适用于所有的金融不良债权，亦不适用于《纪要》针对的“不良债权转让”中已进入执行阶段的相关案件。

综上，尽管如何计算金融不良债权案件利息已有具体的规范，但在个别重要节点上，立法仍需完善。

图书在版编目（CIP）数据

金融不良资产管理的法律典型问题实务解析 / 广州市律师协会编．—北京：中国法制出版社，2023.8
（“广州律智”法律服务系列丛书）
ISBN 978-7-5216-3360-3

Ⅰ．①金… Ⅱ．①广… Ⅲ．①金融公司-不良资产-资产管理-法律-研究-中国 Ⅳ．①D922.291.04

中国国家版本馆 CIP 数据核字（2023）第 042638 号

责任编辑：李宏伟　　封面设计：周黎明

金融不良资产管理的法律典型问题实务解析

JINRONG BULIANG ZICHAN GUANLI DE FALÜ DIANXING WENTI SHIWU JIEXI

编者/广州市律师协会
经销/新华书店
印刷/三河市紫恒印装有限公司
开本/710 毫米×1000 毫米　16 开　　印张/ 15.5　字数/ 197 千
版次/2023 年 8 月第 1 版　　2023 年 8 月第 1 次印刷

中国法制出版社出版
书号 ISBN 978-7-5216-3360-3　　定价：55.00 元

北京市西城区西便门西里甲 16 号西便门办公区
邮政编码：100053　　传真：010-63141600
网址：http：//www.zgfzs.com　　**编辑部电话：010-63141804**
市场营销部电话：010-63141612　　**印务部电话：010-63141606**

（如有印装质量问题，请与本社印务部联系。）